AF630769

BLACK CLOVER

Niemand

11

Yûki Tabata

TOKYOPOP®

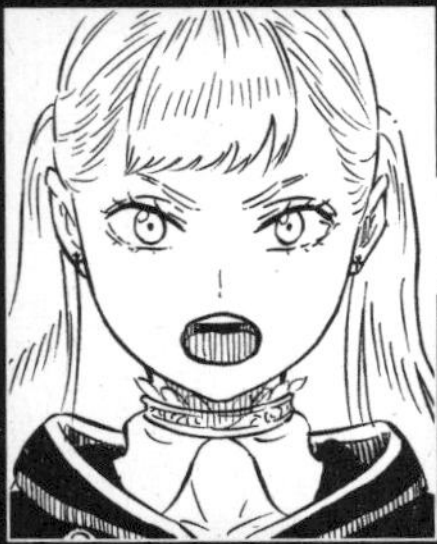

Noelle Silva

Gruppe: Schwarzer Stier
Magietypus: Wasser

Stammt aus der königlichen Familie. Fühlt sich ihren außerordentlich talentierten Brüdern und Schwestern unterlegen. Hat noch sehr viel Potenzial.

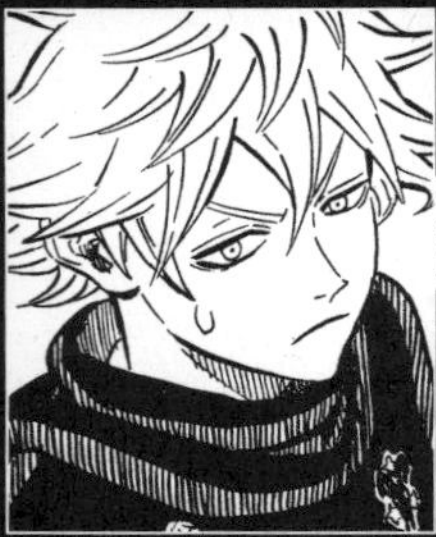

Finral Roulacase

Gruppe: Schwarzer Stier
Magietypus: Raummagie

Ein Schürzenjäger, der so gut wie jeder Frau schöne Augen macht. Er kann zwar nicht angreifen, ist aber ein sehr fähiger Magier.

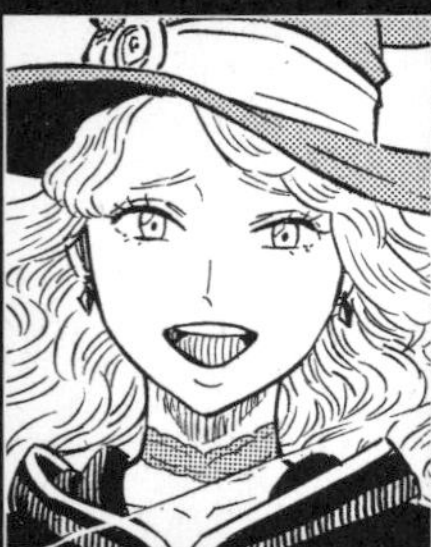

Vanessa Enoteca

Gruppe: Schwarzer Stier
Magietypus: Fäden

Eine unverbesserliche Alkoholliebhaberin, die mit Vorliebe ausgelassen ist. Für die Hexenkönigin scheint sie von großer Bedeutung zu sein …?!

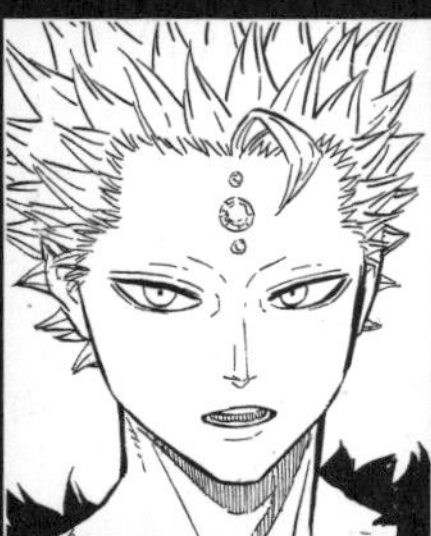

Mars

Gruppe: Königreich Diamond
Magietypus: Erz

Einer der acht »Leuchtenden Generäle«. Hat früher einmal in einem Dungeon gegen Asta gekämpft.

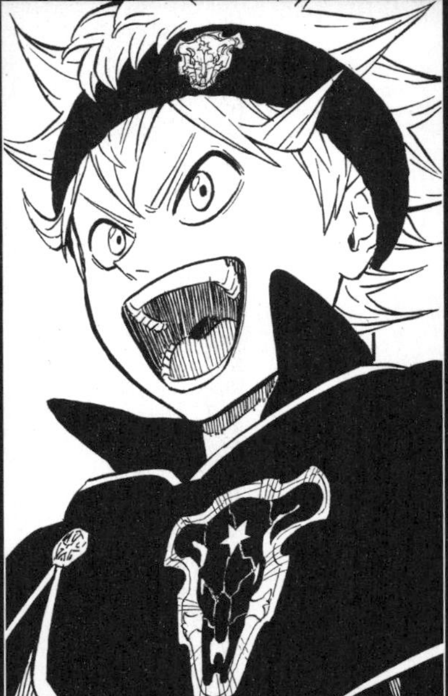

Asta

Gruppe: Schwarzer Stier
Magietypus: Nicht vorhanden (Antimagie)

Er hat zwar keinerlei magische Kraft, versucht aber mit seinem durchtrainierten Körper und seiner Beharrlichkeit König der Magier zu werden. Seine Waffe ist ein Schwert aus Antimagie.

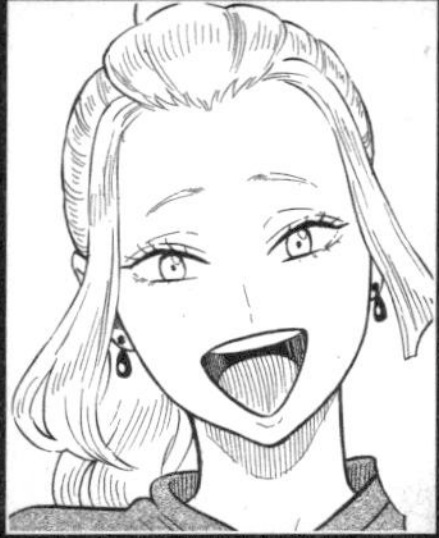

Dominante Code

Fanzells Verlobte. Kommt ursprünglich aus dem Hexenwald und ist äußerst talentiert im Fertigen magischer Werkzeuge.

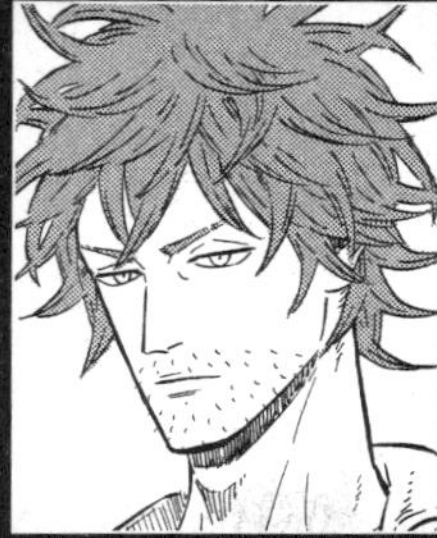

Fanzell Kruger

Magietypus: Wind

Ehemaliger Befehlshaber der königlichen Armee Diamonds. Wohnt mit seiner Verlobten und seiner Schülerin zusammen. Astas Lehrer.

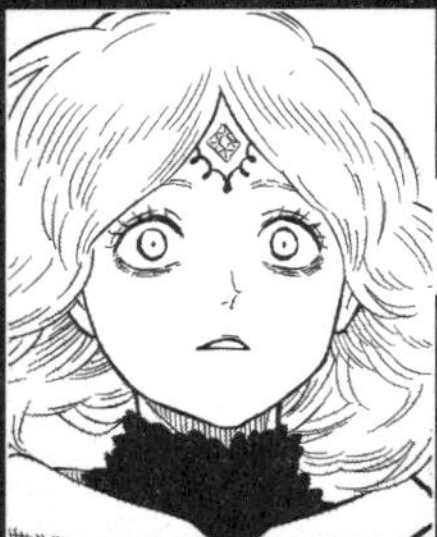

Fana

Gruppe: Kaltes Auge der weißen Nacht
Magietypus: Feuer

Mitglied der »Drei Augen«. Sie kann einen der vier großen Naturgeister, den Feuergeist Salamander, kontrollieren.

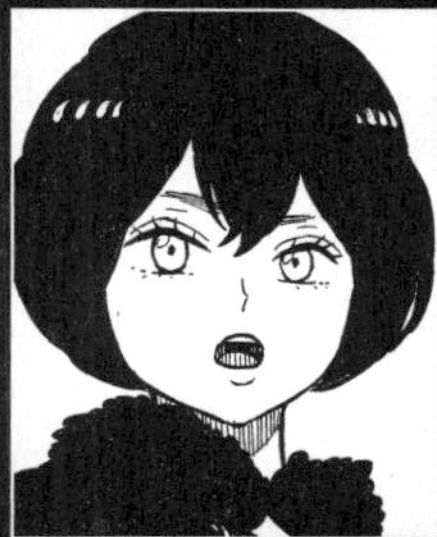

Mariella

Magietypus: Eis

Fanzells Schülerin. Arbeitete ehemals als Attentäterin in der königlichen Armee Diamonds. Sehr flinke und strategische Kämpferin.

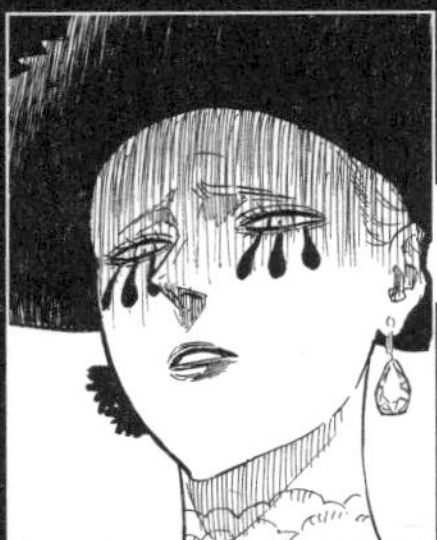

Hexenkönigin

Magietypus: Blut

Königin des Hexenwaldes. Sie nimmt sich, was sie will, und dafür ist ihr jedes Mittel recht.

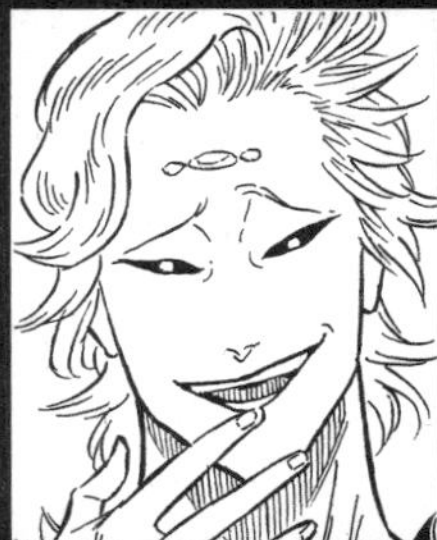

Ladros

Gruppe: Königreich Diamond, Magietypus: Aufnahme und Abstoßung

Einer der acht Leuchtenden Generäle. Kennt seinen Gegnern gegenüber keine Gnade.

Was bisher geschah:

Eine Welt, in der nur Magie zählt …
Die Waisenkinder Asta und Yuno, die am selben Tag vor der Kirche des Dorfes Hage ausgesetzt wurden, möchten das höchste Ziel eines jeden Magiers erreichen und König der Magier werden. Dafür trainieren sie tagein, tagaus. Nachdem sie mit 15 Jahren endlich ihre Grimoires, Zauberbücher, die die magische Kraft erhöhen, erhalten haben, nehmen sie an der Eignungsprüfung für die Ritterorden teil. Die neun Ritterorden sind dem König der Magier unterstellt. Yuno, der eine große magische Kraft besitzt, wird im elitären Orden »Goldene Morgendämmerung« aufgenommen, wohingegen Asta, der keinerlei magische Kraft besitzt, im »Schwarzen Stier« landet, einer berüchtigten Chaostruppe. Beide haben also den ersten Schritt gemacht, um ihrem Ziel, König der Magier zu werden, ein wenig näher zu kommen.
Asta und seine Freunde wurden in ein Gefecht zwischen den Kriegerinnen des Hexenwaldes, dem Königreich Diamond und dem Kalten Auge der weißen Nacht hineingezogen. Mit seiner Spezialattacke und der Hilfe von Vanessa und Finral kann Asta Fana vom Kalten Auge der weißen Nacht bezwingen. Doch wie schlägt sich Fanzell, der auf dem Schlachtfeld seinen ehemaligen Schülern Mars und Ladros begegnet …?!

INHALT

BLACK ✤ CLOVER

11

★ Die nachfolgende Geschichte ist frei erfunden. Jede Ähnlichkeit mit realen Personen, Gruppen oder Geschehen wäre rein zufällig.

PAGE 91 ✤ WILDE EXPLOSIONEN

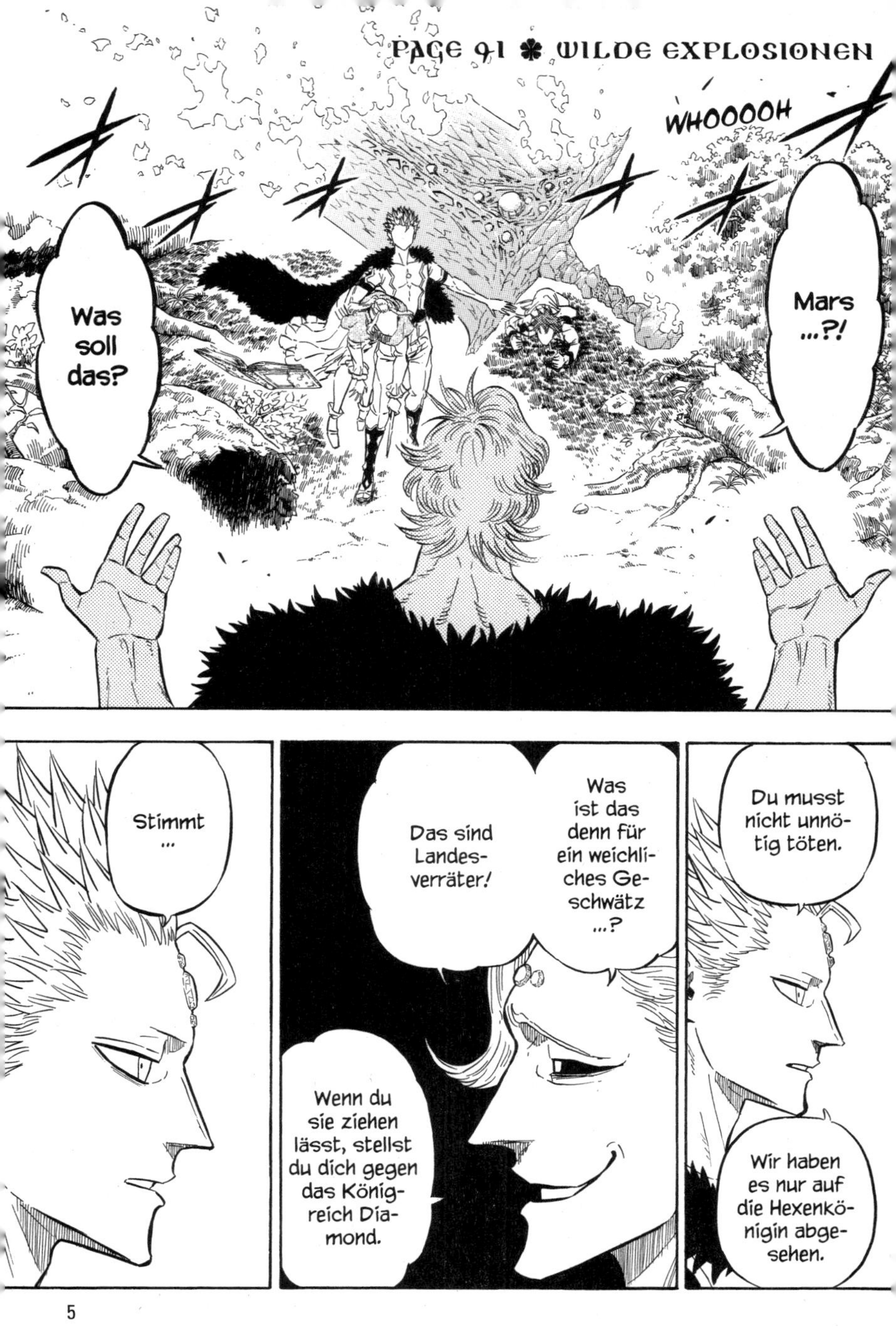

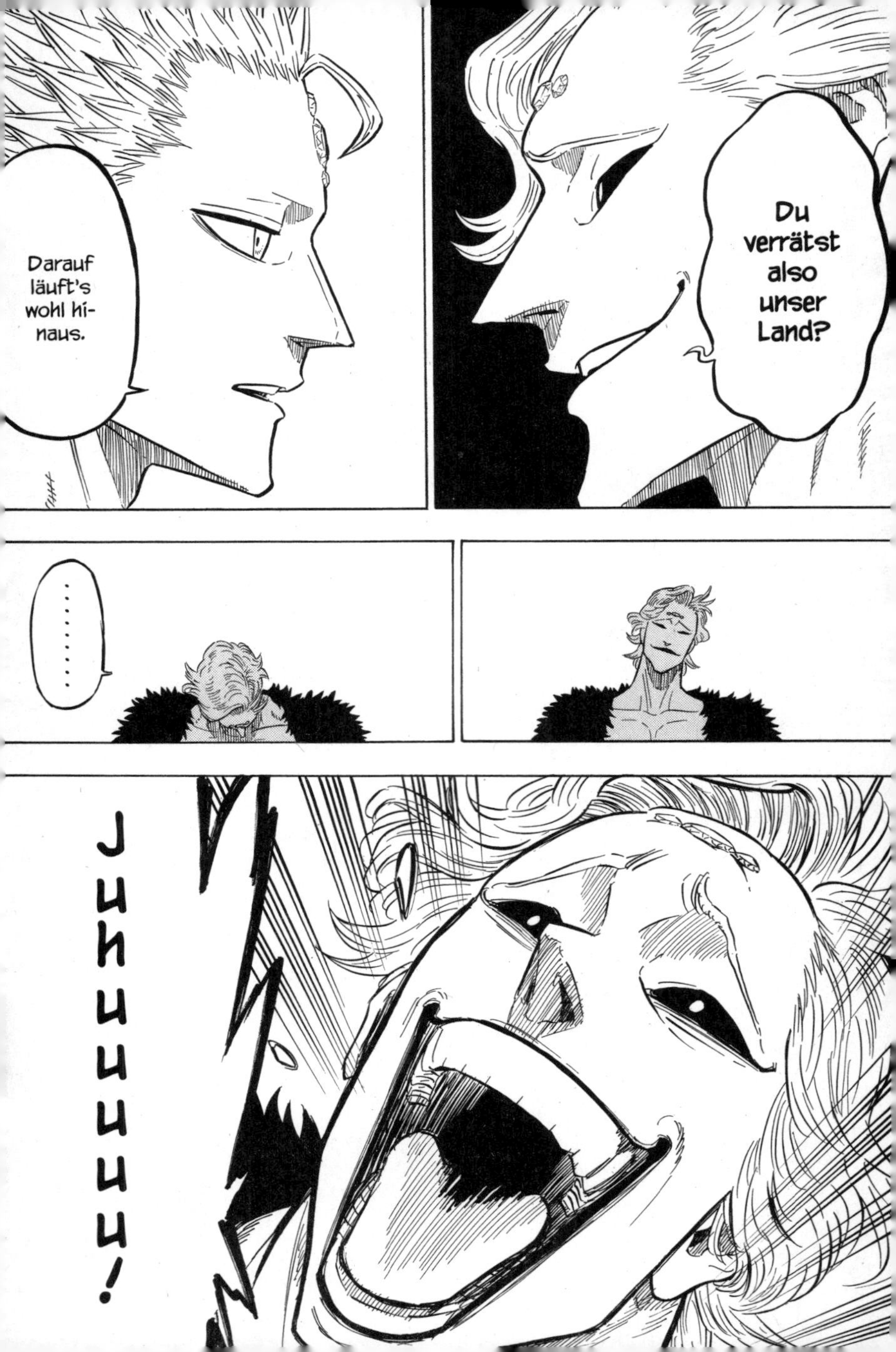
Du verrätst also unser Land?
Darauf läuft's wohl hinaus.
....
Juhuuuuu!

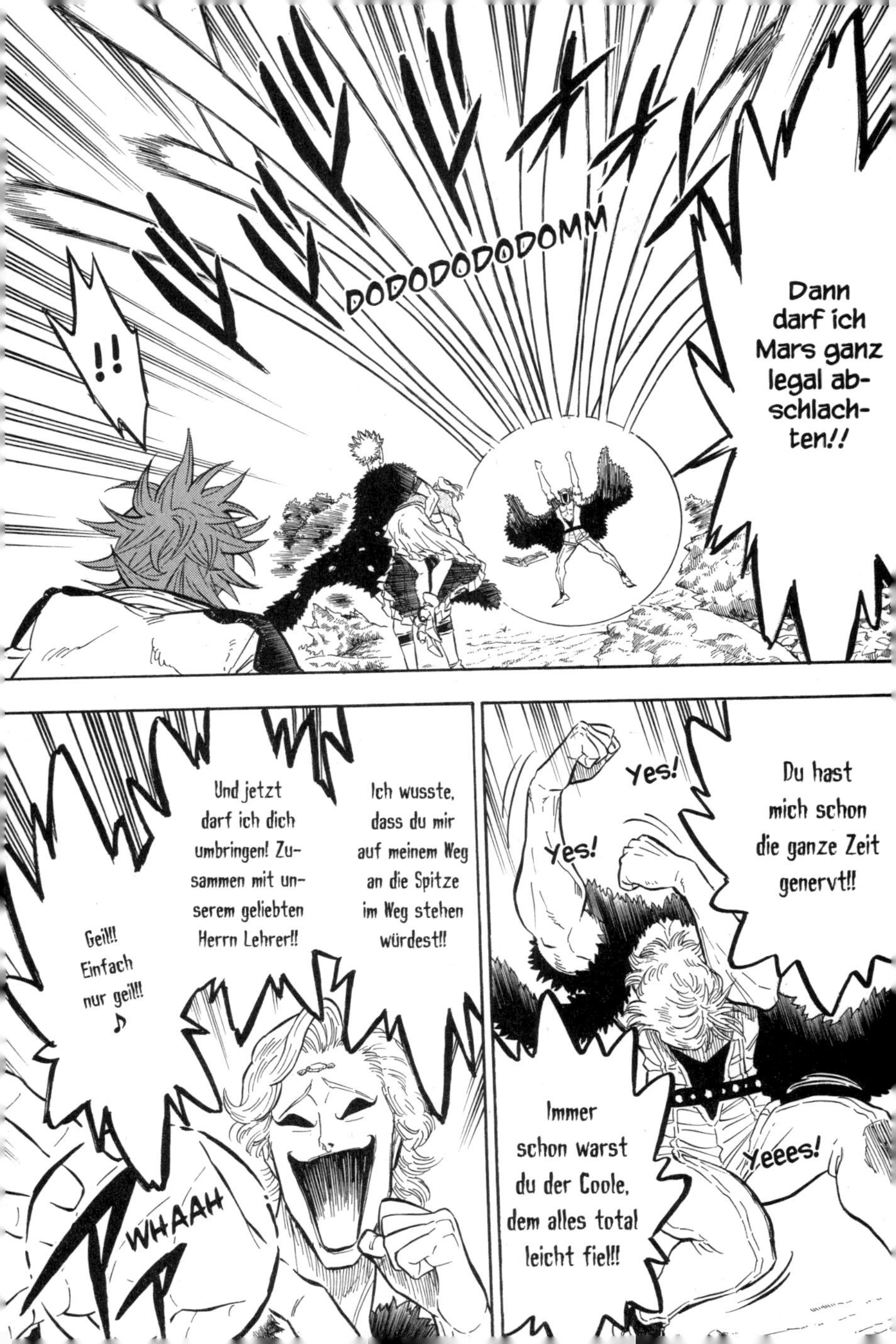
DODODODODOMM
Dann darf ich Mars ganz legal ab-schlach-ten!!
!!
Du hast mich schon die ganze Zeit genervt!!
Yes!
Yes!
Immer schon warst du der Coole, dem alles total leicht fiel!!
Yeees!
Ich wusste, dass du mir auf meinem Weg an die Spitze im Weg stehen würdest!!
Und jetzt darf ich dich umbringen! Zu-sammen mit un-serem geliebten Herrn Lehrer!!
Geil!! Einfach nur geil!! ♪
WHAAH

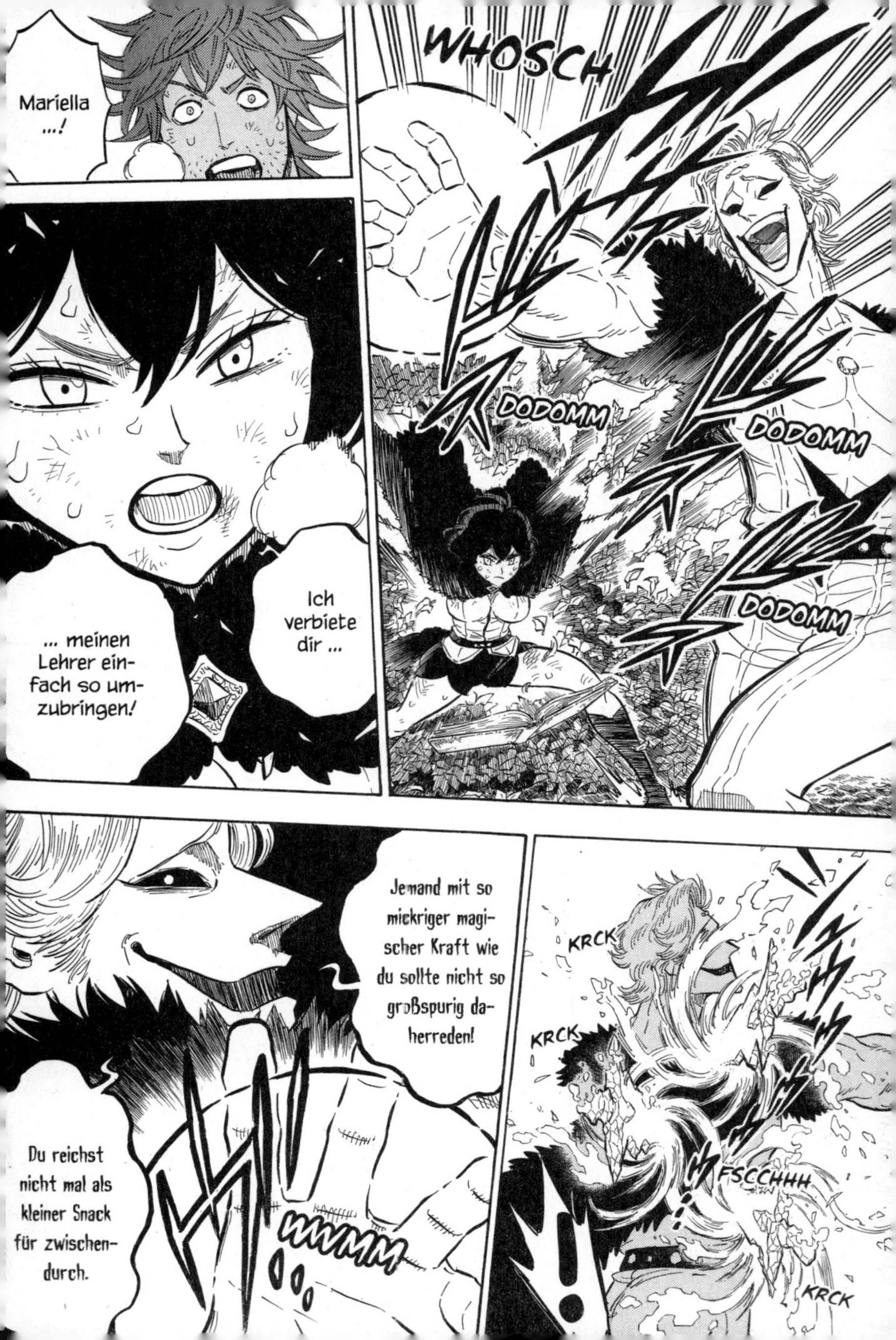

Mariella ...!
WHOSCH
DODOMM
DODOMM
DODOMM
Ich verbiete dir ...
... meinen Lehrer einfach so umzubringen!
KRCK
KRCK
FSCCHHH
KRCK
Jemand mit so mickriger magischer Kraft wie du sollte nicht so großspurig daherreden!
Du reichst nicht mal als kleiner Snack für zwischendurch.
WWMM

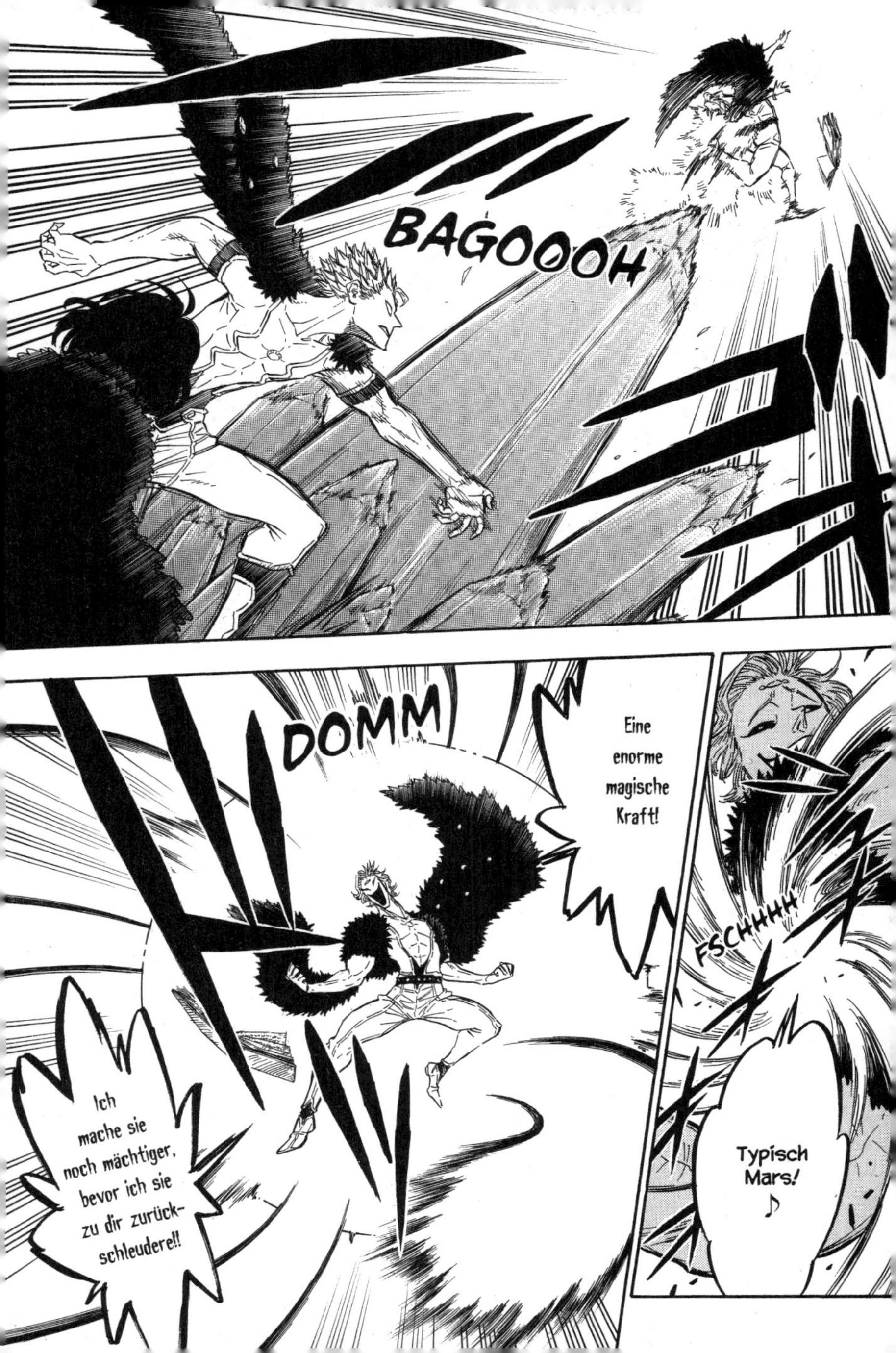
BAGOOOH
DOMM
Eine enorme magische Kraft!
FSCHHHH
Typisch Mars! ♪
Ich mache sie noch mächtiger, bevor ich sie zu dir zurück-zu schleudere!!

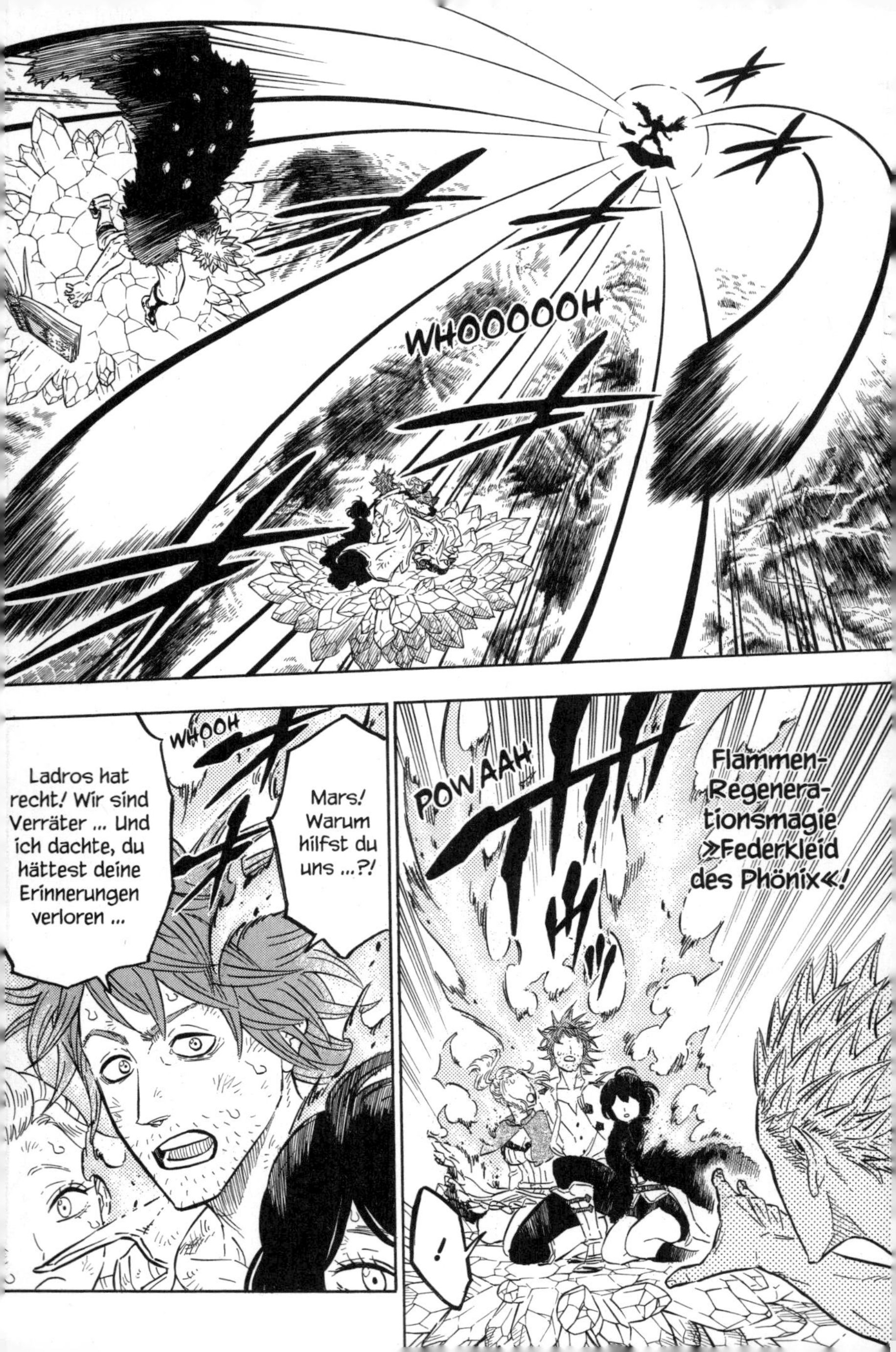
WHOOOOOH
POWAAH
Flammen-Regenerationsmagie »Federkleid des Phönix«!
!
WHOOH
Mars! Warum hilfst du uns ...?!
Ladros hat recht! Wir sind Verräter ... Und ich dachte, du hättest deine Erinnerungen verloren ...

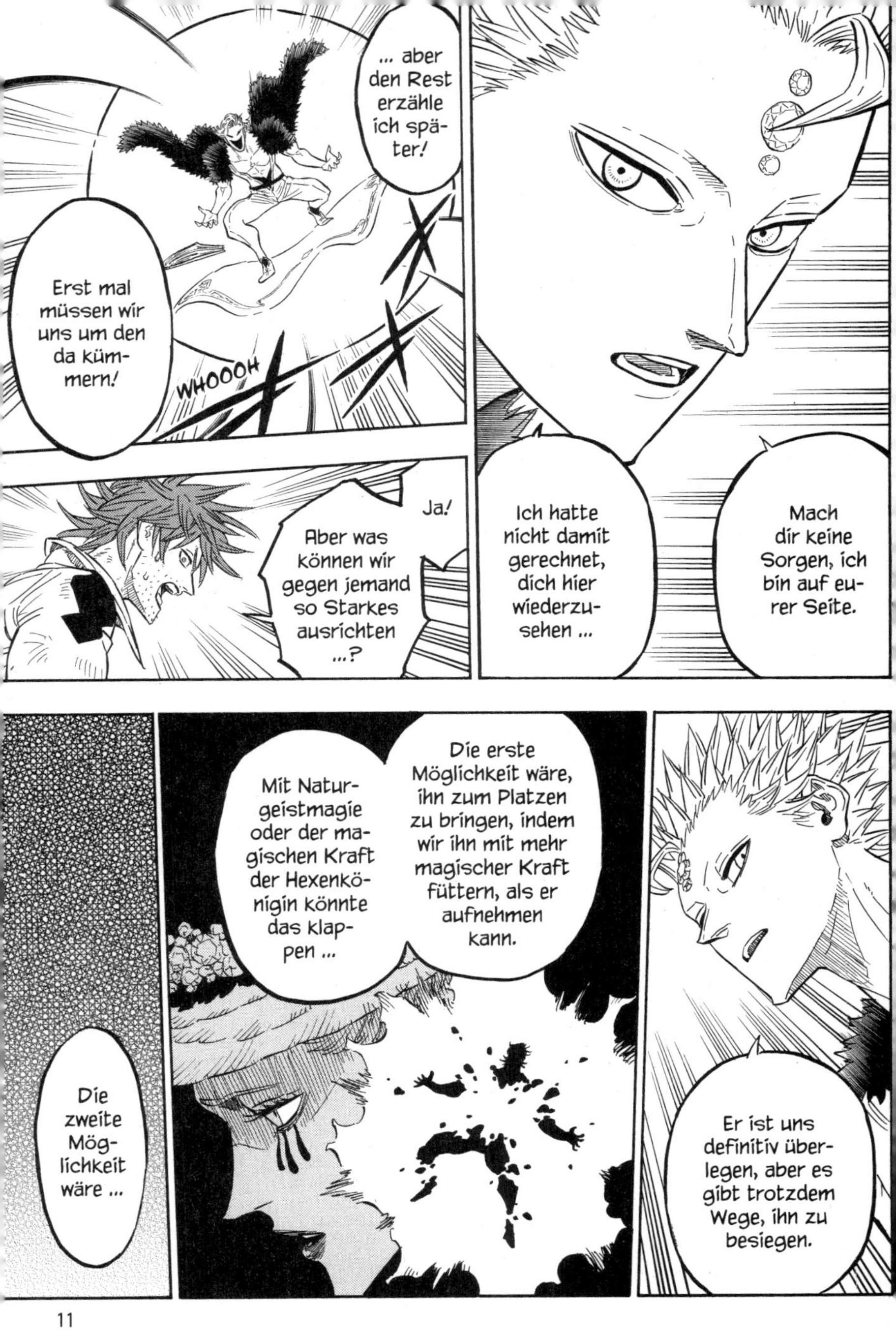

Mach dir keine Sorgen, ich bin auf eurer Seite.
Ich hatte nicht damit gerechnet, dich hier wiederzusehen ...
... aber den Rest erzähle ich später!
Erst mal müssen wir uns um den da kümmern!
WHOOOH
Ja!
Aber was können wir gegen jemand so Starkes ausrichten ...?
Er ist uns definitiv überlegen, aber es gibt trotzdem Wege, ihn zu besiegen.
Die erste Möglichkeit wäre, ihn zum Platzen zu bringen, indem wir ihn mit mehr magischer Kraft füttern, als er aufnehmen kann.
Mit Naturgeistmagie oder der magischen Kraft der Hexenkönigin könnte das klappen ...
Die zweite Möglichkeit wäre ...

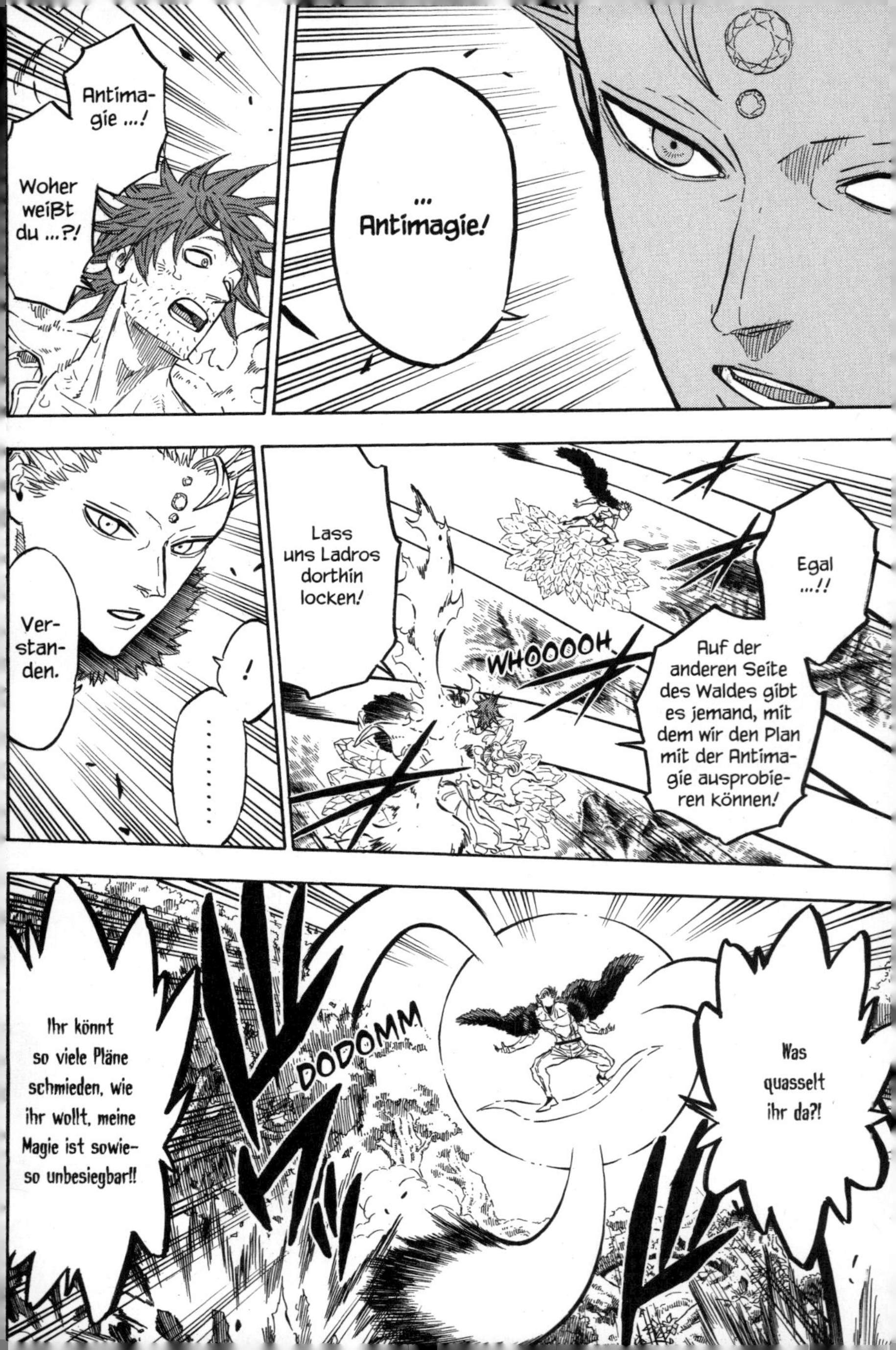
... Antimagie!
Antimagie ...!
Woher weißt du ...?!
Egal ...!!
Auf der anderen Seite des Waldes gibt es jemand, mit dem wir den Plan mit der Antimagie ausprobieren können!
WHOOOOH
Lass uns Ladros dorthin locken!
!
......
Verstanden.
Was quasselt ihr da?!
DODOMM
Ihr könnt so viele Pläne schmieden, wie ihr wollt, meine Magie ist sowieso unbesiegbar!!

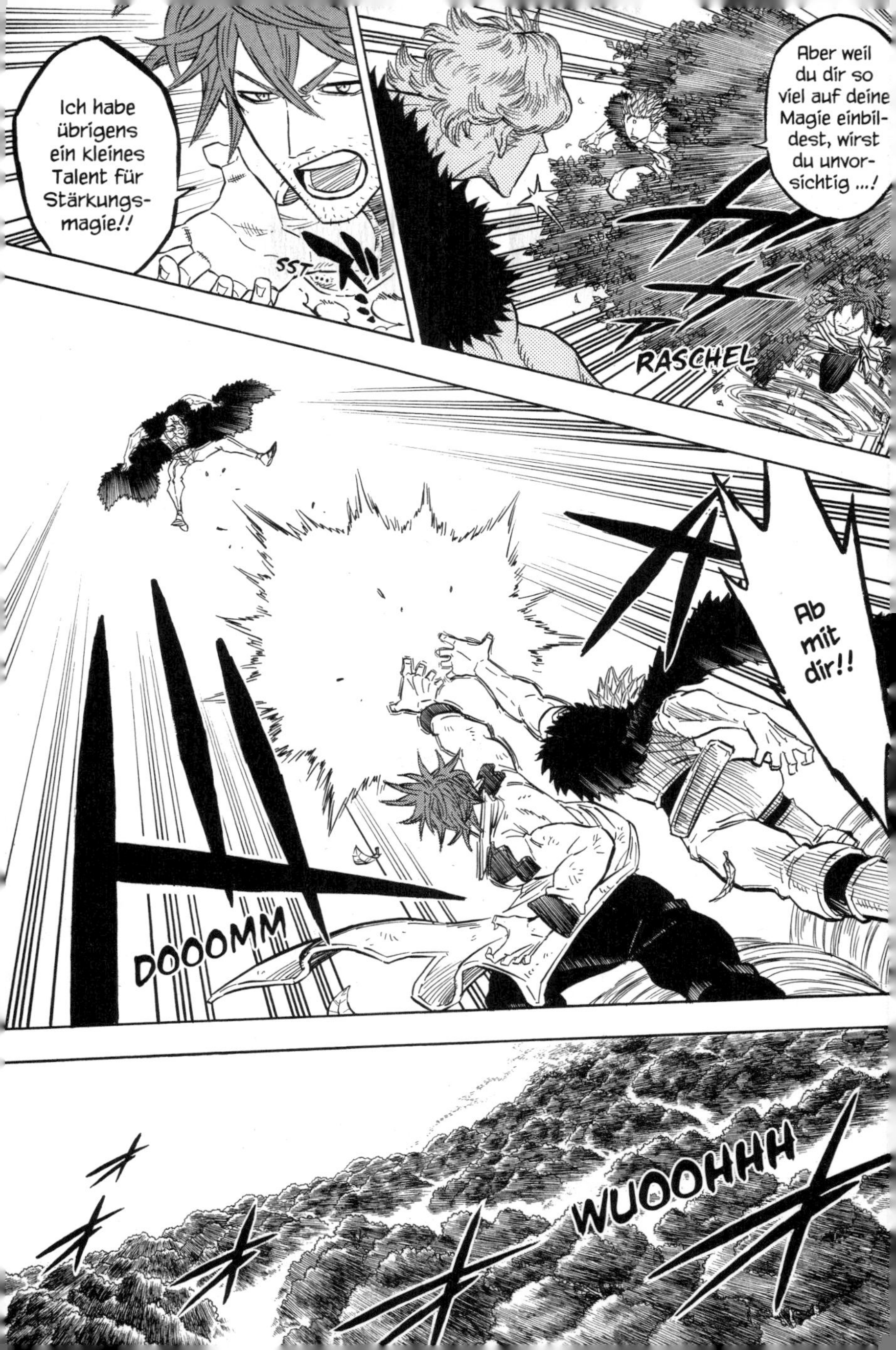
Aber weil du dir so viel auf deine Magie einbildest, wirst du unvorsichtig ...!
Ich habe übrigens ein kleines Talent für Stärkungsmagie!!
SST
RASCHEL
Ab mit dir!!
DOOOMM
WUOOHHH

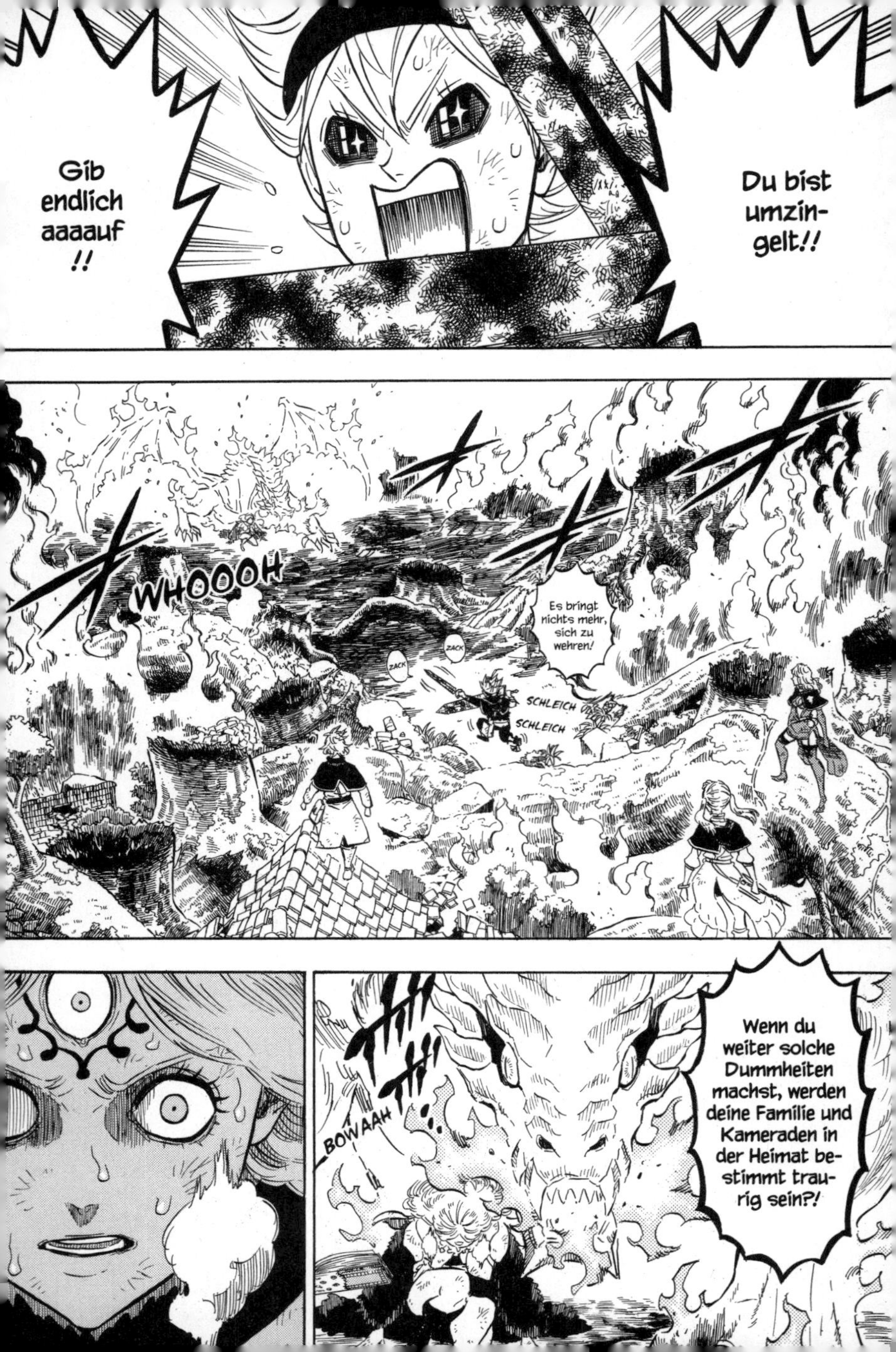
Du bist umzingelt!!
Gib endlich aaaauf!!
WHOOOH
Es bringt nichts mehr, sich zu wehren!
ZACK
ZACK
SCHLEICH
SCHLEICH
Wenn du weiter solche Dummheiten machst, werden deine Familie und Kameraden in der Heimat bestimmt traurig sein?!
BOWAAH

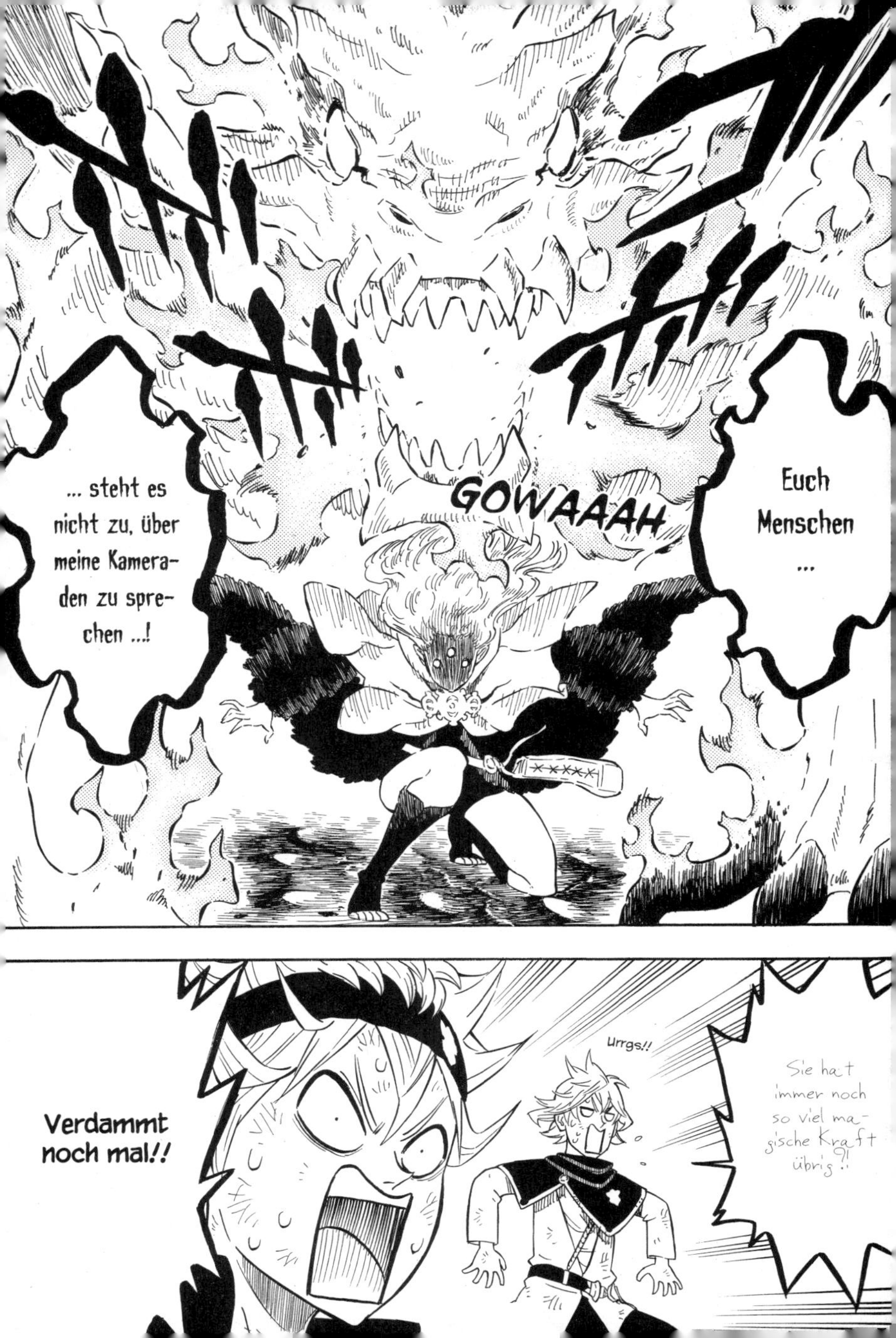
GOWAAAH
Euch Menschen ...
... steht es nicht zu, über meine Kameraden zu sprechen ...!
Urrgs!!
Sie hat immer noch so viel magische Kraft übrig?!
Verdammt noch mal!!

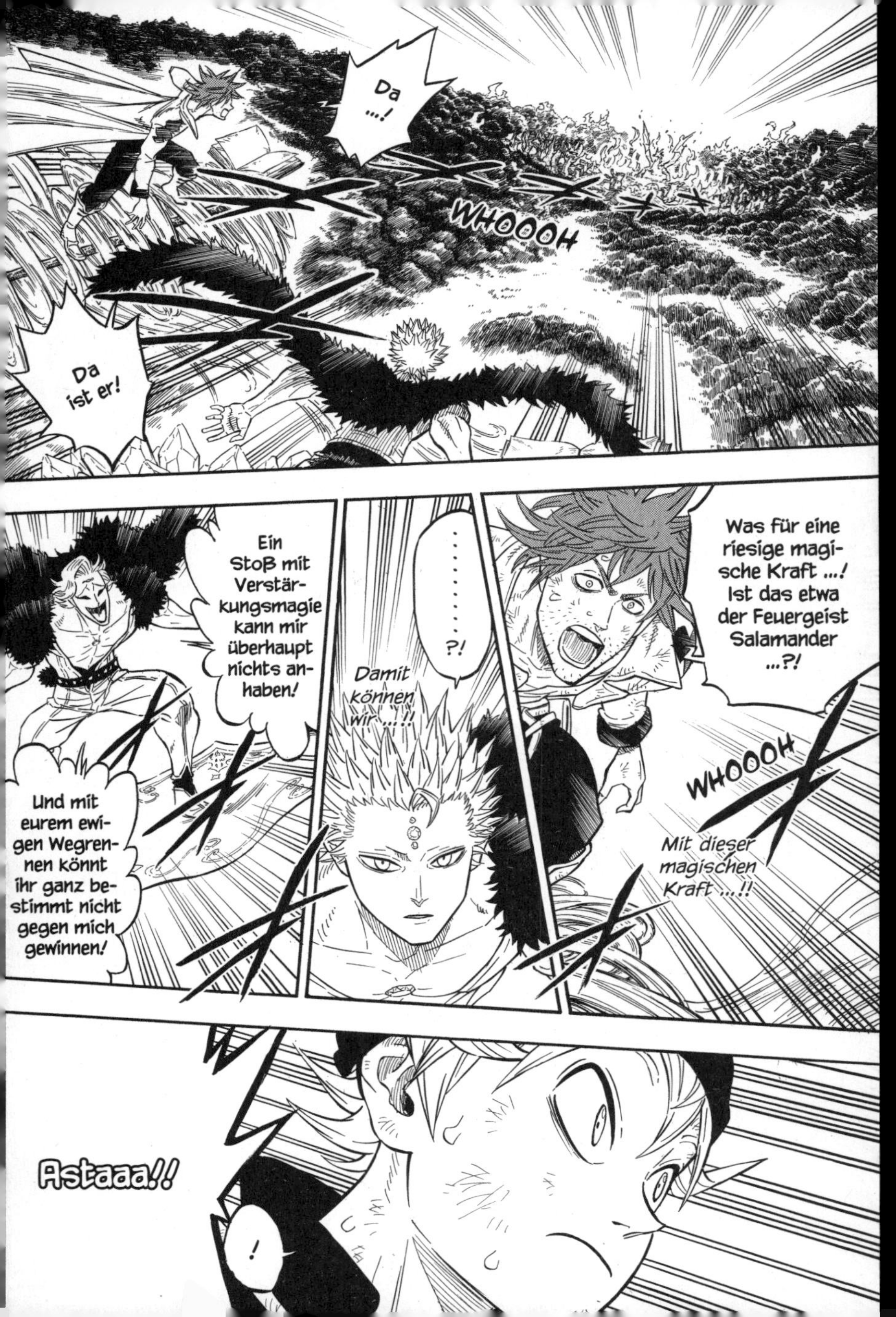

Da ...!
WHOOOH
Da ist er!
Was für eine riesige magische Kraft ...! Ist das etwa der Feuergeist Salamander ...?!
WHOOOH
Mit dieser magischen Kraft ...!!
.........?!
Damit können wir ...!!
Ein Stoß mit Verstärkungsmagie kann mir überhaupt nichts anhaben!
Und mit eurem ewigen Wegrennen könnt ihr ganz bestimmt nicht gegen mich gewinnen!
Astaaa!!
!

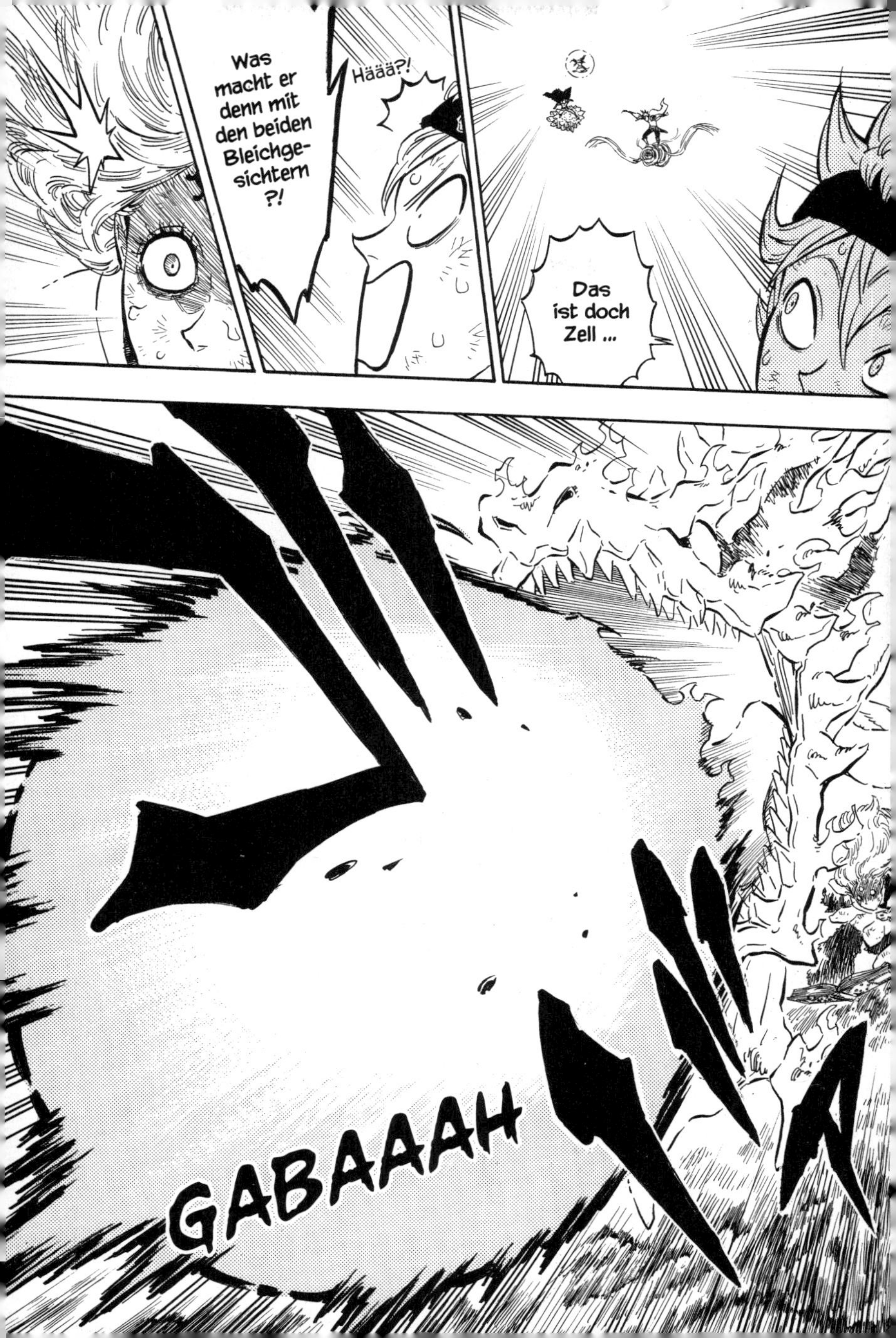
Das ist doch Zell ...
Häää?!
Was macht er denn mit den beiden Bleichgesichtern ?!
GABAAAH

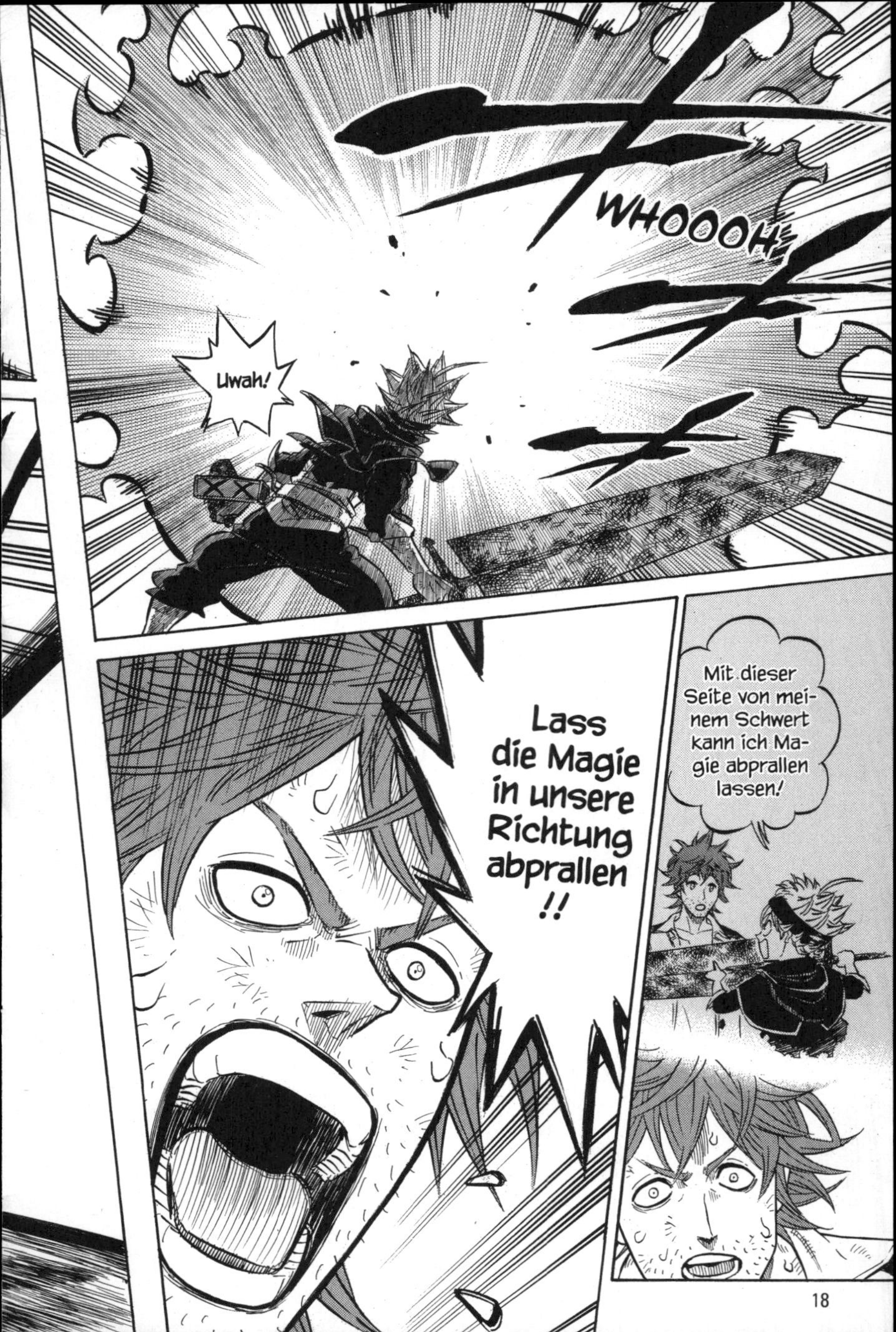
WHOOOH
Uwah!
Mit dieser Seite von meinem Schwert kann ich Magie abprallen lassen!
Lass die Magie in unsere Richtung abprallen!!

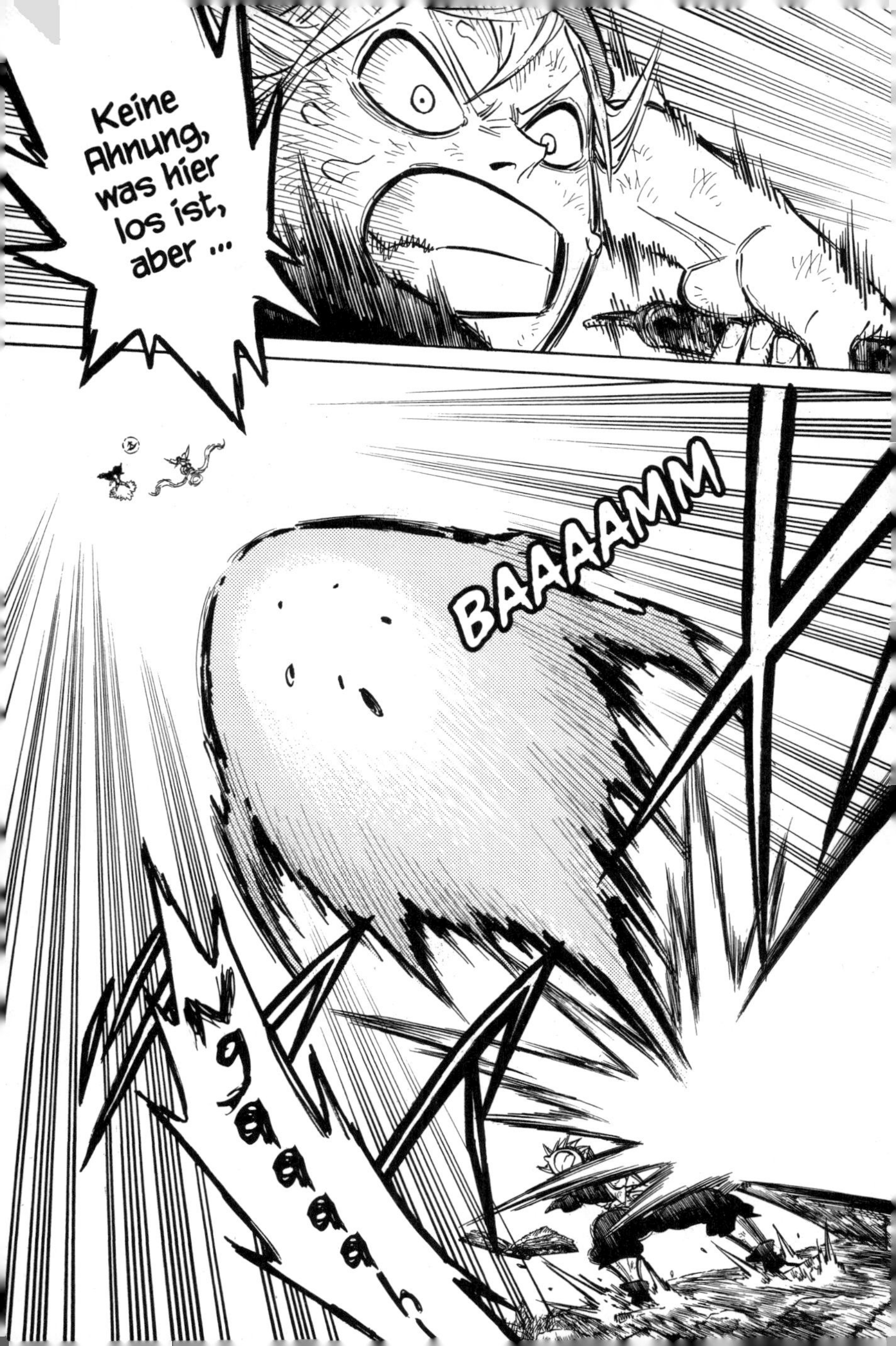
Keine Ahnung, was hier los ist, aber ...
BAAAAMM
ngaaaaah

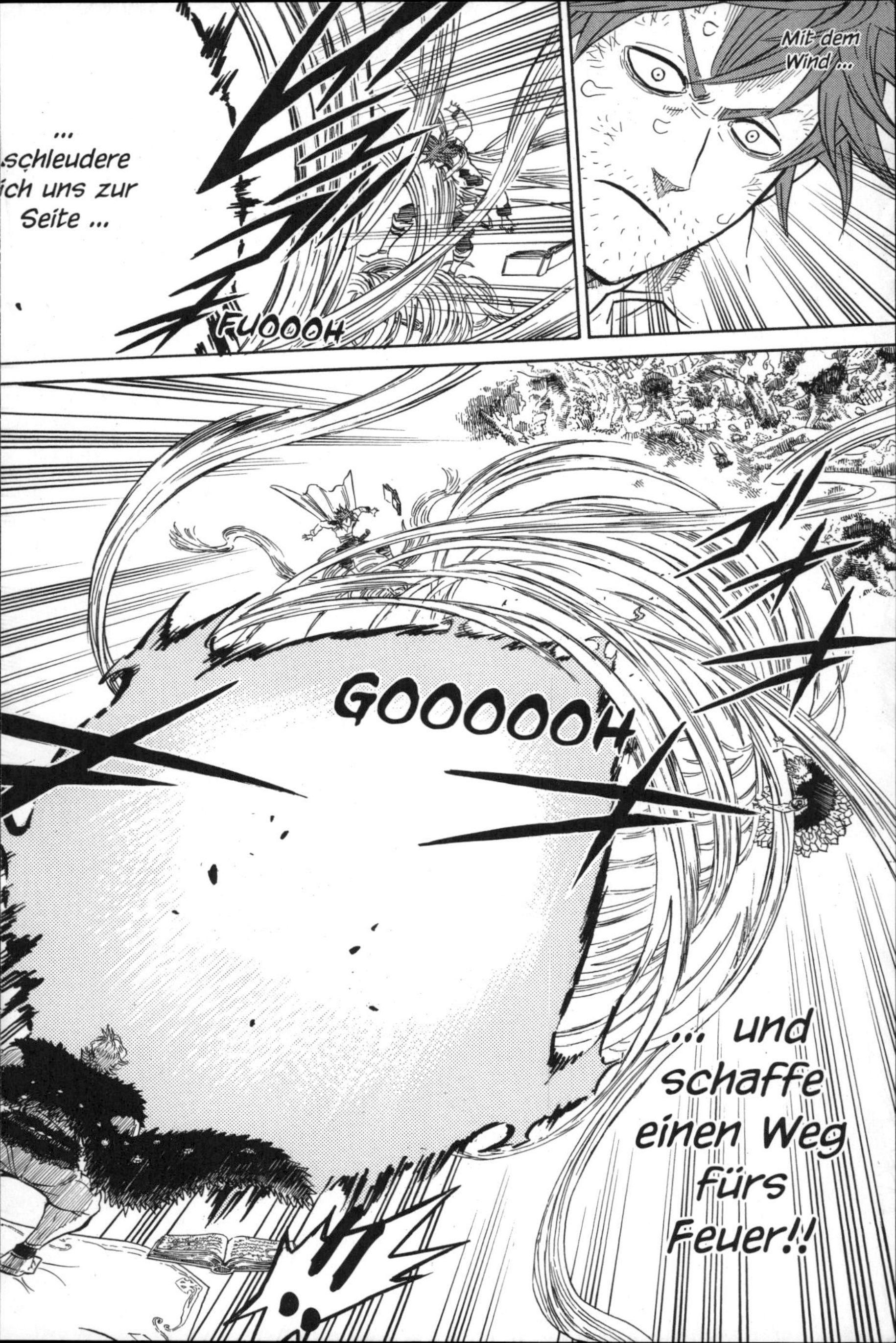
Mit dem Wind ...
... schleudere ich uns zur Seite ...
FUOOOH
GOOOOOH
... und schaffe einen Weg fürs Feuer!!

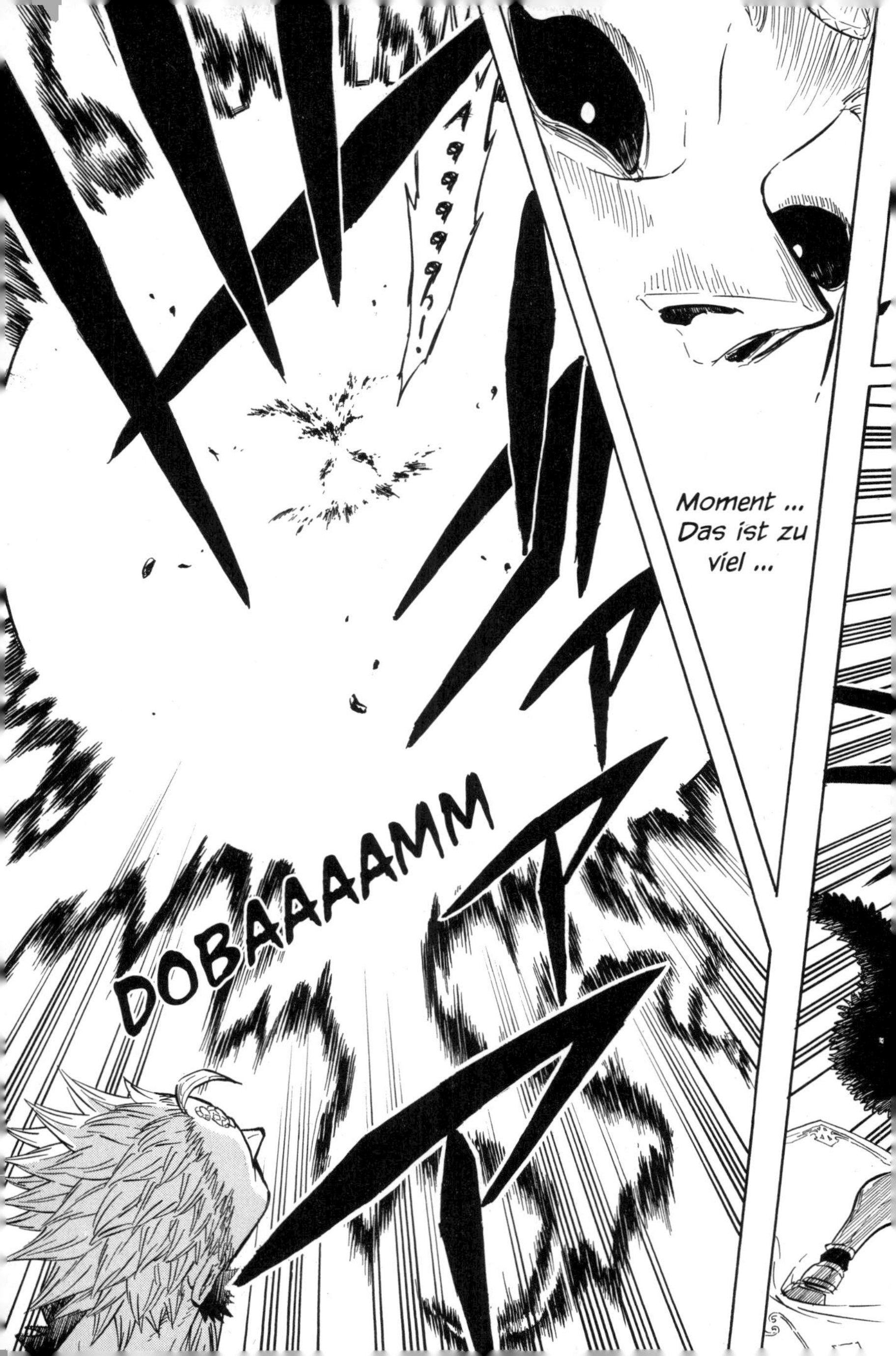
Moment ... Das ist zu viel ...
Aaaaaah!
DOBAAAAMM

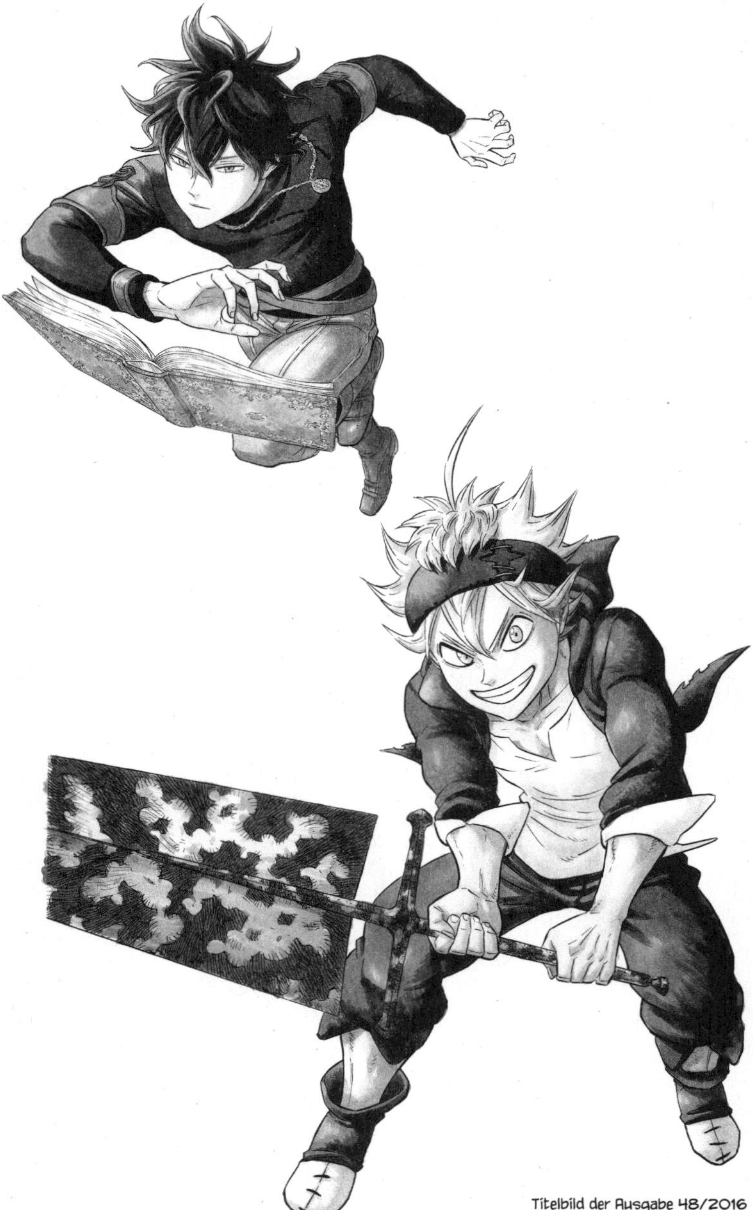

Titelbild der Ausgabe 48/2016
des Magazins *Shonen Jump*

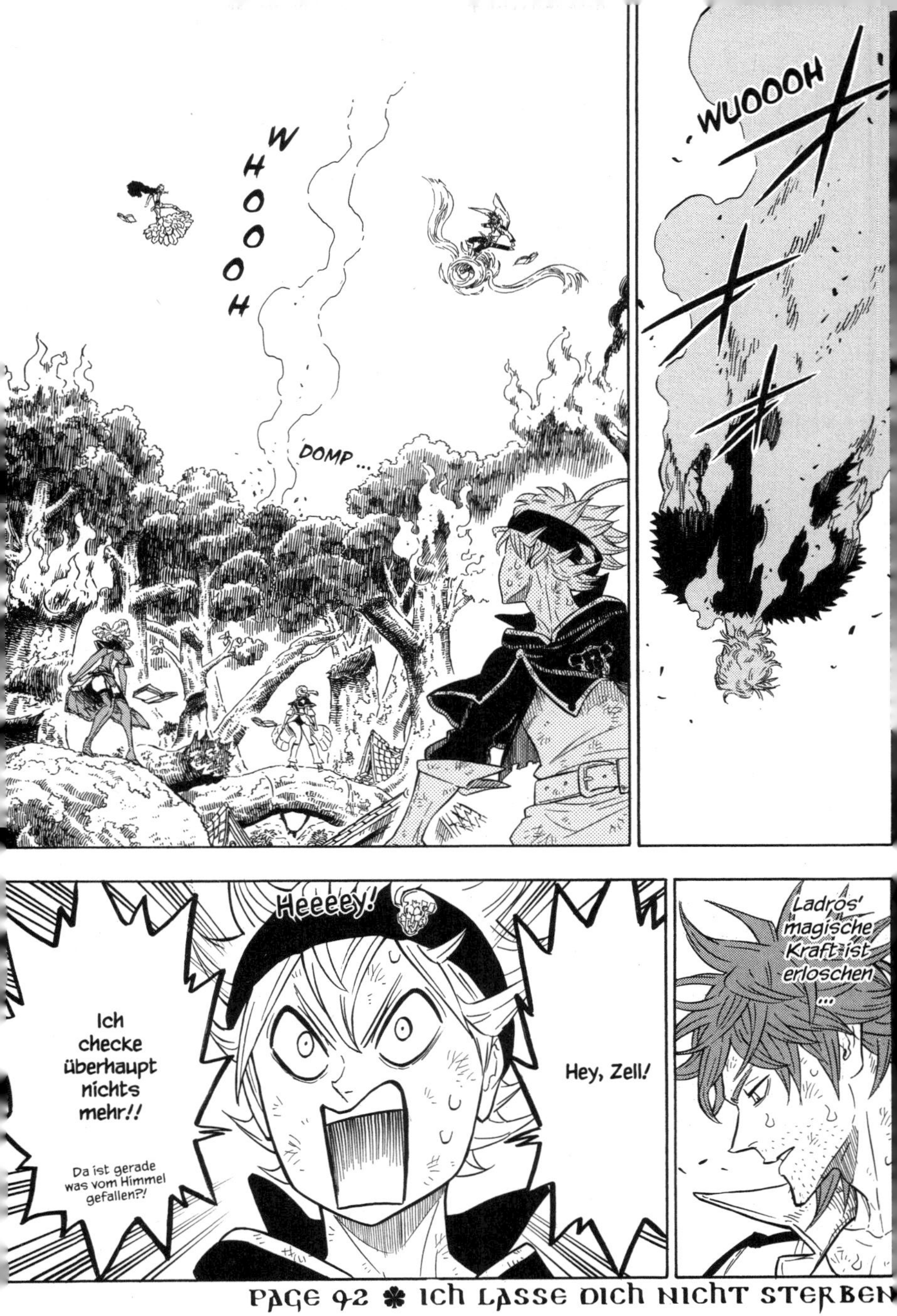
WUOOOH
WHOOOOH
DOMP ...
Ladros' magische Kraft ist erloschen ...
Hey, Zell!
Heeeey!
Ich checke überhaupt nichts mehr!!
Da ist gerade was vom Himmel gefallen?!

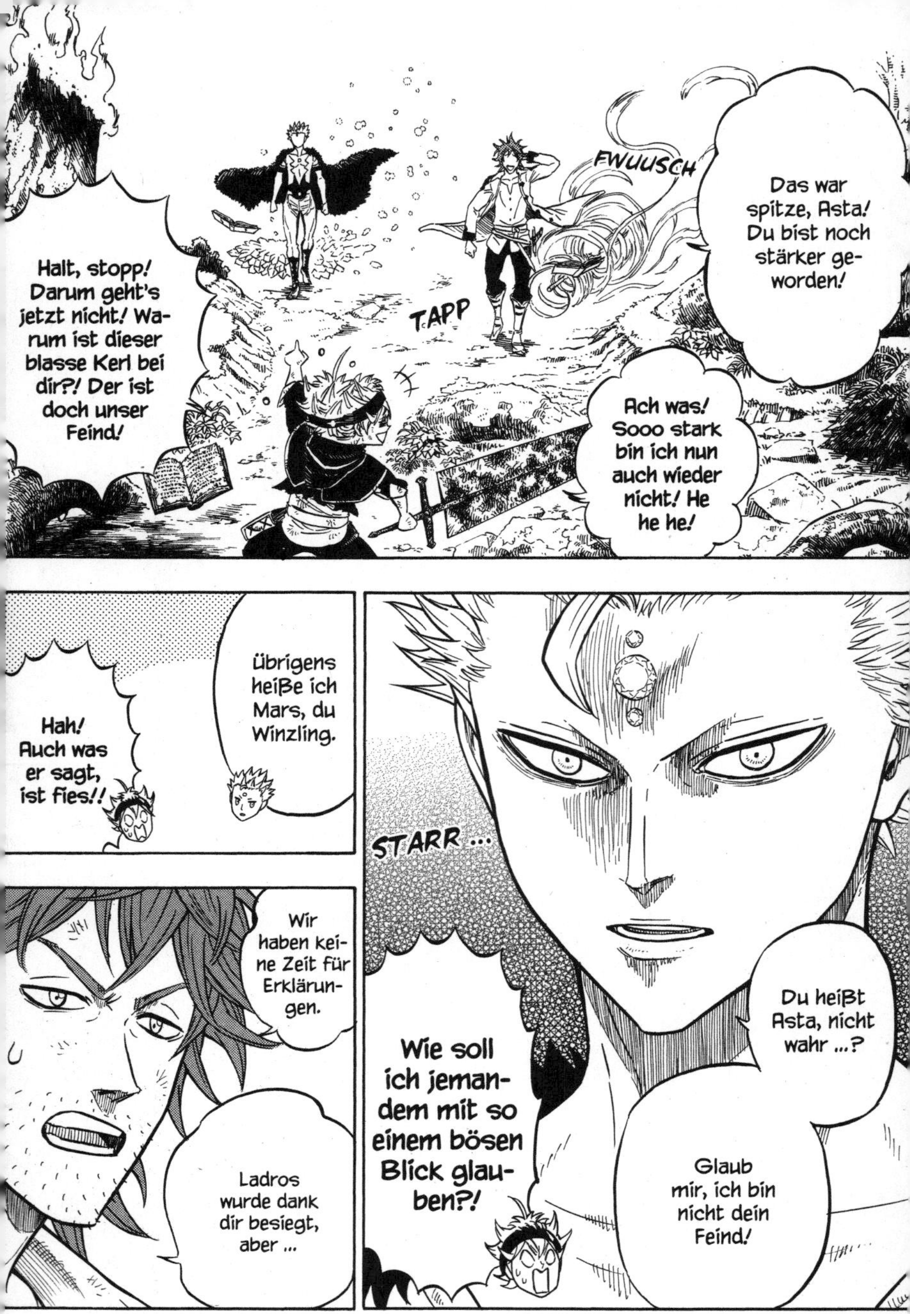

Das war spitze, Asta! Du bist noch stärker geworden!
FWUUSCH
TAPP
Ach was! Sooo stark bin ich nun auch wieder nicht! He he he!
Halt, stopp! Darum geht's jetzt nicht! Warum ist dieser blasse Kerl bei dir?! Der ist doch unser Feind!
Du heißt Asta, nicht wahr ...?
Glaub mir, ich bin nicht dein Feind!
STARR ...
Wie soll ich jemandem mit so einem bösen Blick glauben?!
Übrigens heiße ich Mars, du Winzling.
Hah! Auch was er sagt, ist fies!!
Wir haben keine Zeit für Erklärungen.
Ladros wurde dank dir besiegt, aber ...

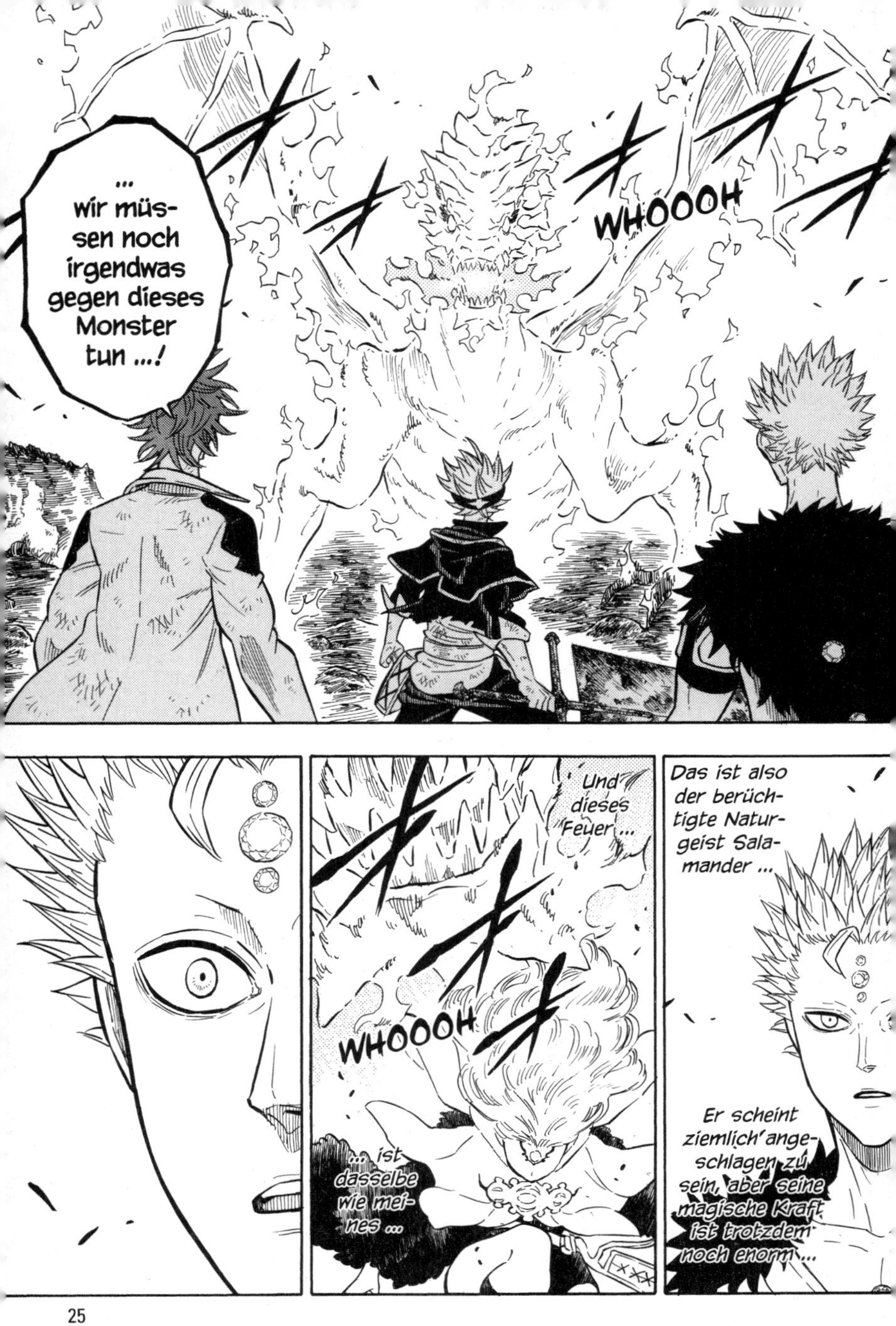

... wir müssen noch irgendwas gegen dieses Monster tun ...!
WHOOOH
Das ist also der berüchtigte Naturgeist Salamander ...
Er scheint ziemlich angeschlagen zu sein, aber seine magische Kraft ist trotzdem noch enorm ...
Und dieses Feuer ...
WHOOOH
... ist dasselbe wie meines ...

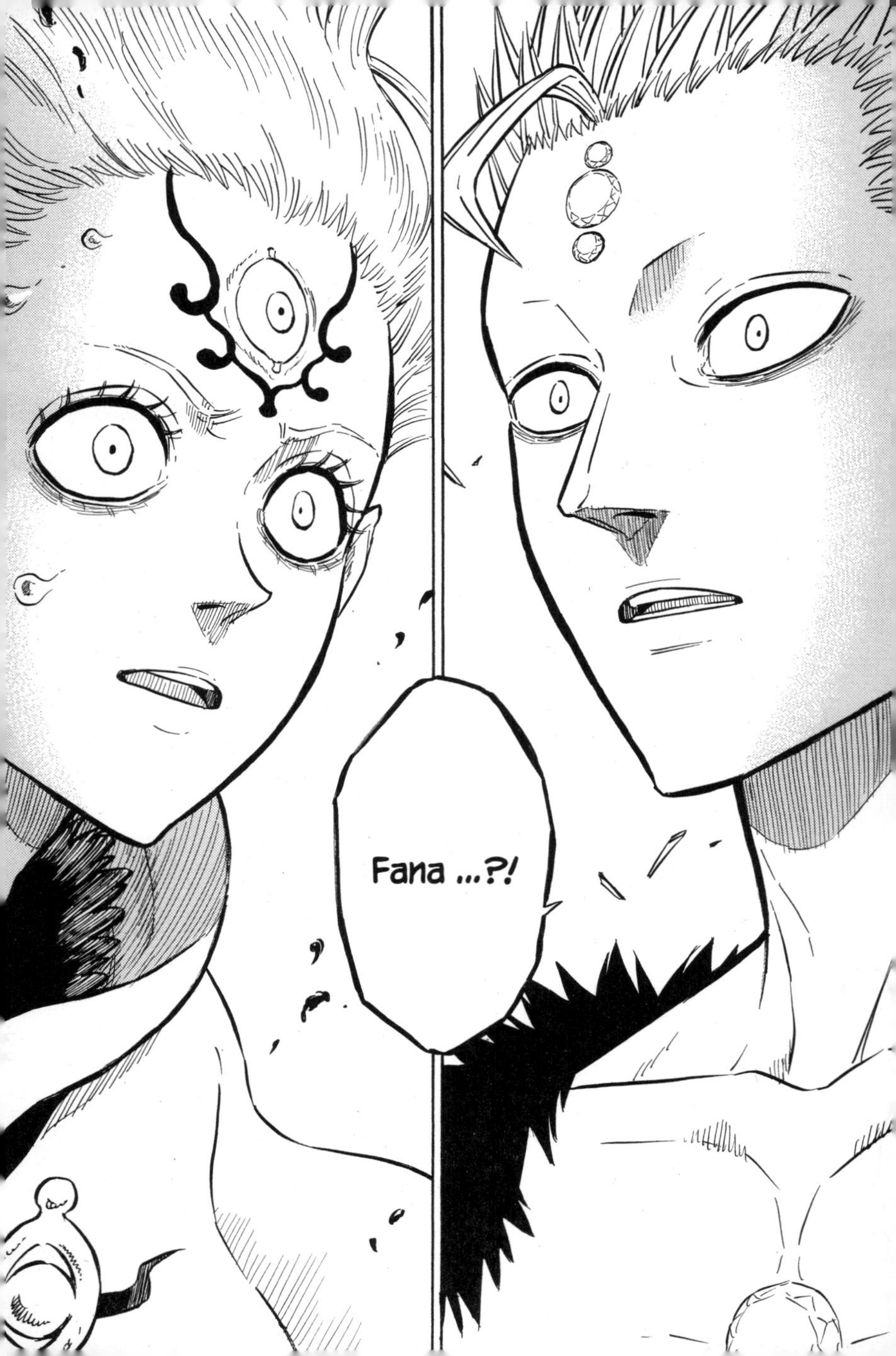
Fana ...?!

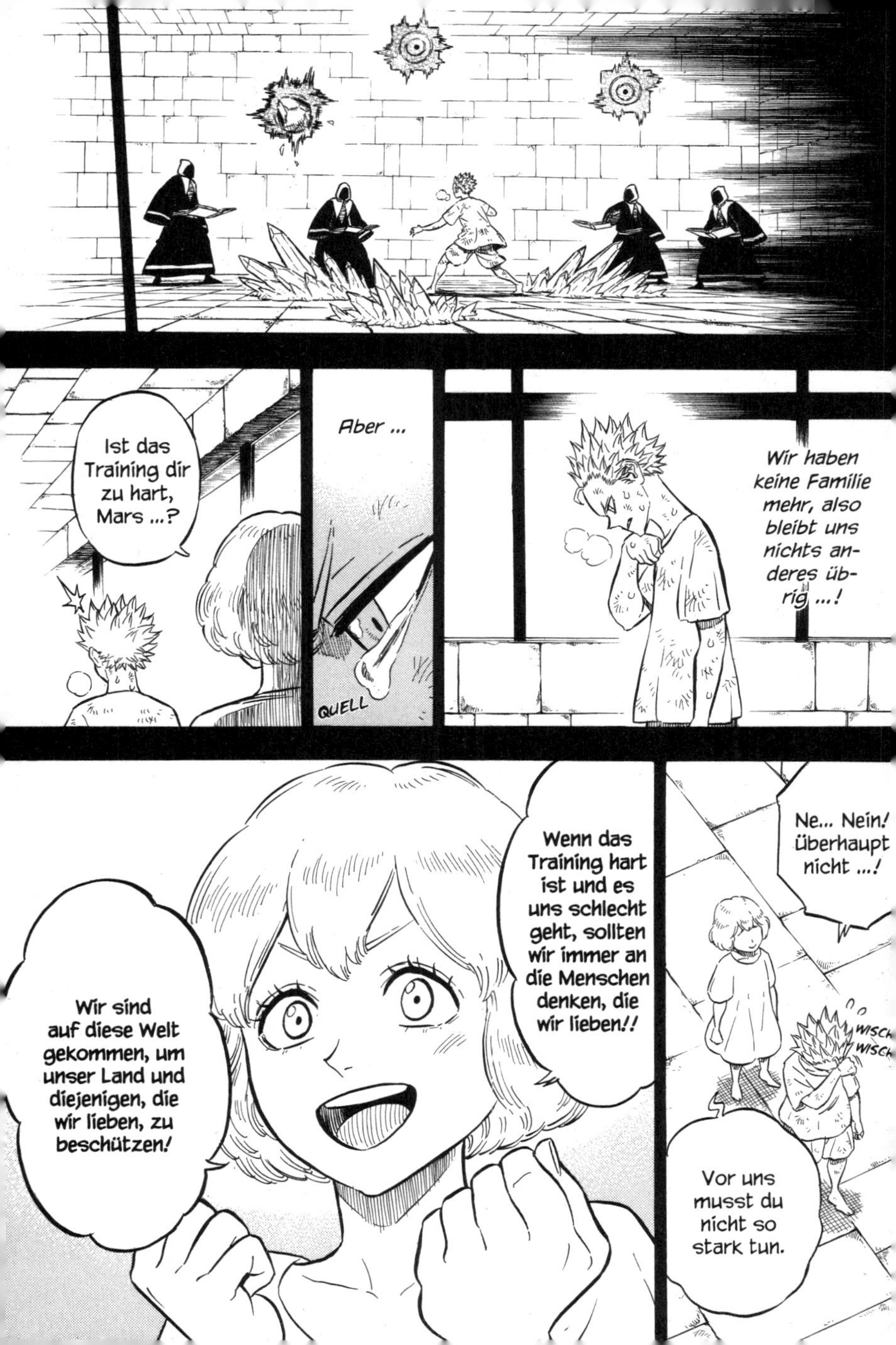
Ist das Training dir zu hart, Mars ...?
Aber ...
QUELL
Wir haben keine Familie mehr, also bleibt uns nichts anderes übrig ...!
Ne... Nein! Überhaupt nicht ...!
WISCH WISCH
Vor uns musst du nicht so stark tun.
Wenn das Training hart ist und es uns schlecht geht, sollten wir immer an die Menschen denken, die wir lieben!!
Wir sind auf diese Welt gekommen, um unser Land und diejenigen, die wir lieben, zu beschützen!

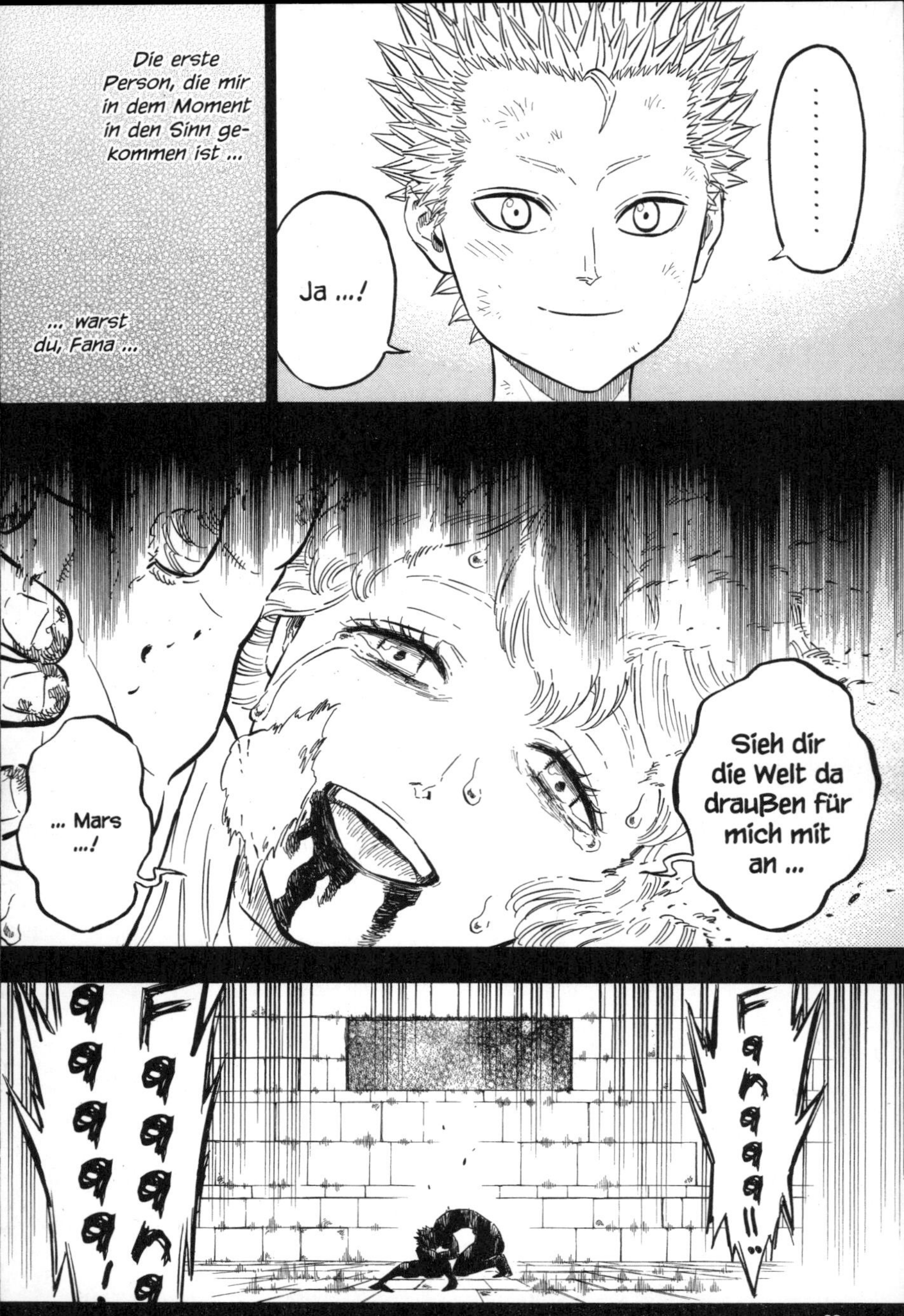
......
Ja ...!
Die erste Person, die mir in dem Moment in den Sinn gekommen ist ...
... warst du, Fana ...
Sieh dir die Welt da draußen für mich mit an ...
... Mars ...!
Fanaaaa!!

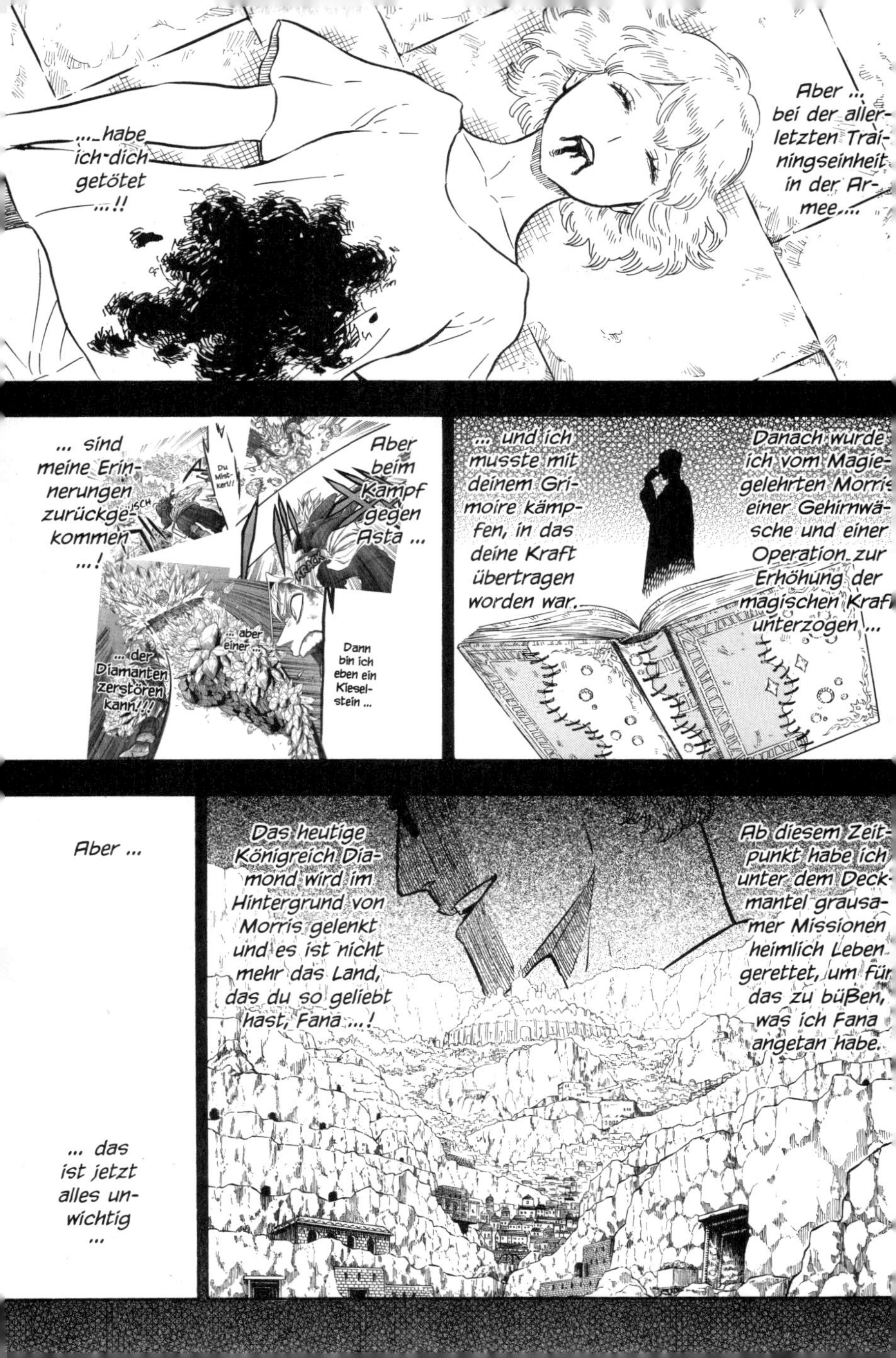
Aber ... bei der allerletzten Trainingseinheit in der Armee ...
... habe ich dich getötet ...!!
Danach wurde ich vom Magiegelehrten Morris einer Gehirnwäsche und einer Operation zur Erhöhung der magischen Kraft unterzogen ...
... und ich musste mit deinem Grimoire kämpfen, in das deine Kraft übertragen worden war.
Aber beim Kampf gegen Asta ...
... sind meine Erinnerungen zurückgekommen ...!
Du Mistkerl!!
KRACK
Dann bin ich eben ein Kieselstein ...
... aber einer ...
... der Diamanten zerstören kann!!!
Ab diesem Zeitpunkt habe ich unter dem Deckmantel grausamer Missionen heimlich Leben gerettet, um für das zu büßen, was ich Fana angetan habe.
Das heutige Königreich Diamond wird im Hintergrund von Morris gelenkt und es ist nicht mehr das Land, das du so geliebt hast, Fana ...!
Aber ...
... das ist jetzt alles unwichtig ...

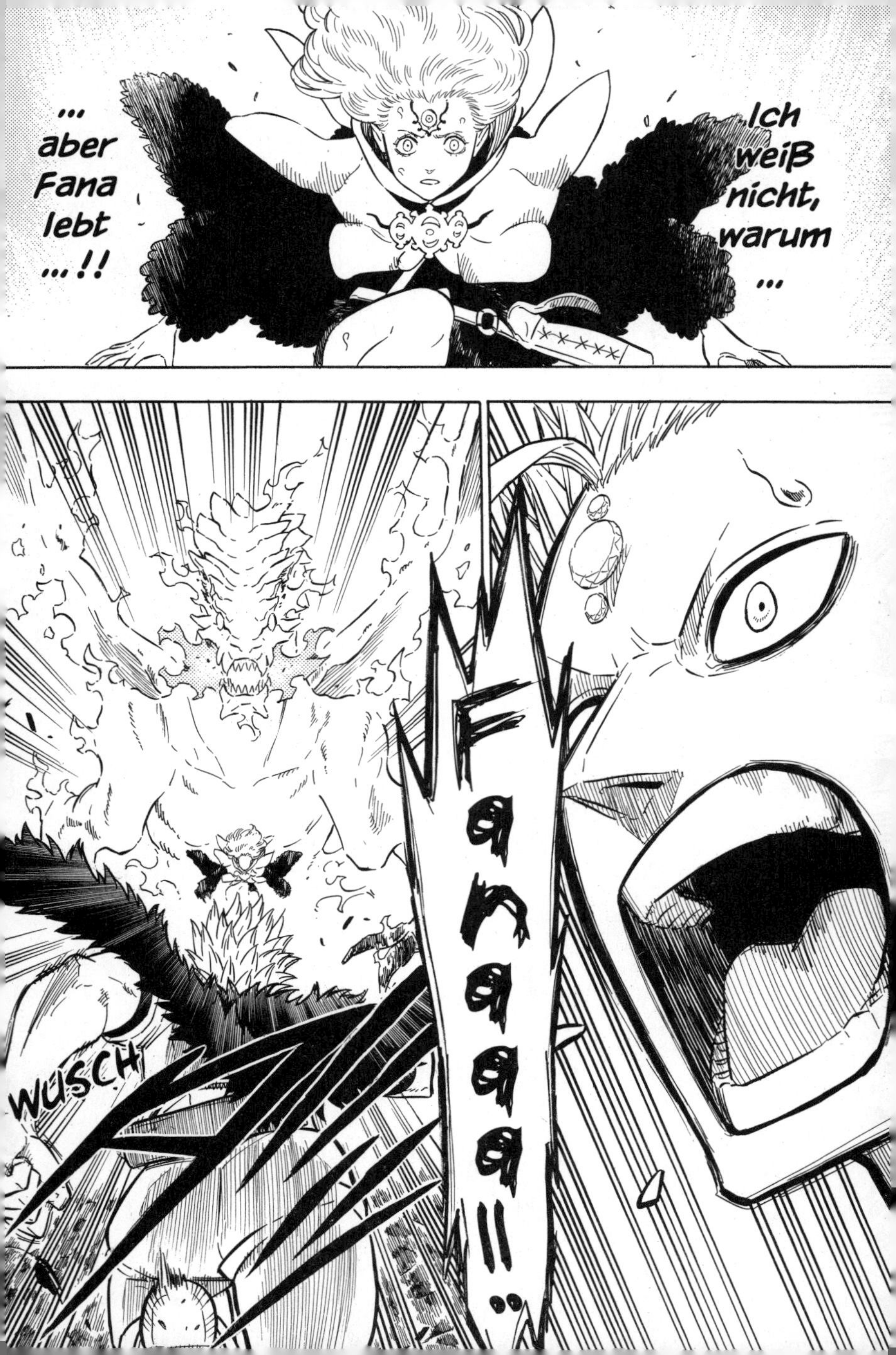

Ich weiß nicht, warum ...
... aber Fana lebt ...!!
Fanaaaa!!
WUSCH

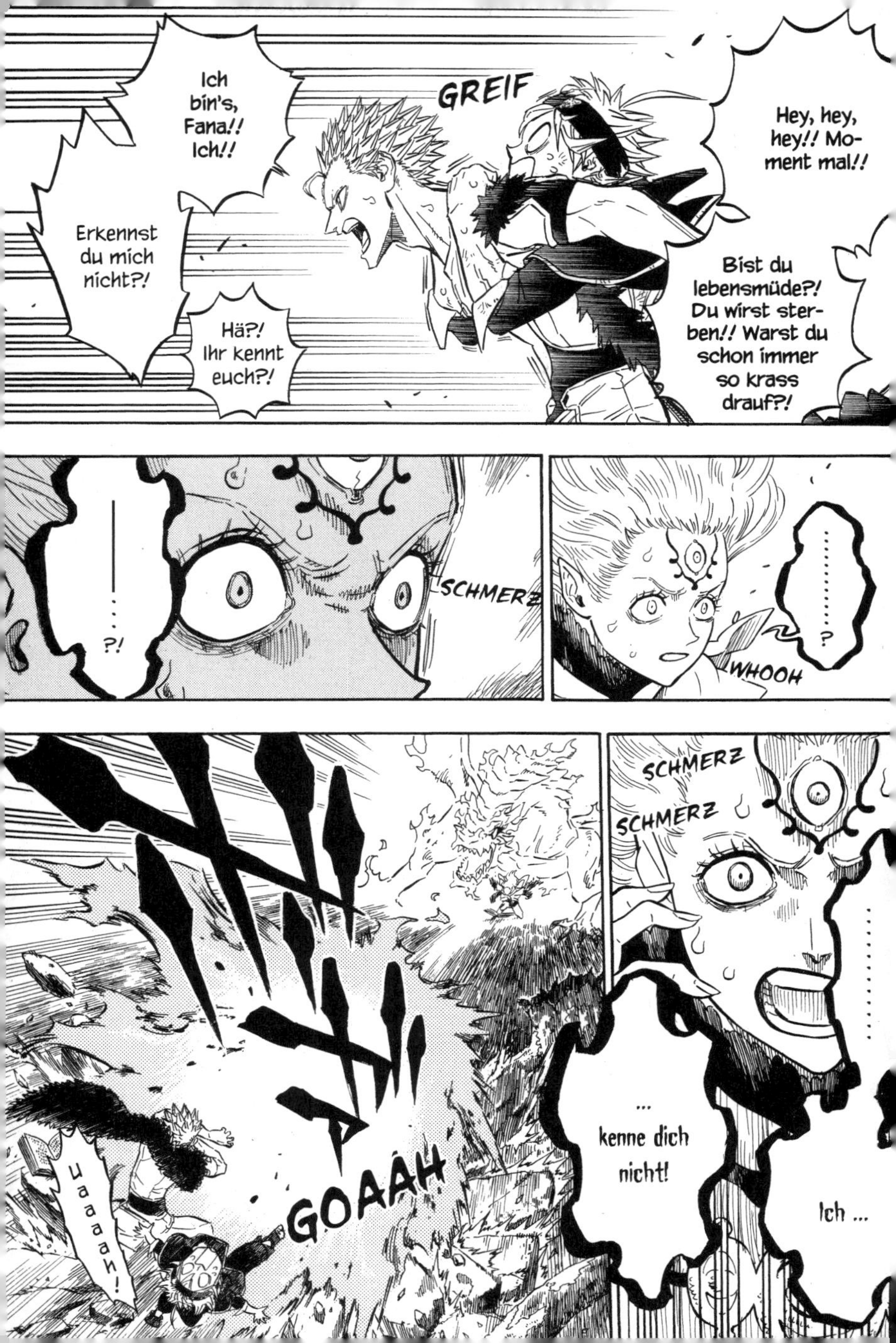
Hey, hey, hey!! Moment mal!!
Bist du lebensmüde?! Du wirst sterben!! Warst du schon immer so krass drauf?!
GREIF
Ich bin's, Fana!! Ich!!
Erkennst du mich nicht?!
Hä?! Ihr kennt euch?!
……?
WHOOH
SCHMERZ
—……?!
SCHMERZ
SCHMERZ
……
Ich …
… kenne dich nicht!
GOAAH
Uaaaaah!

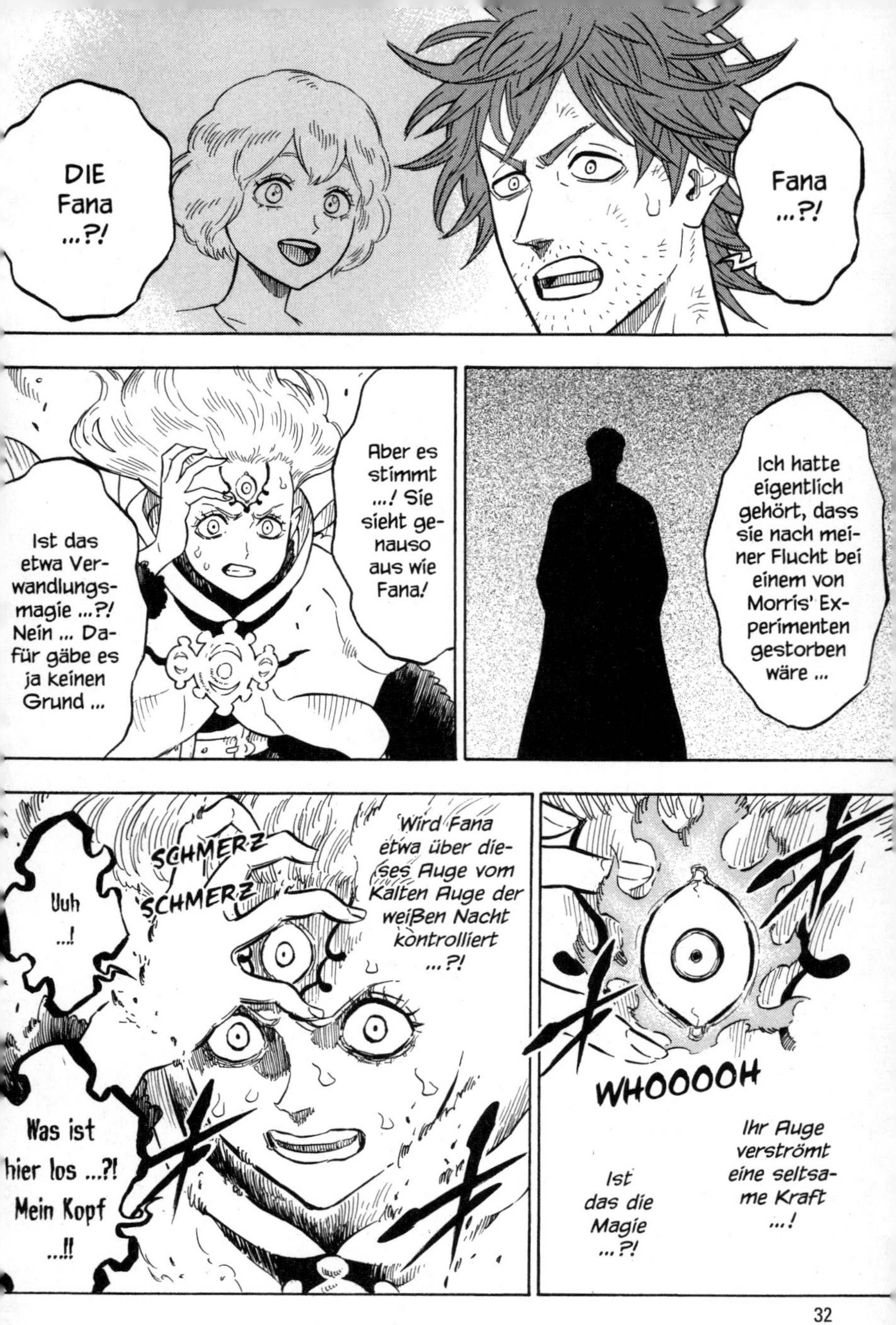

Fana ...?!
DIE Fana ...?!
Ich hatte eigentlich gehört, dass sie nach meiner Flucht bei einem von Morris' Experimenten gestorben wäre ...
Aber es stimmt ...! Sie sieht genauso aus wie Fana!
Ist das etwa Verwandlungsmagie ...?! Nein ... Dafür gäbe es ja keinen Grund ...
WHOOOOH
Ihr Auge verströmt eine seltsame Kraft ...!
Ist das die Magie ...?!
Wird Fana etwa über dieses Auge vom Kalten Auge der weißen Nacht kontrolliert ...?!
SCHMERZ
SCHMERZ
Uuh ...!
Was ist hier los ...?! Mein Kopf ...!!

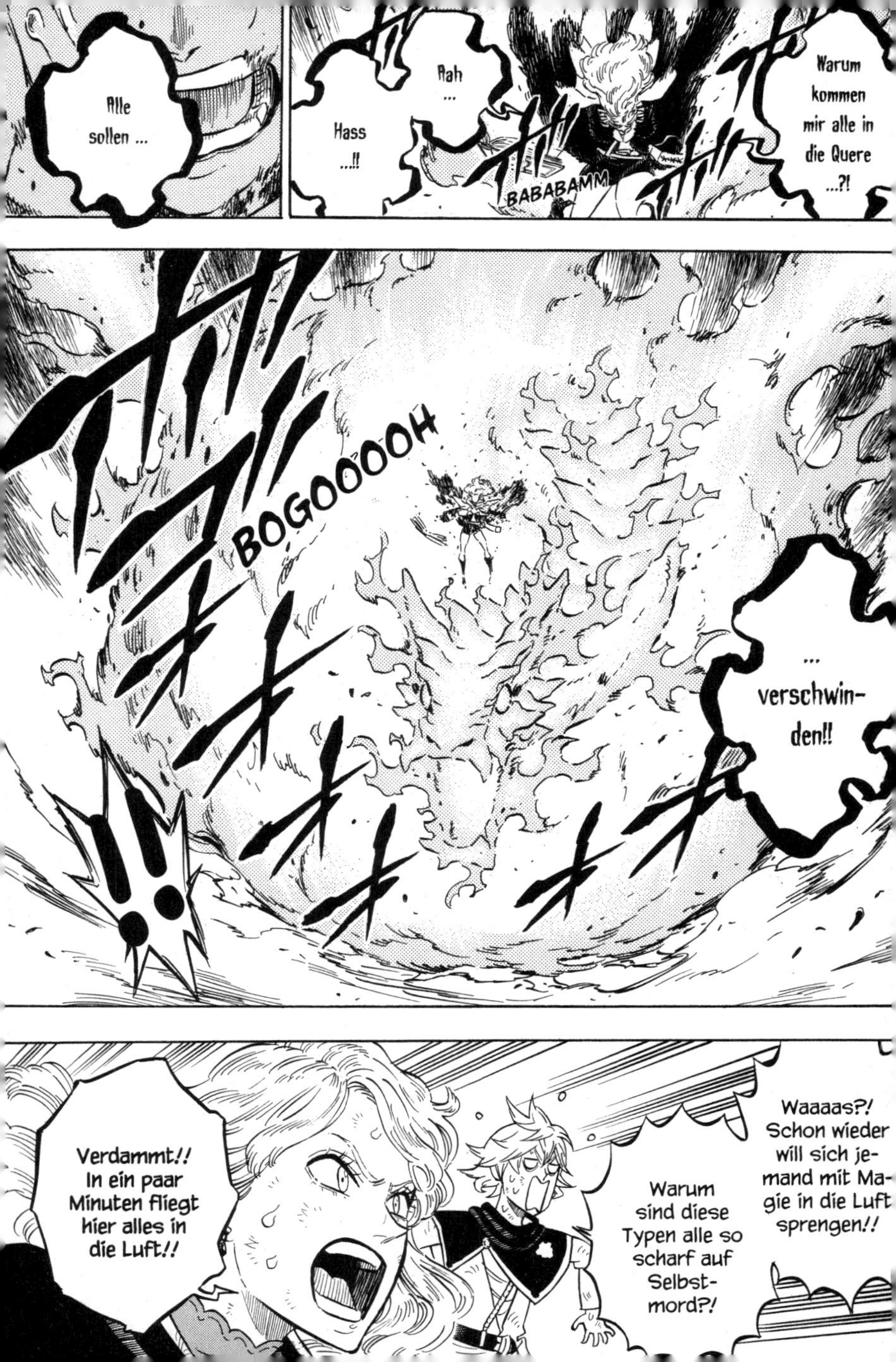
Warum kommen mir alle in die Quere ...?!
BABABAMM
Aah ...
Hass ...!!
Alle sollen ...
BOGOOOOH
... verschwinden!!
Waaaas?! Schon wieder will sich jemand mit Magie in die Luft sprengen!!
Warum sind diese Typen alle so scharf auf Selbstmord?!
Verdammt!! In ein paar Minuten fliegt hier alles in die Luft!!

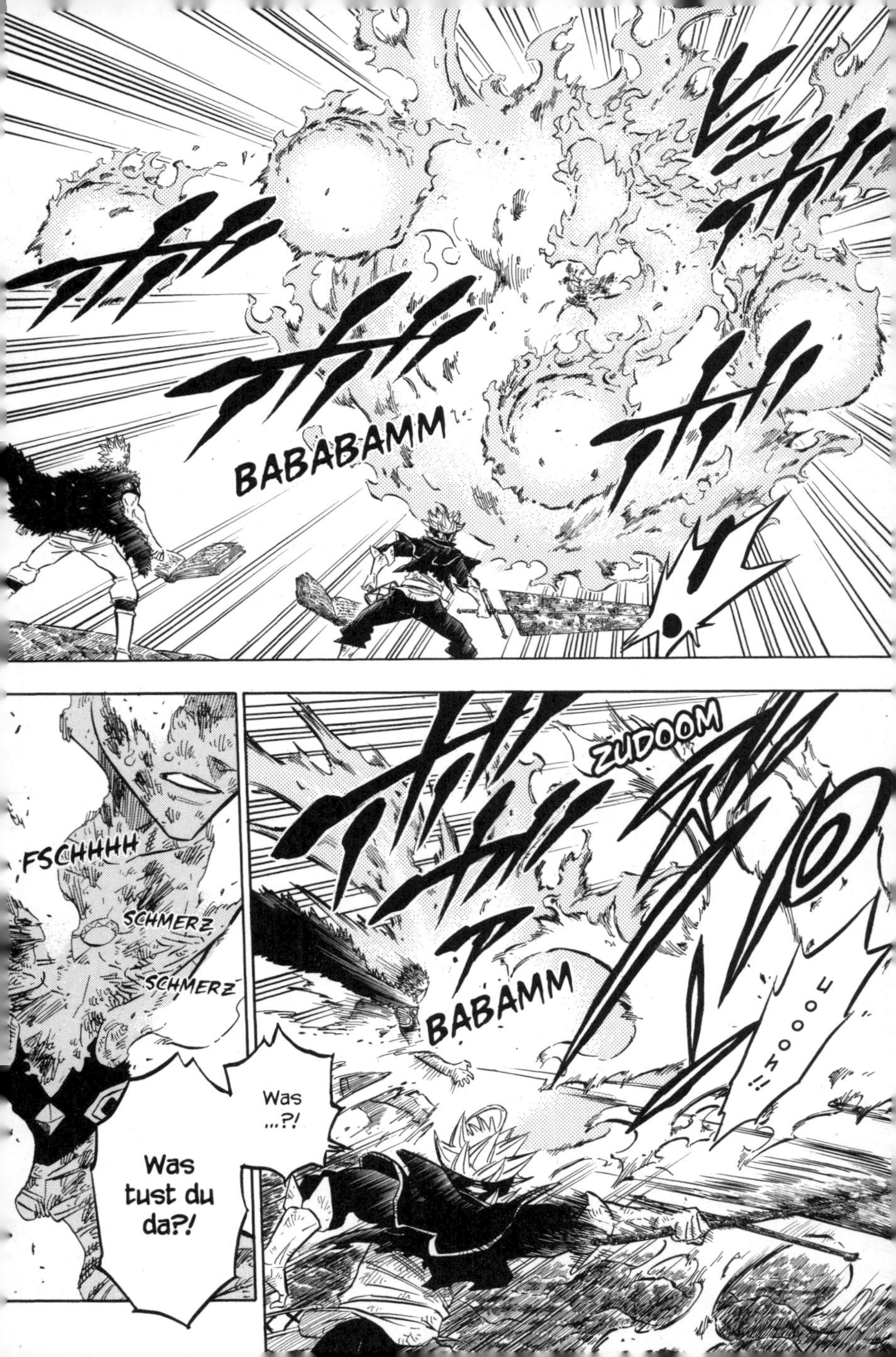
BABABAMM
ZUDOOM
FSCHHHH
SCHMERZ
SCHMERZ
BABAMM
Noooh!!
Was ...?!
Was tust du da?!

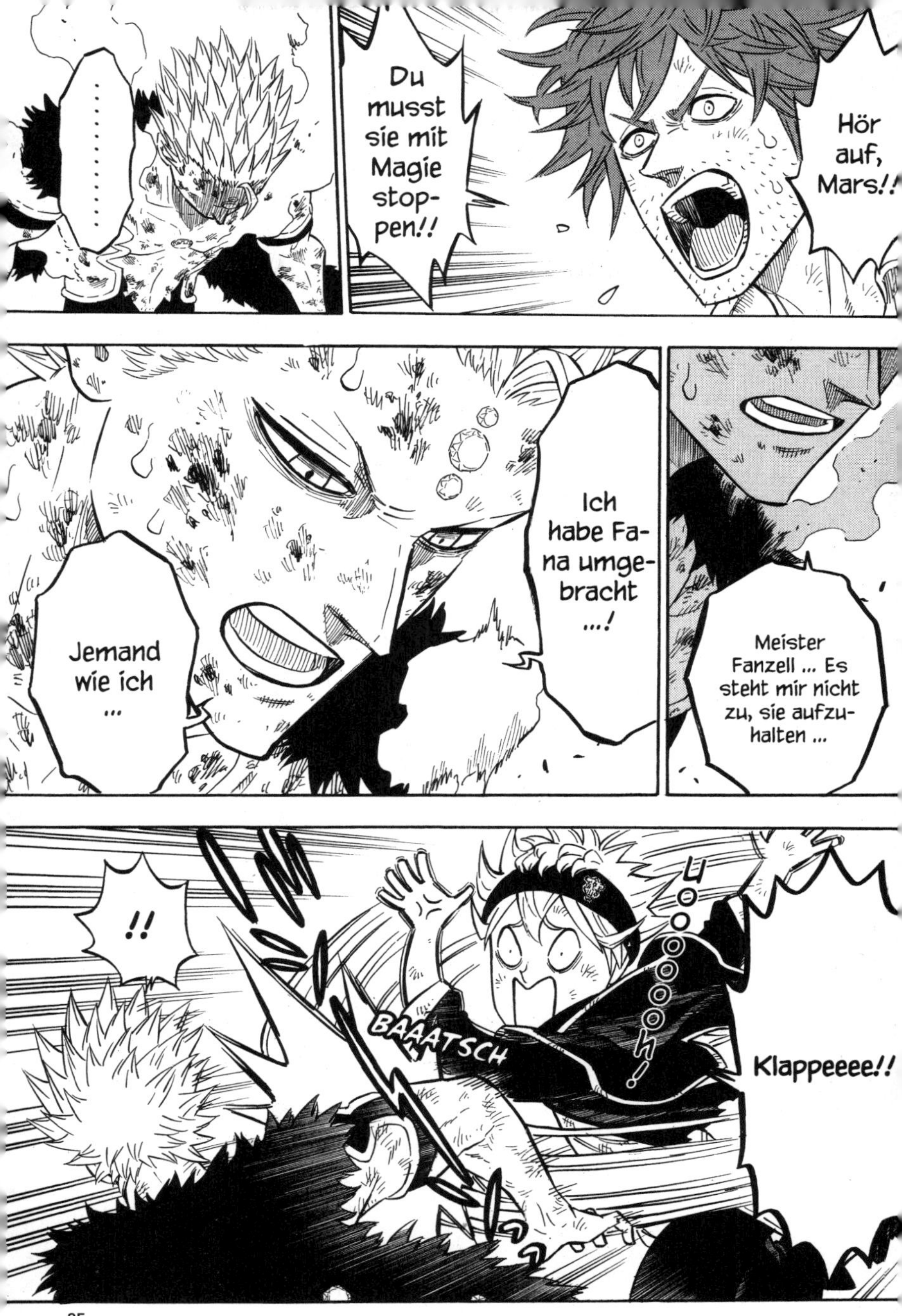

Hör auf, Mars!!
Du musst sie mit Magie stoppen!!
......
Meister Fanzell ... Es steht mir nicht zu, sie aufzuhalten ...
Ich habe Fana umgebracht ...!
Jemand wie ich ...
Klappeeee!!
Uoooooooh!
BAAATSCH
!!

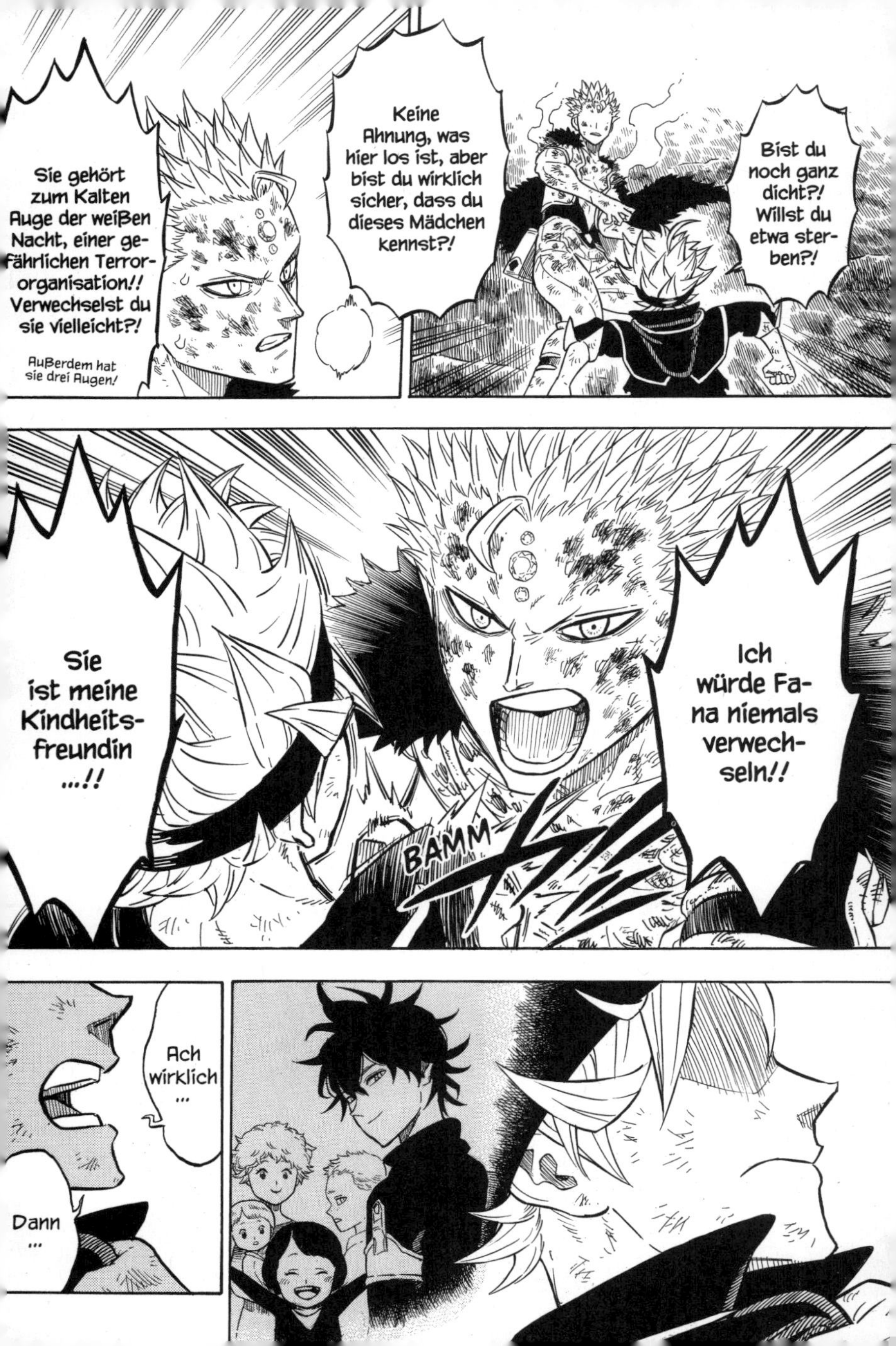

Bist du noch ganz dicht?! Willst du etwa sterben?!
Keine Ahnung, was hier los ist, aber bist du wirklich sicher, dass du dieses Mädchen kennst?!
Sie gehört zum Kalten Auge der weißen Nacht, einer gefährlichen Terrororganisation!! Verwechselst du sie vielleicht?!
Außerdem hat sie drei Augen!
Ich würde Fana niemals verwechseln!!
Sie ist meine Kindheitsfreundin ...!!
BAMM
Ach wirklich ...
Dann ...

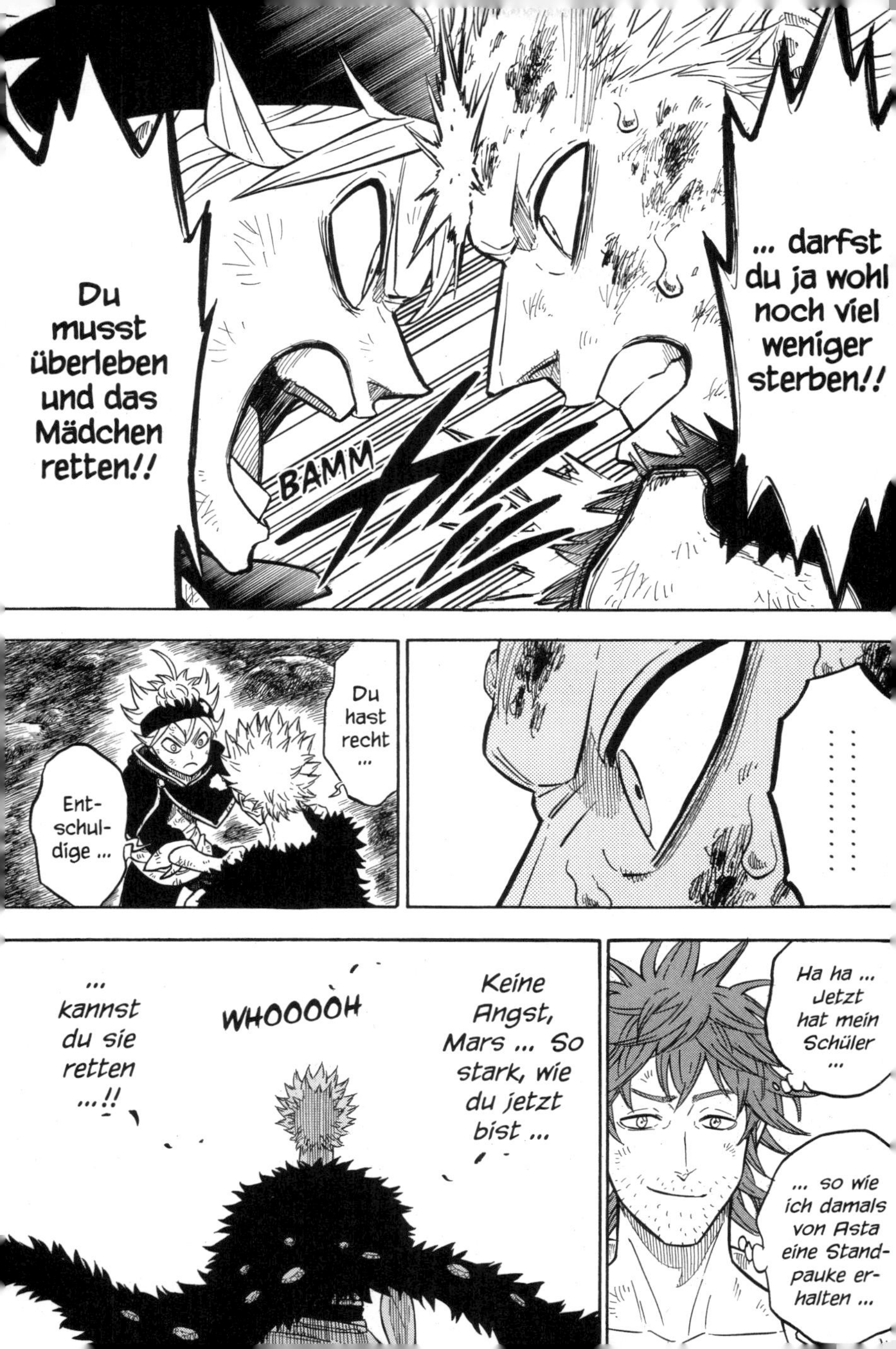
... darfst du ja wohl noch viel weniger sterben!!
Du musst überleben und das Mädchen retten!!
BAMM
......
Du hast recht ...
Ent-schul-dige ...
Ha ha ... Jetzt hat mein Schüler ...
... so wie ich damals von Asta eine Standpauke erhalten ...
Keine Angst, Mars ... So stark, wie du jetzt bist ...
WHOOOOH
... kannst du sie retten ...!!

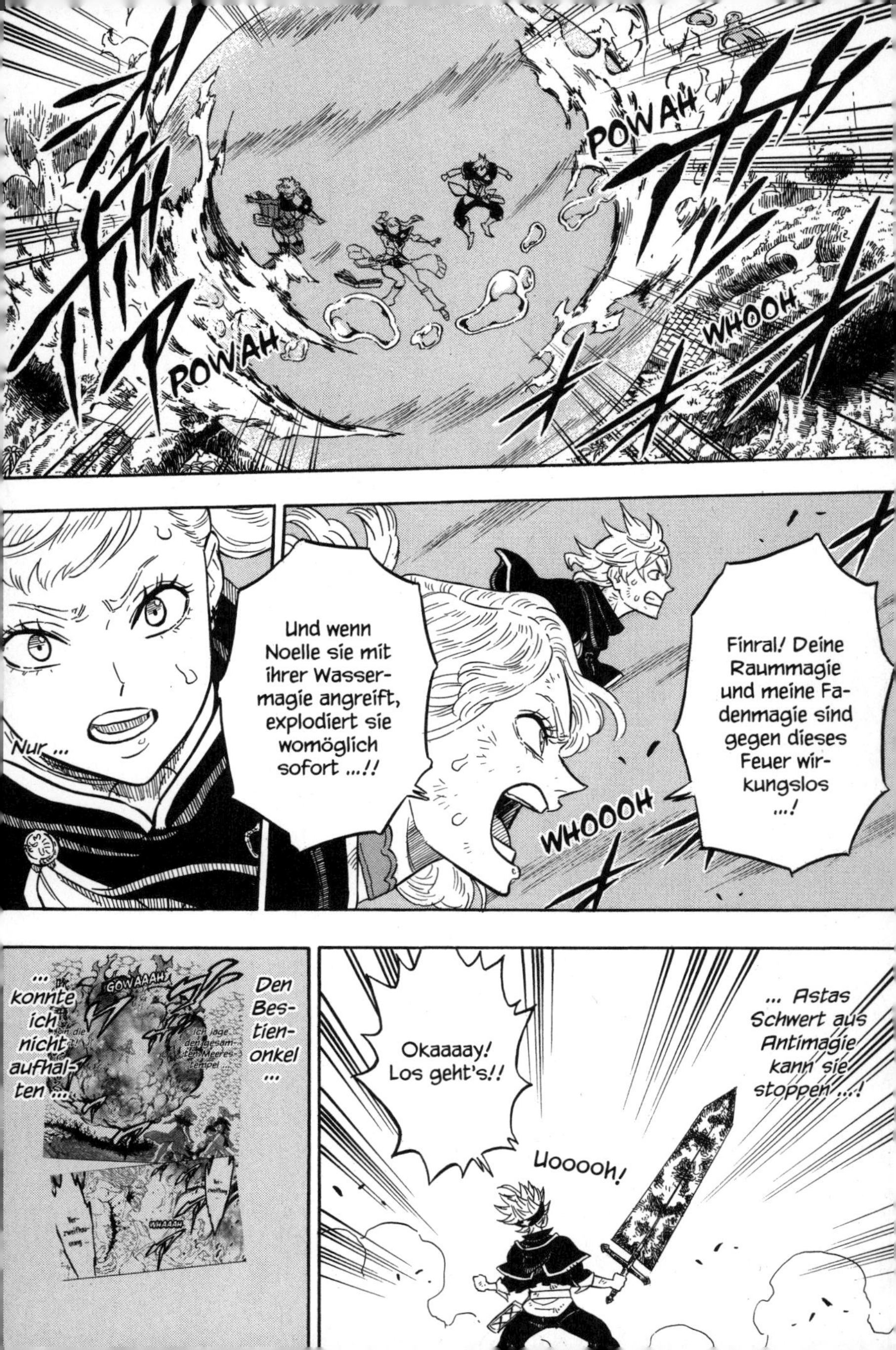
POWAH
WHOOH
POWAH
Finral! Deine Raummagie und meine Fadenmagie sind gegen dieses Feuer wirkungslos ...!
WHOOOH
Und wenn Noelle sie mit ihrer Wassermagie angreift, explodiert sie womöglich sofort ...!!
Nur ...
... Astas Schwert aus Antimagie kann sie stoppen ...!
Okaaaay! Los geht's!!
Uooooh!
Den Bestienonkel ...
... konnte ich nicht aufhalten ...
GOWAAAH

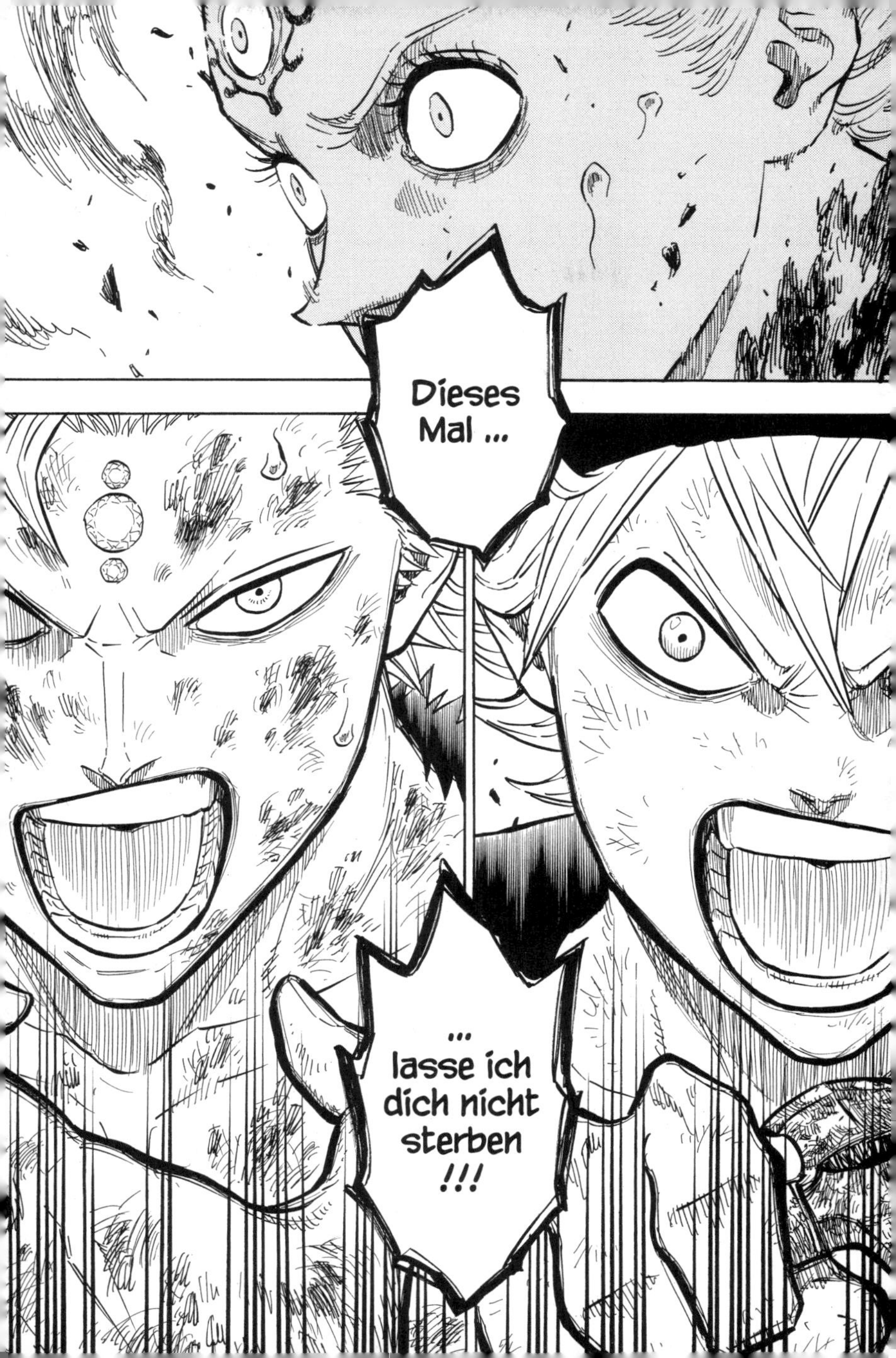
Dieses Mal ...
... lasse ich dich nicht sterben !!!

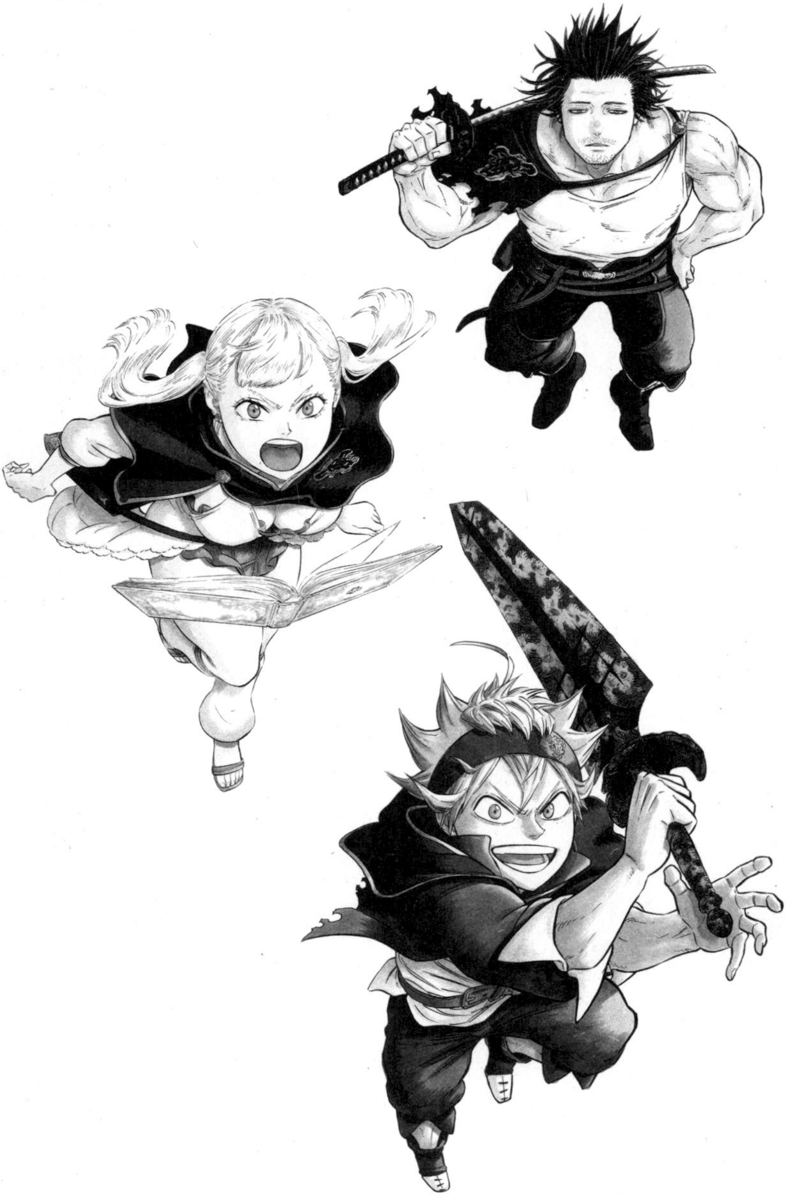

telbild der Ausgabe 49/2016 des Magazins *Shonen Jump*

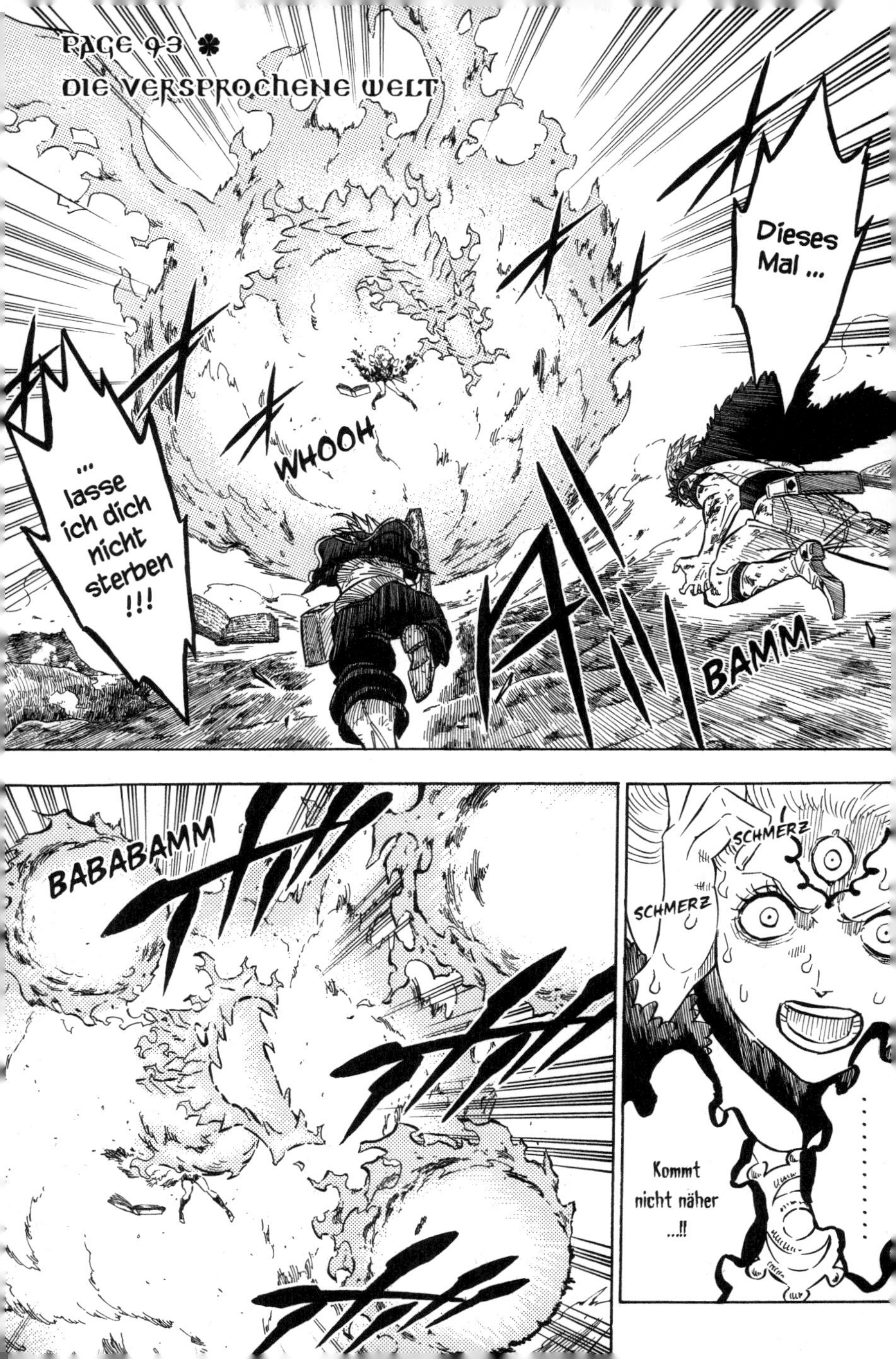
PAGE 93 ✤
DIE VERSPROCHENE WELT
Dieses Mal ...
... lasse ich dich nicht sterben !!!
WHOOH
BAMM
SCHMERZ
SCHMERZ
Kommt nicht näher ...!!
BABABAMM

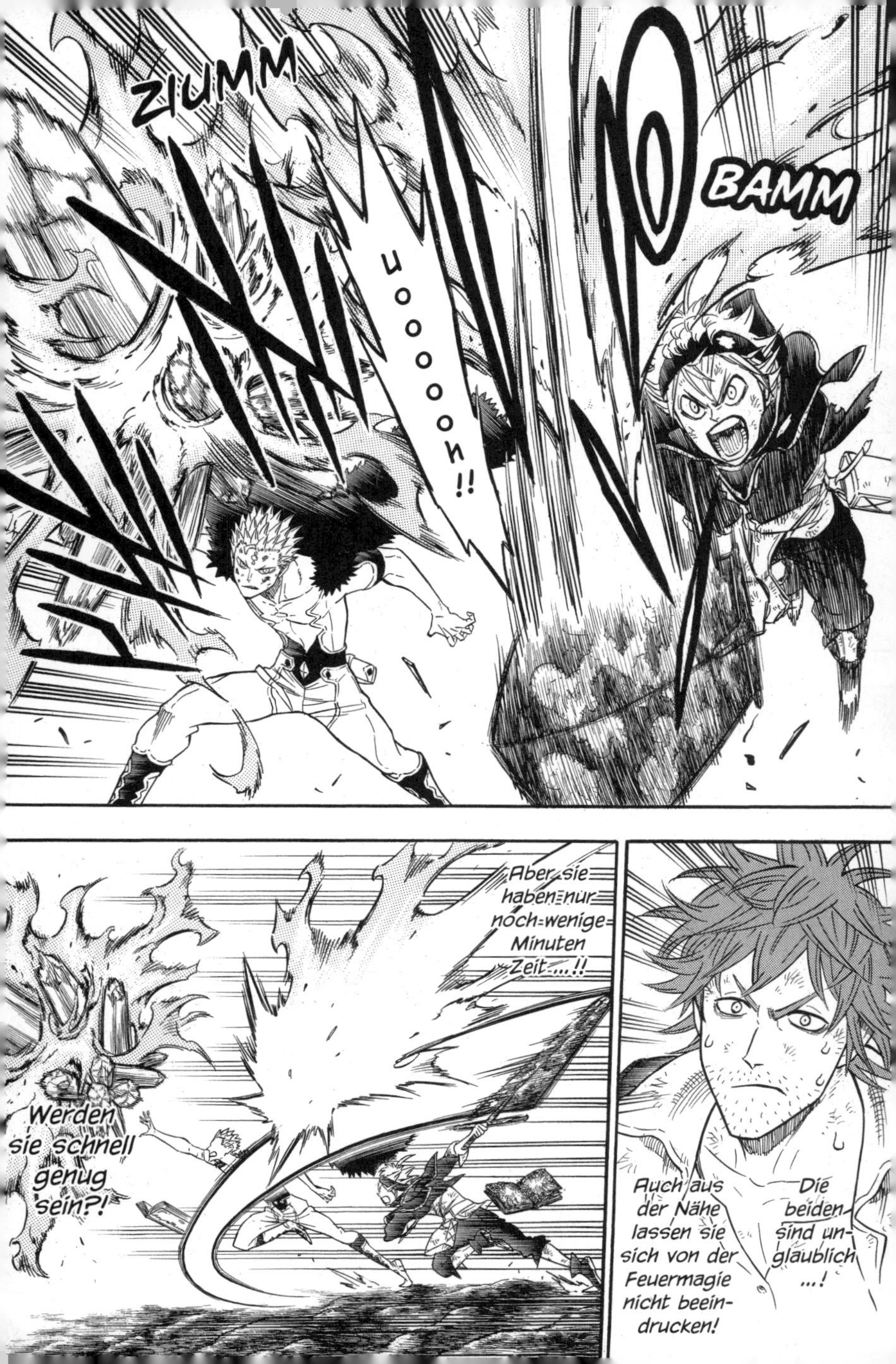
BAMM
ZIUMM
uooooooh!!
Aber sie haben nur noch wenige Minuten Zeit ...!!
Werden sie schnell genug sein?!
Die beiden sind unglaublich ...!
Auch aus der Nähe lassen sie sich von der Feuermagie nicht beeindrucken!

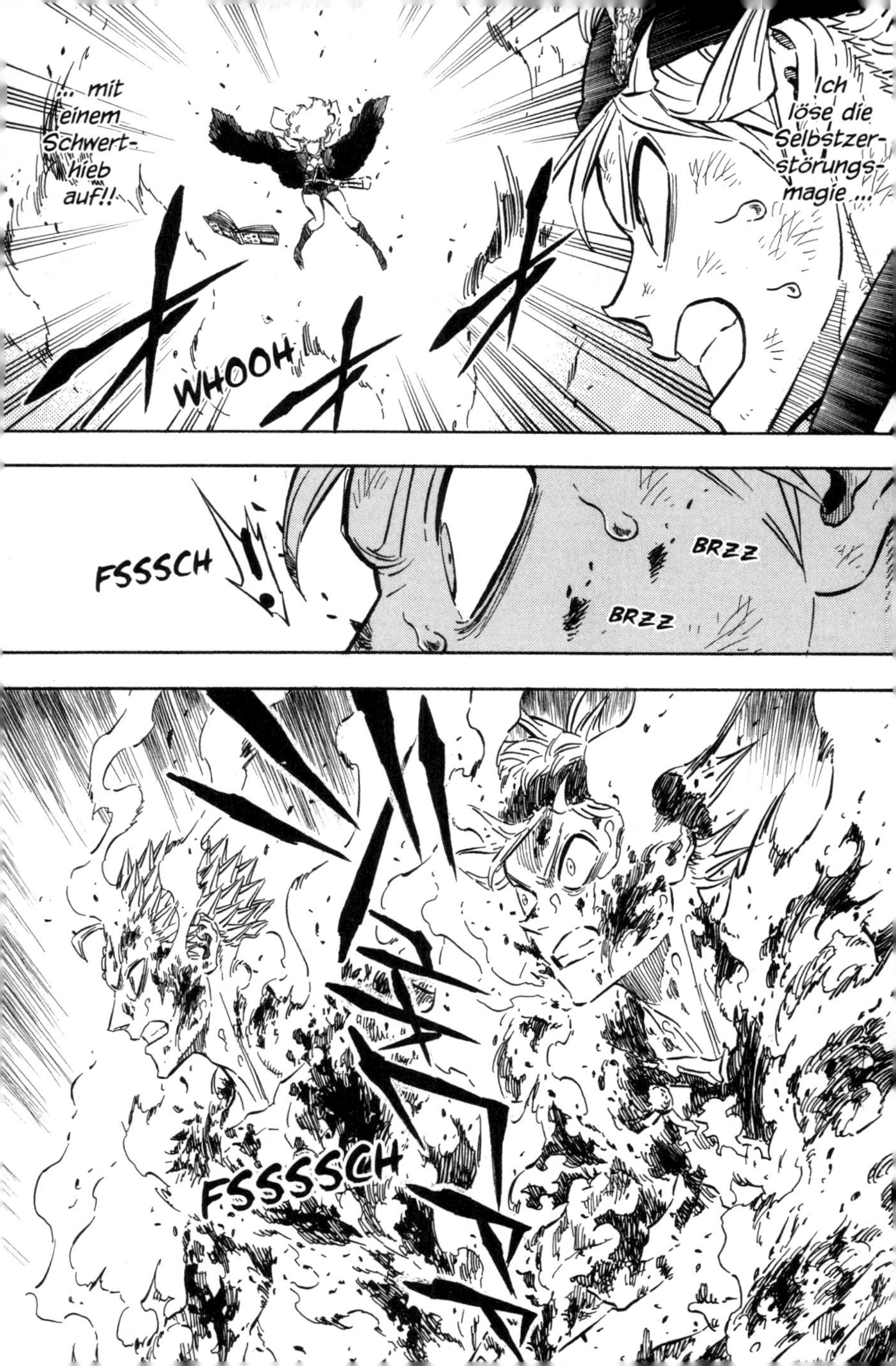
Ich löse die Selbstzerstörungsmagie ...
... mit einem Schwerthieb auf!!
WHOOH
BRZZ
BRZZ
FSSSCH
FSSSSCH

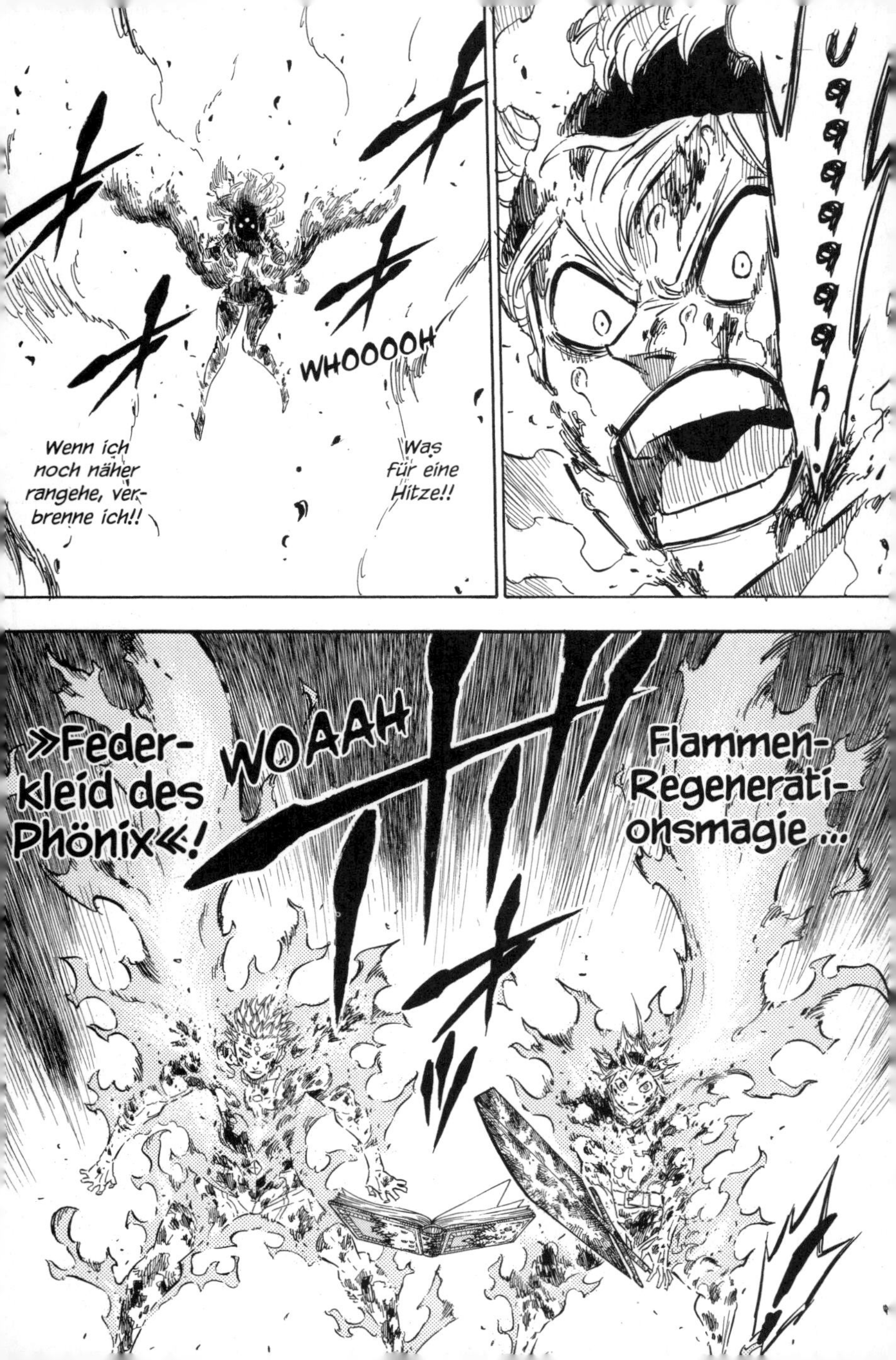
Uaaaaaaaaaah!
WHOOOOH
Was für eine Hitze!!
Wenn ich noch näher rangehe, verbrenne ich!!
Flammen-Regenerationsmagie ...
»Federkleid des Phönix«!
WOAAH

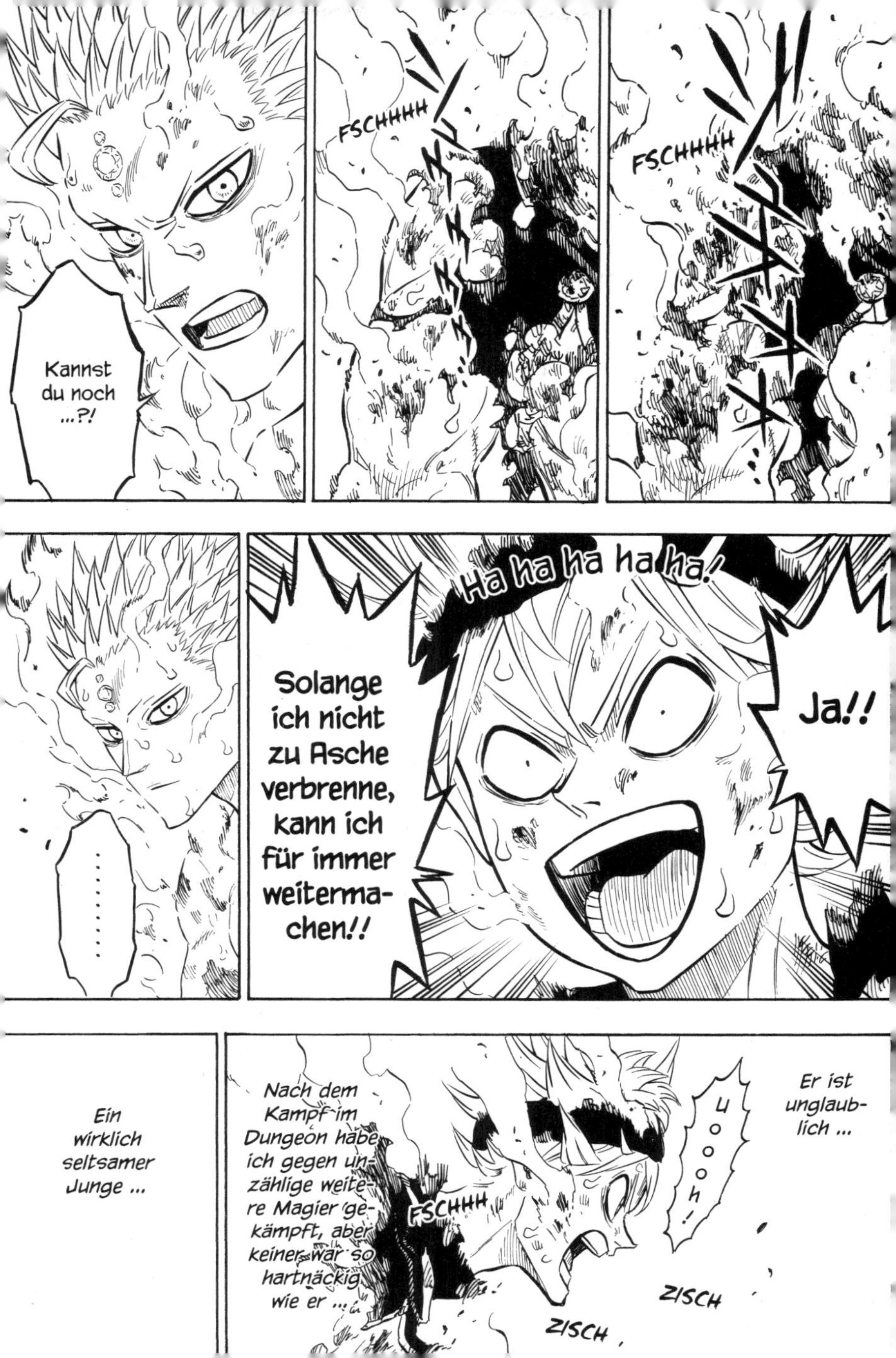

FSCHHHH
FSCHHHH
Kannst du noch ...?!
Ha ha ha ha ha!
Ja!!
Solange ich nicht zu Asche verbrenne, kann ich für immer weitermachen!!
......
Er ist unglaublich ...
Uooooh!
Nach dem Kampf im Dungeon habe ich gegen unzählige weitere Magier gekämpft, aber keiner war so hartnäckig wie er ...
FSCHHH
ZISCH
ZISCH
Ein wirklich seltsamer Junge ...

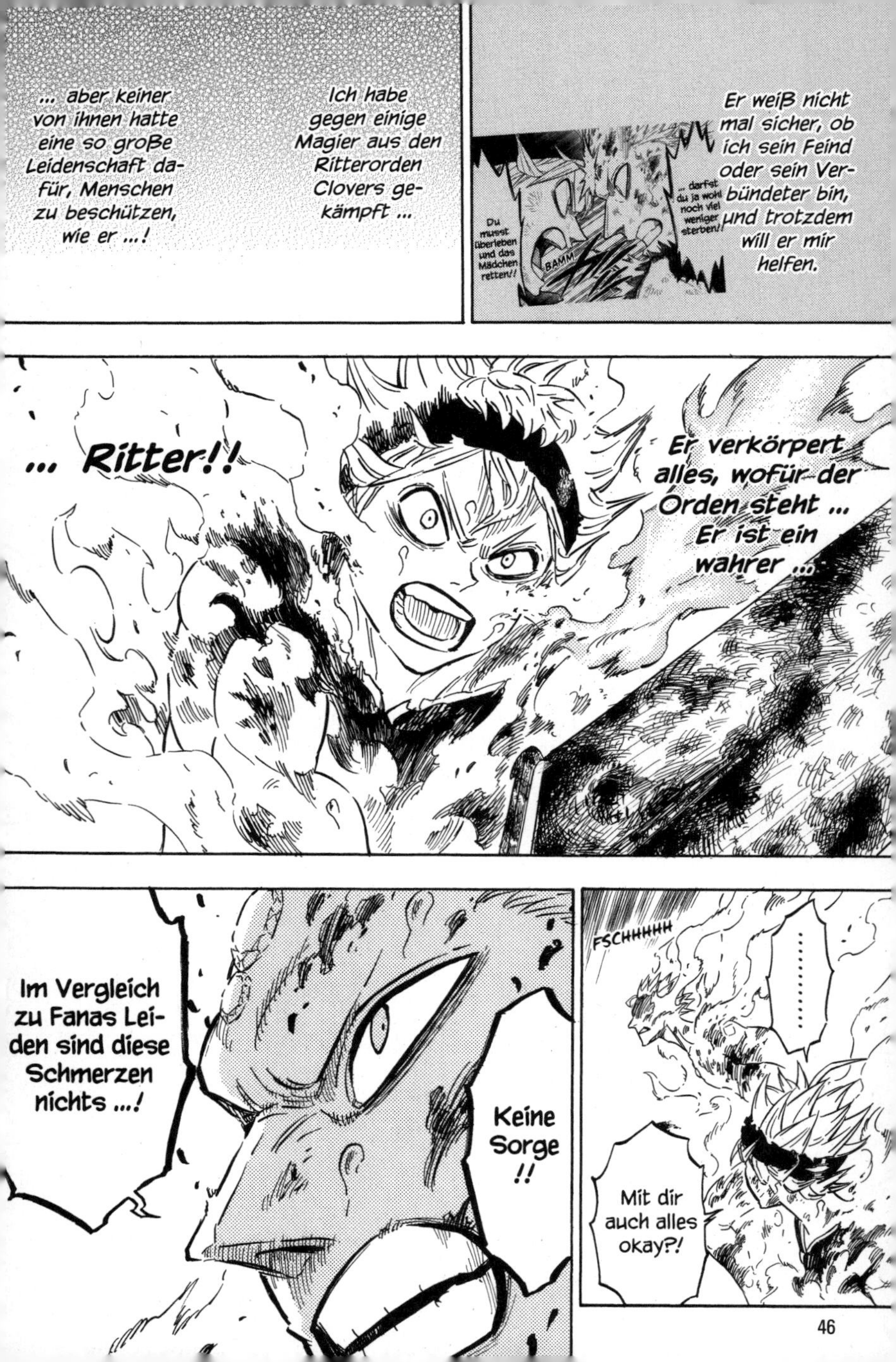
Er weiß nicht mal sicher, ob ich sein Feind oder sein Verbündeter bin, und trotzdem will er mir helfen.
... darfst du ja wohl noch viel weniger sterben!
Du musst überleben und das Mädchen retten!!
BAMM
Ich habe gegen einige Magier aus den Ritterorden Clovers gekämpft ...
... aber keiner von ihnen hatte eine so große Leidenschaft dafür, Menschen zu beschützen, wie er ...!
Er verkörpert alles, wofür der Orden steht ... Er ist ein wahrer ...
... Ritter!!
FSCHHHHH
......
Mit dir auch alles okay?!
Keine Sorge!!
Im Vergleich zu Fanas Leiden sind diese Schmerzen nichts ...!

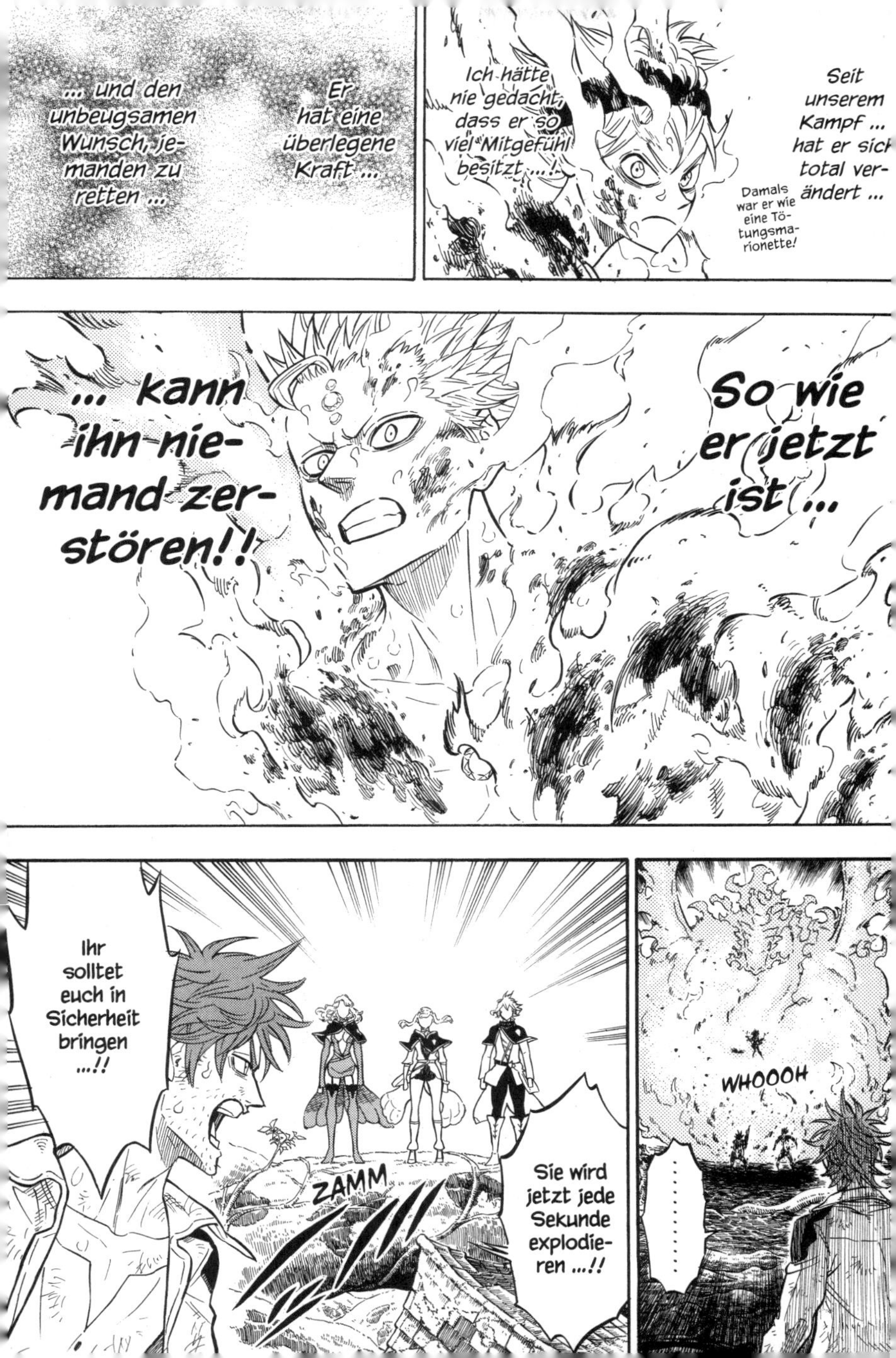

Seit unserem Kampf ... hat er sich total verändert ...
Damals war er wie eine Tötungsmarionette!
Ich hätte nie gedacht, dass er so viel Mitgefühl besitzt ...!
Er hat eine überlegene Kraft ...
... und den unbeugsamen Wunsch, jemanden zu retten ...
So wie er jetzt ist ...
... kann ihn niemand zerstören!!
WHOOOH
......
Sie wird jetzt jede Sekunde explodieren ...!!
ZAMM
Ihr solltet euch in Sicherheit bringen ...!!

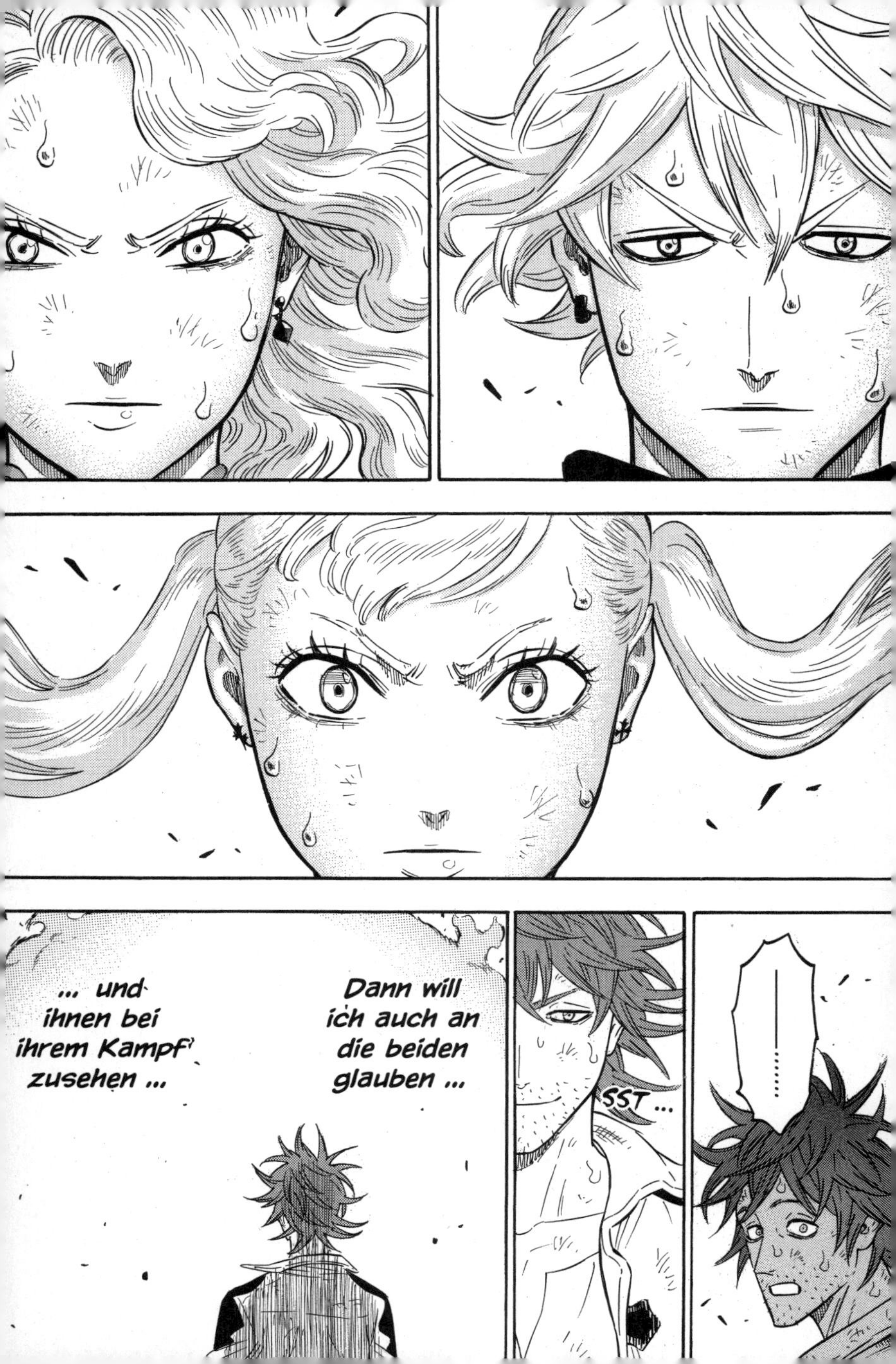
!......
SST ...
Dann will ich auch an die beiden glauben ...
... und ihnen bei ihrem Kampf zusehen ...

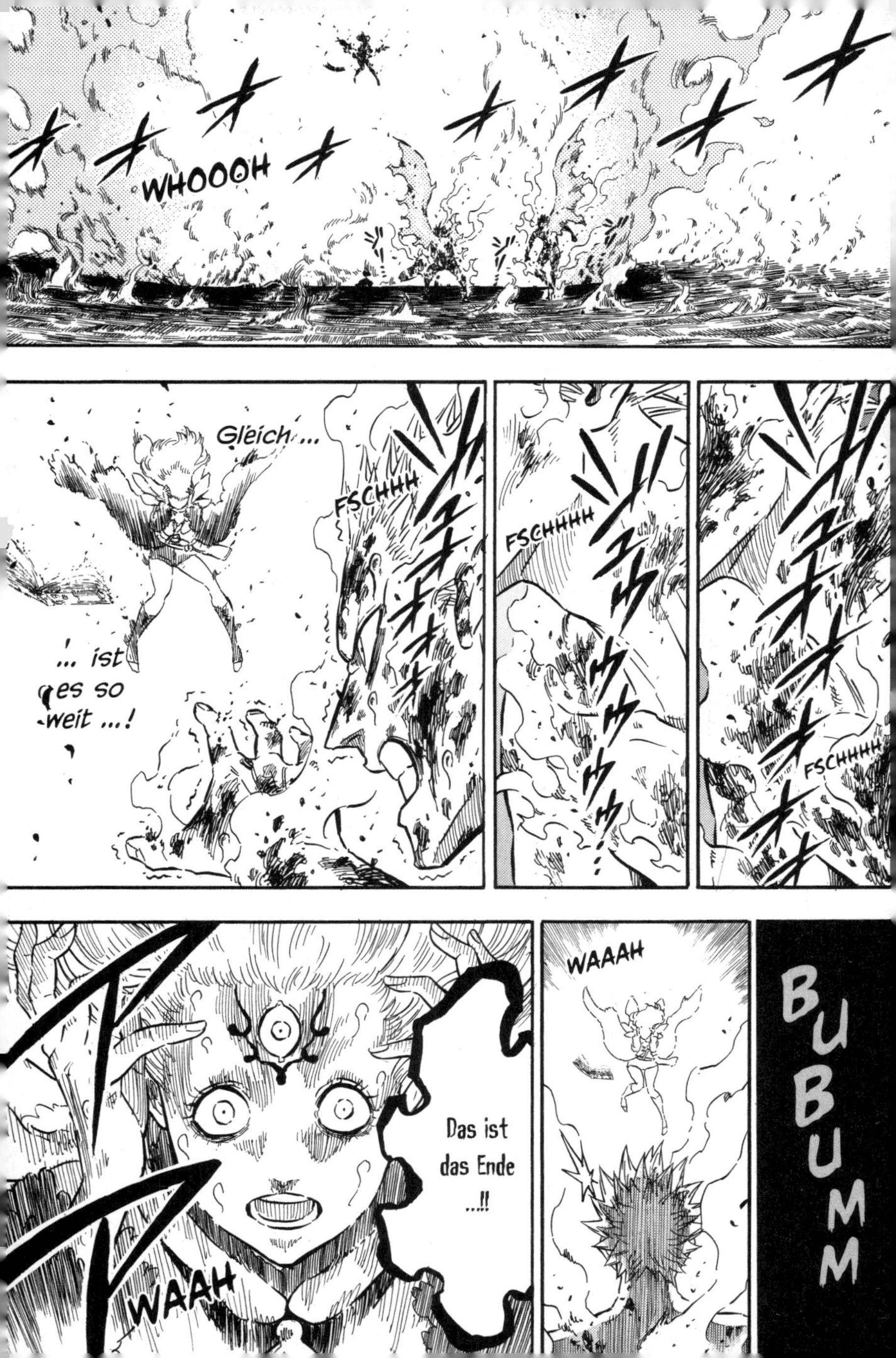
WHOOOH
Gleich ...
... ist es so weit ...!
FSCHHH
FSCHHHH
FSCHHHH
Das ist das Ende ...!!
WAAH
WAAAH
BUBUMM

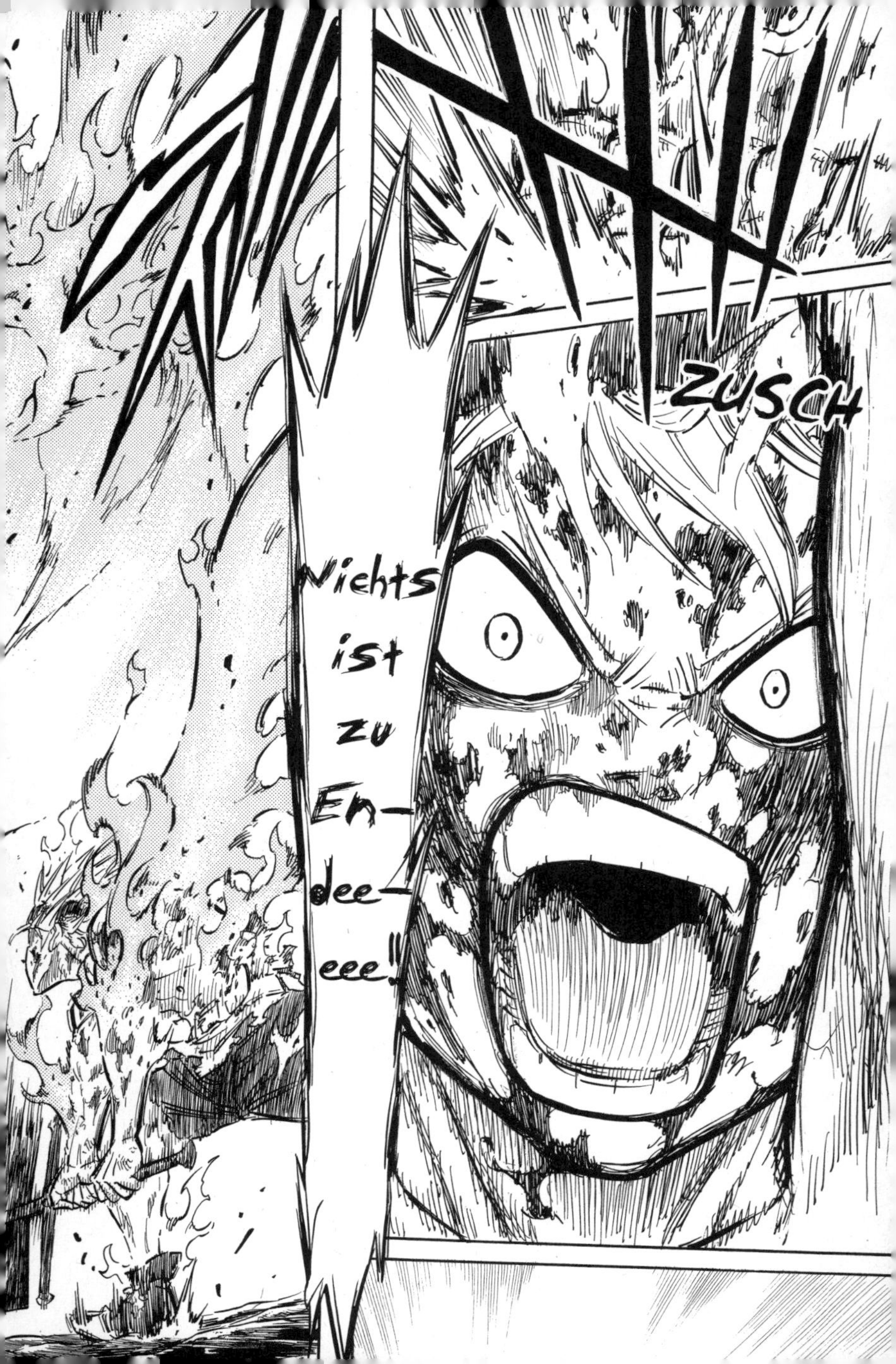
ZUSCH
Nichts ist zu En-dee-eee!!

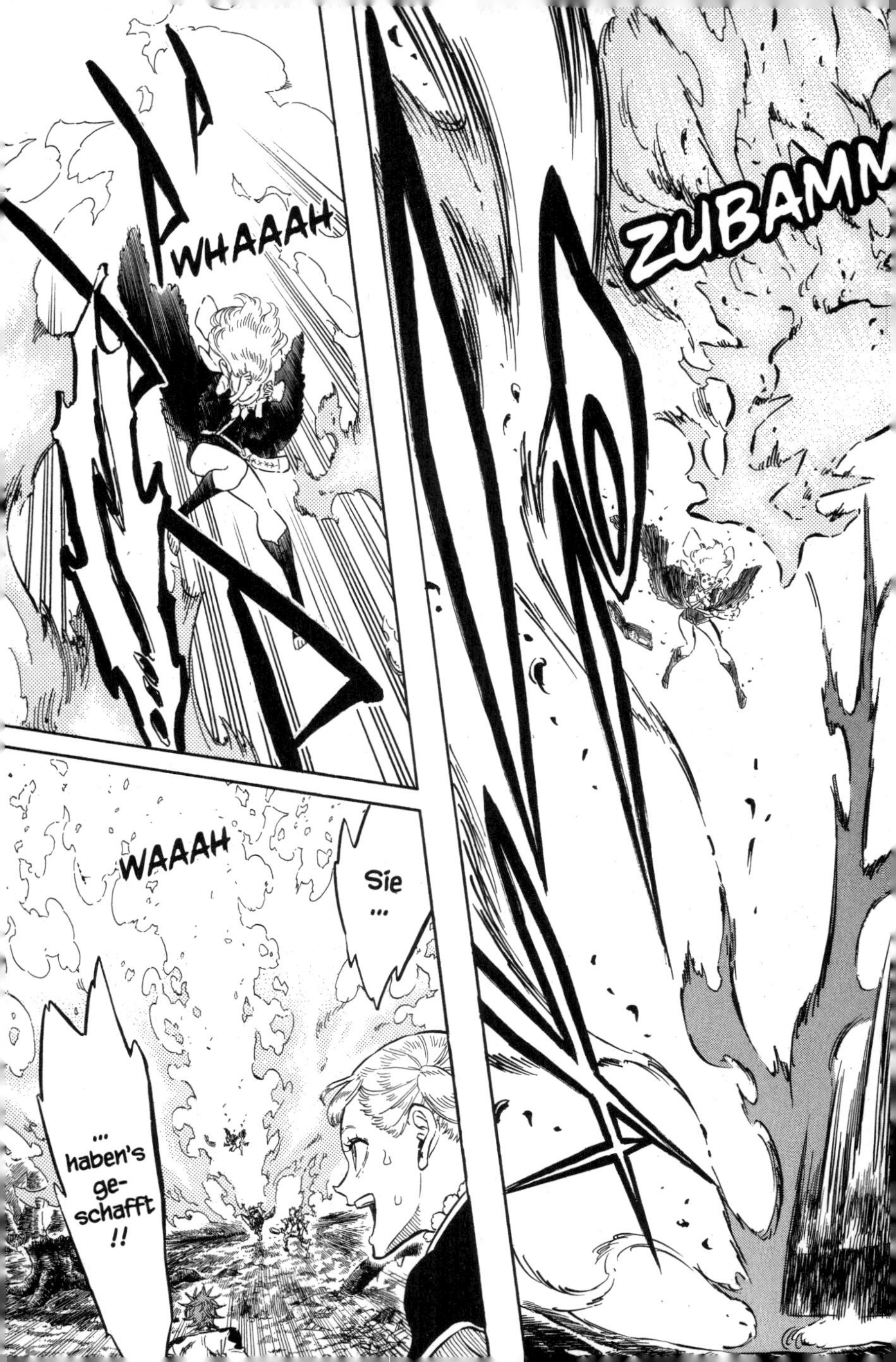
ZUBAMM
WHAAAH
WAAAH
Sie ...
... haben's ge-schafft !!

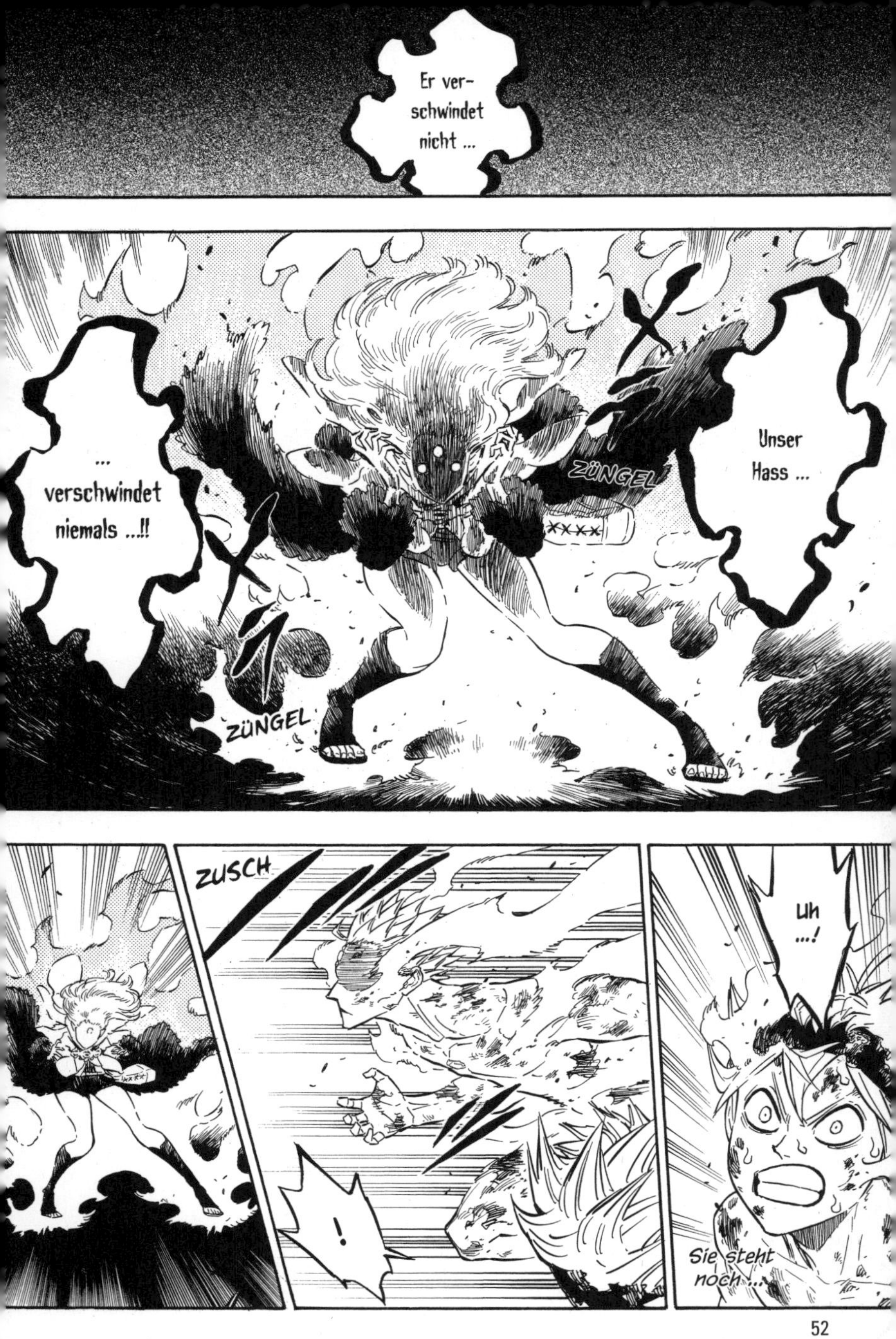

Er verschwindet nicht ...
Unser Hass ...
... verschwindet niemals ...!!
ZÜNGEL
ZÜNGEL
ZUSCH
!
Uh ...!
Sie steht noch ...

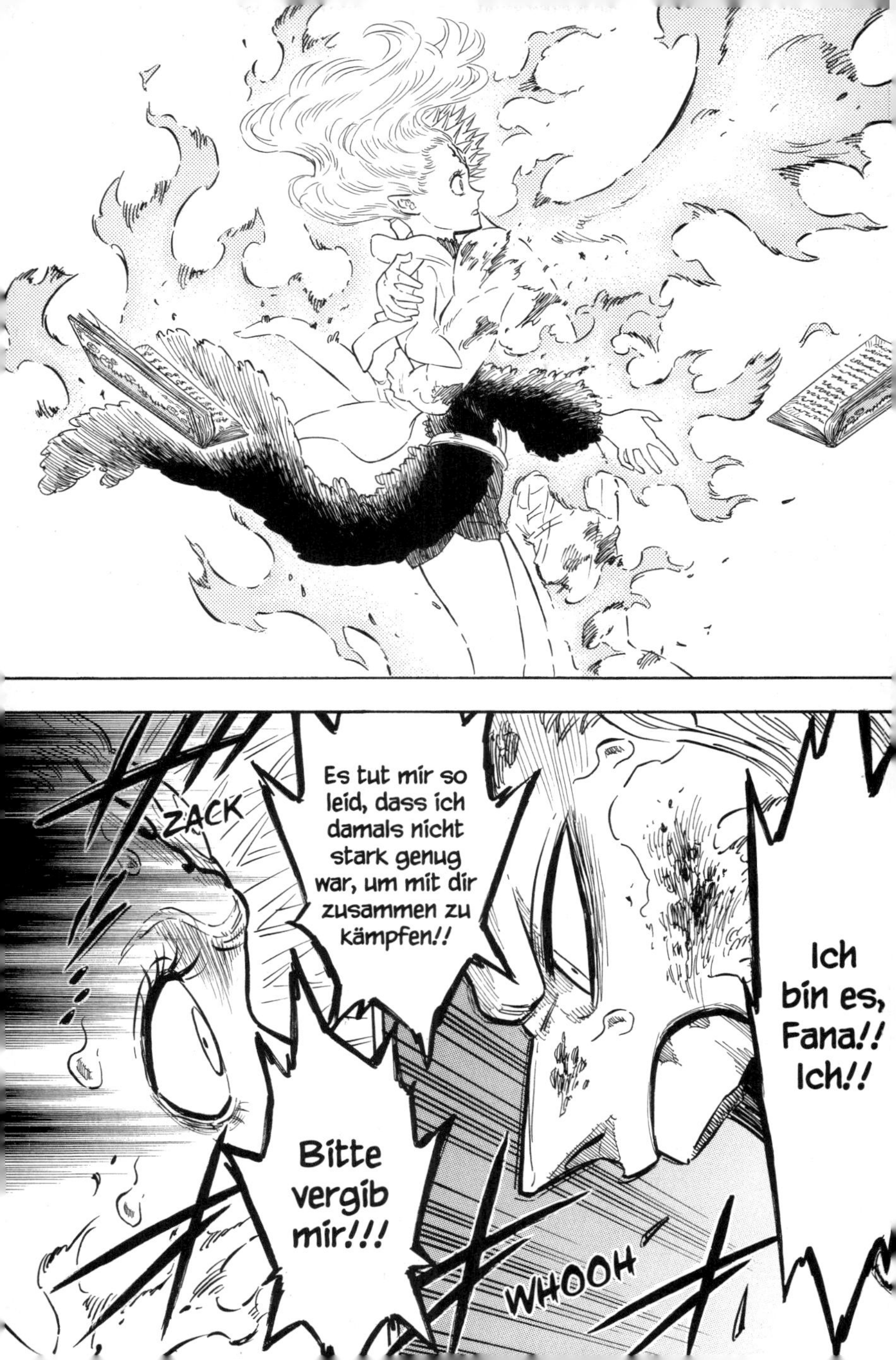

Ich bin es, Fana!! Ich!!
Es tut mir so leid, dass ich damals nicht stark genug war, um mit dir zusammen zu kämpfen!!
ZACK
Bitte vergib mir!!!
WHOOH

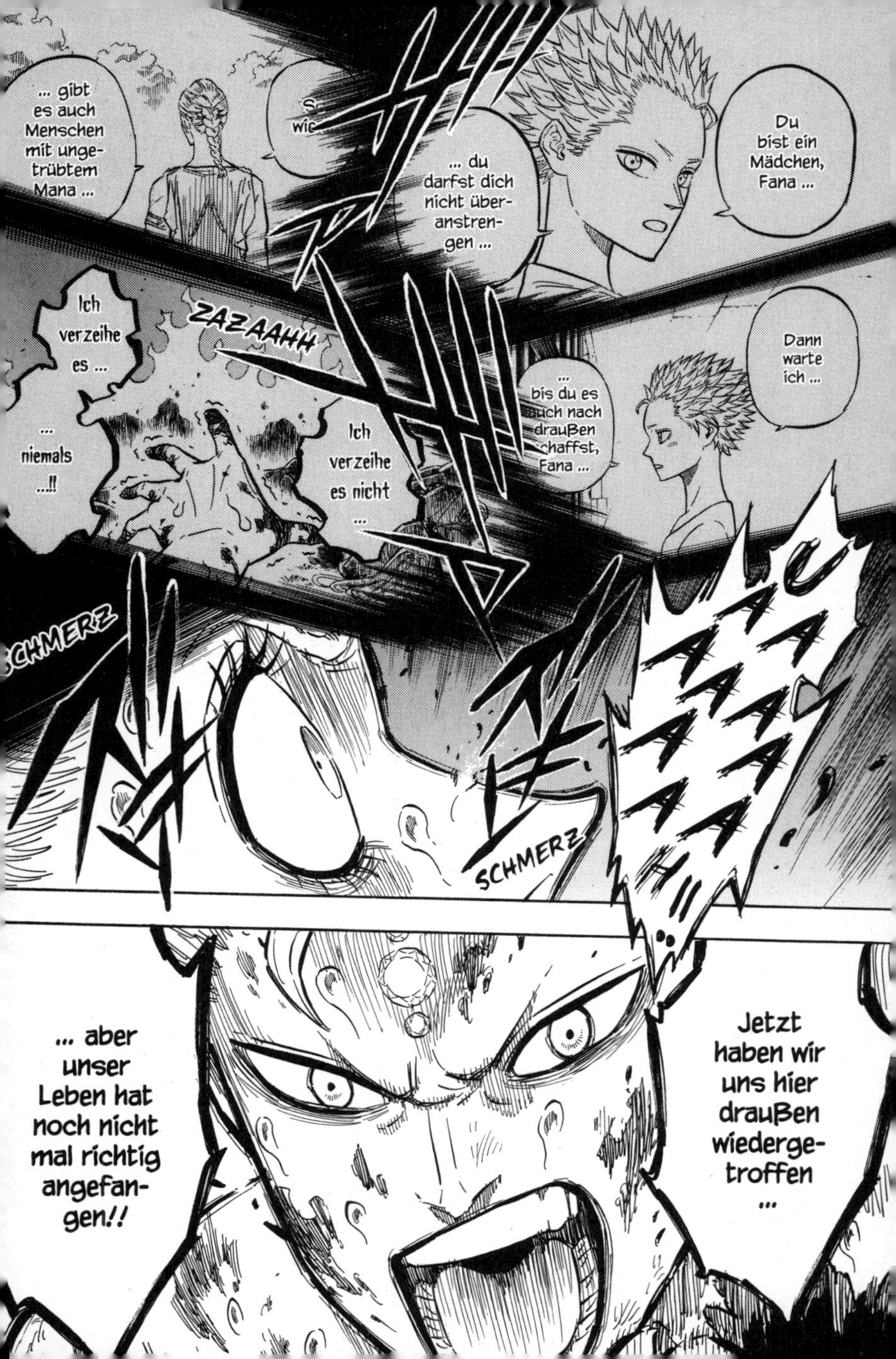

Du bist ein Mädchen, Fana ...
... du darfst dich nicht überanstrengen ...
S... wie...
... gibt es auch Menschen mit ungetrübtem Mana ...
Dann warte ich ...
... bis du es auch nach draußen schaffst, Fana ...
ZAZAAHH
Ich verzeihe es nicht ...
Ich verzeihe es ... ... niemals ...!!
SCHMERZ
SCHMERZ
AAAAAAAAAAH!!
Jetzt haben wir uns hier draußen wiedergetroffen ...
... aber unser Leben hat noch nicht mal richtig angefangen!!

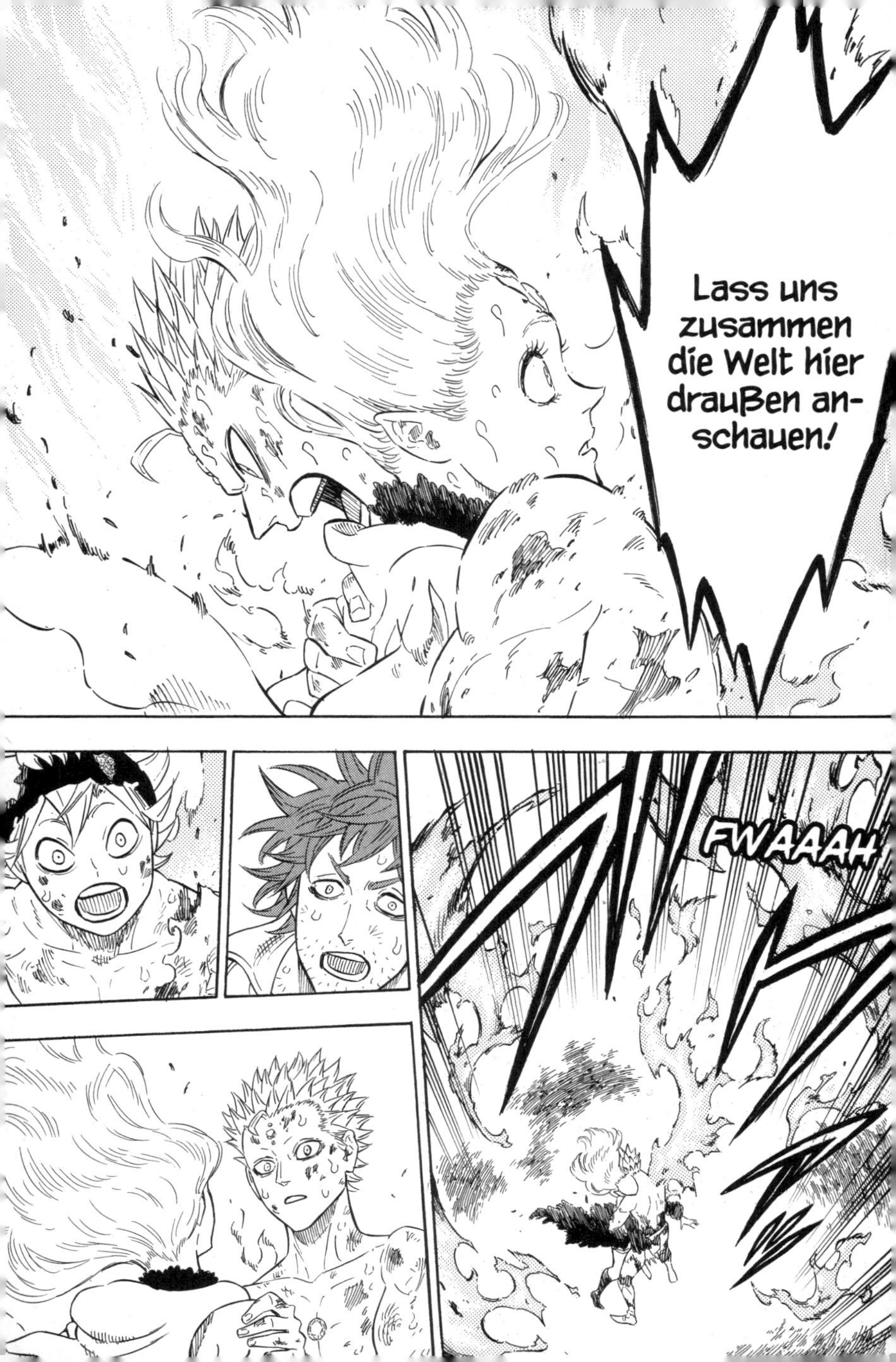
Lass uns zusammen die Welt hier draußen anschauen!
FWAAAH

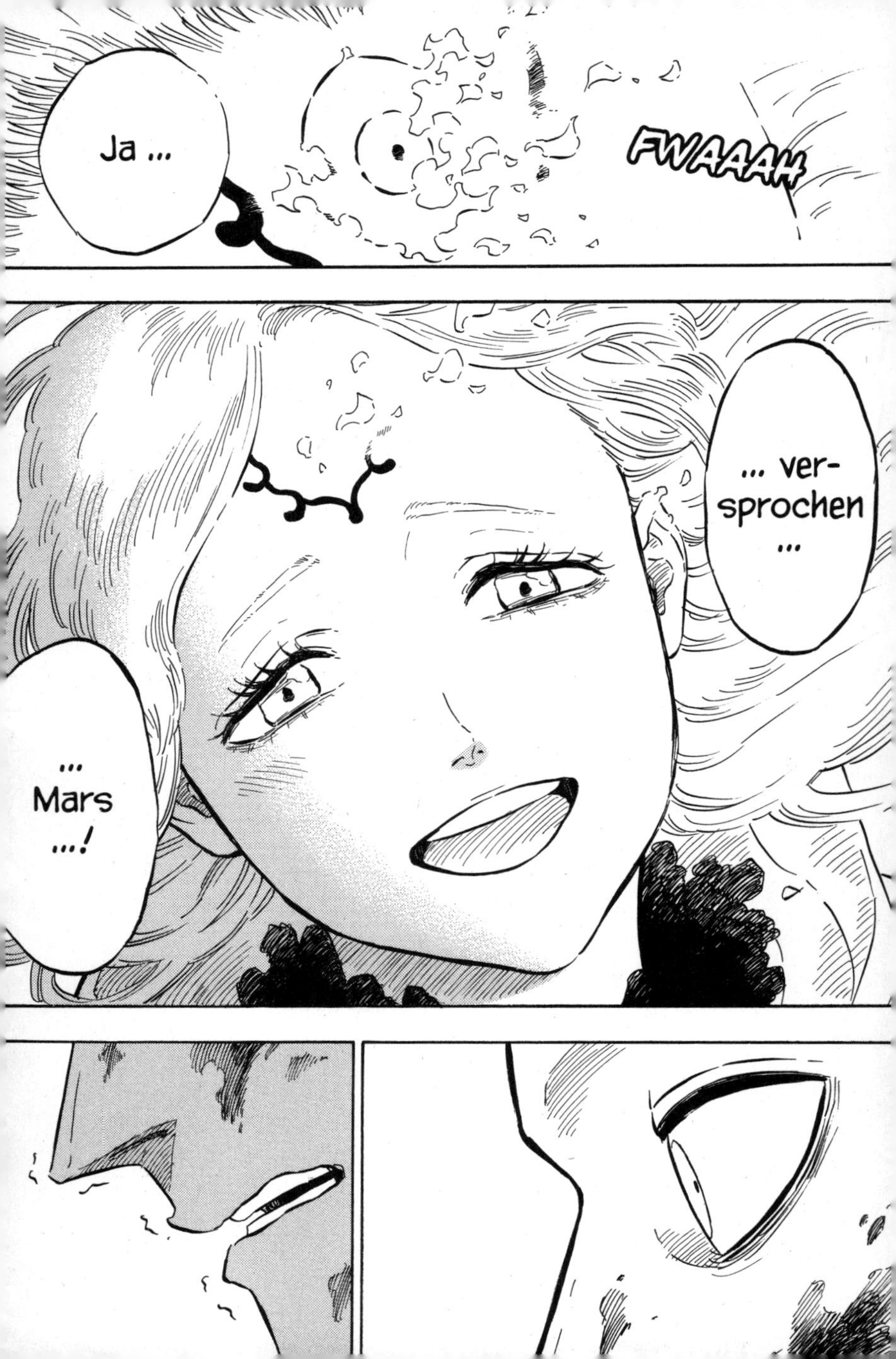
FWAAAH
Ja ...
... ver-sprochen ...
... Mars ...!

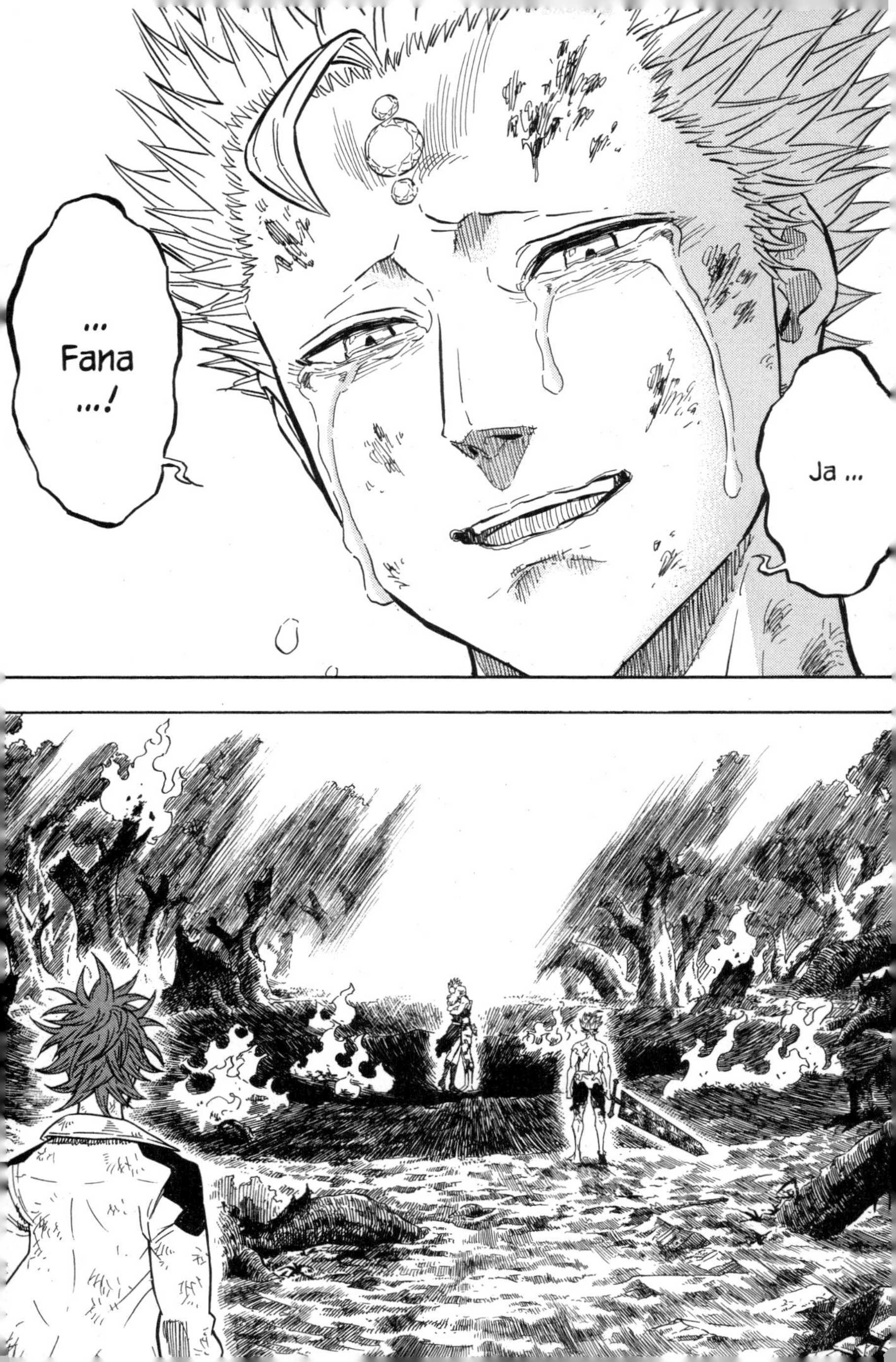
Ja ...
... Fana ...!

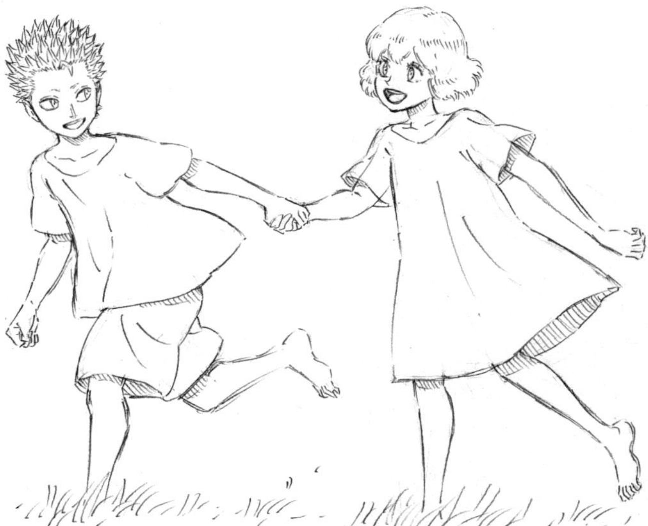

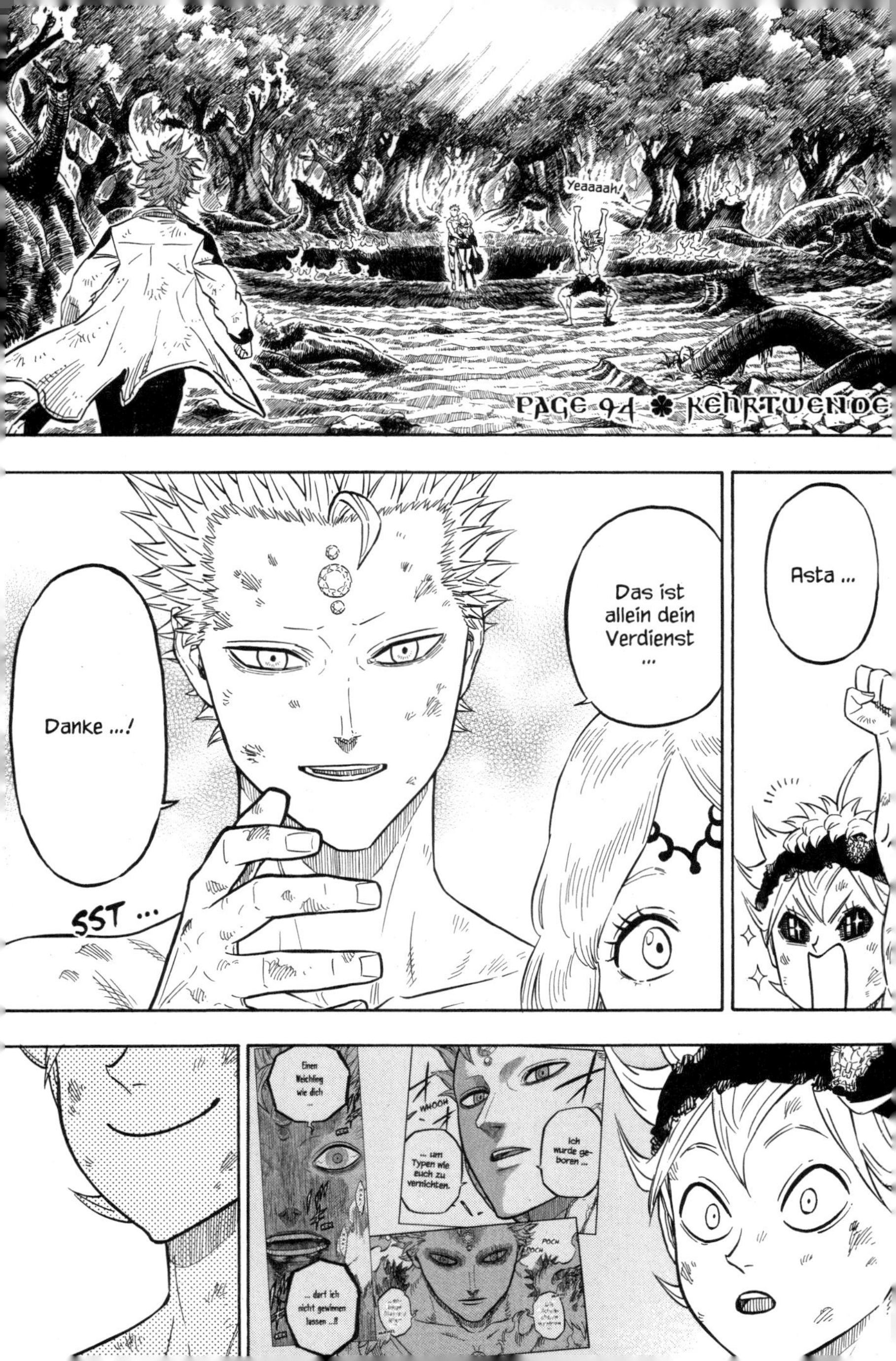
Yeaaaah!
PAGE 94 ✿ KEHRTWENDE
Asta ...
Das ist allein dein Verdienst ...
Danke ...!
SST ...
Ich wurde geboren ...
... um Typen wie euch zu vernichten.
WHOOH
Einen Weichling wie dich ...
... darf ich nicht gewinnen lassen ...!!
POCH
POCH

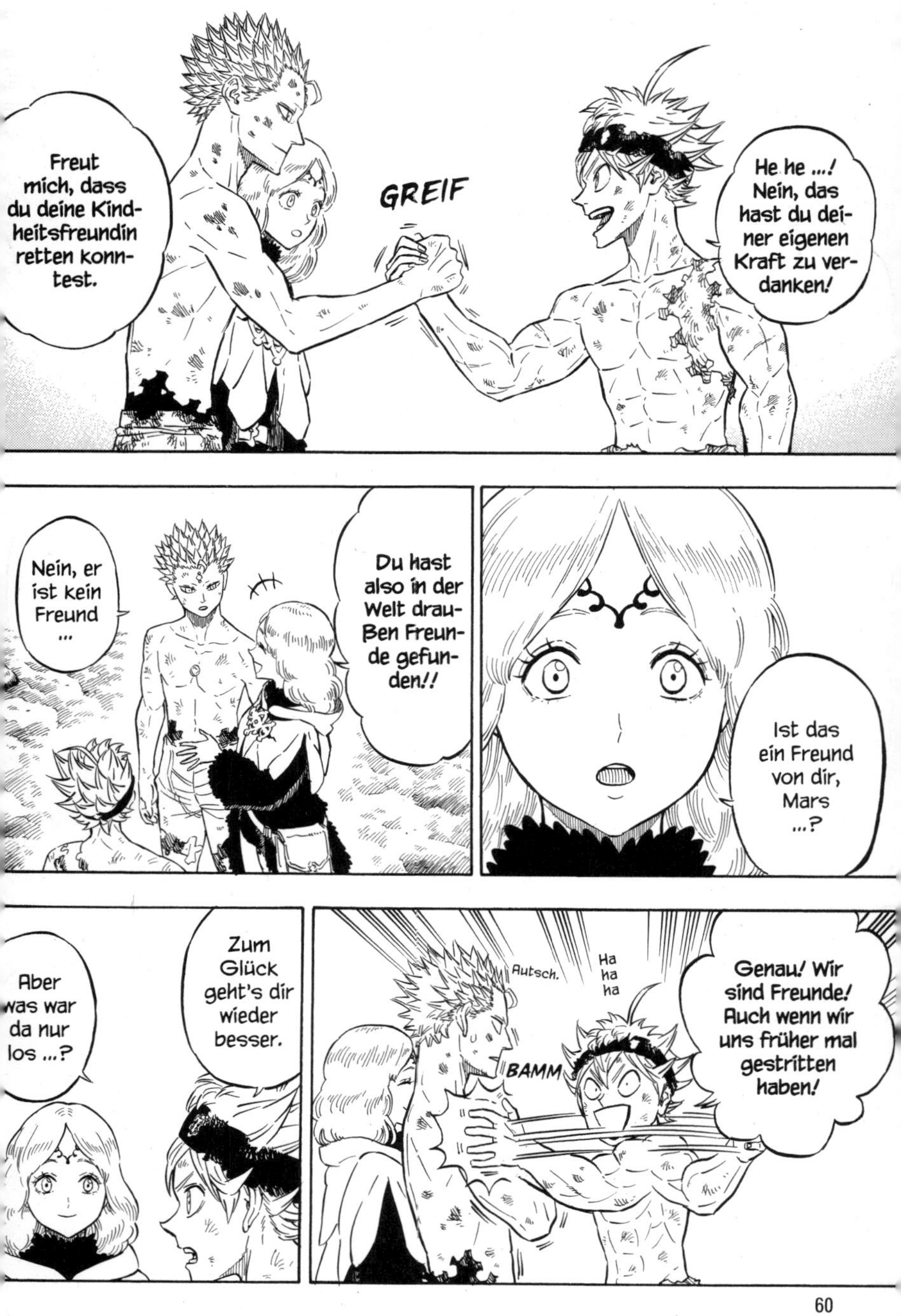
Freut mich, dass du deine Kindheitsfreundin retten konntest.
GREIF
He he ...! Nein, das hast du deiner eigenen Kraft zu verdanken!
Ist das ein Freund von dir, Mars ...?
Du hast also in der Welt draußen Freunde gefunden!!
Nein, er ist kein Freund ...
Genau! Wir sind Freunde! Auch wenn wir uns früher mal gestritten haben!
Ha ha ha
Autsch.
BAMM
Zum Glück geht's dir wieder besser.
Aber was war da nur los ...?

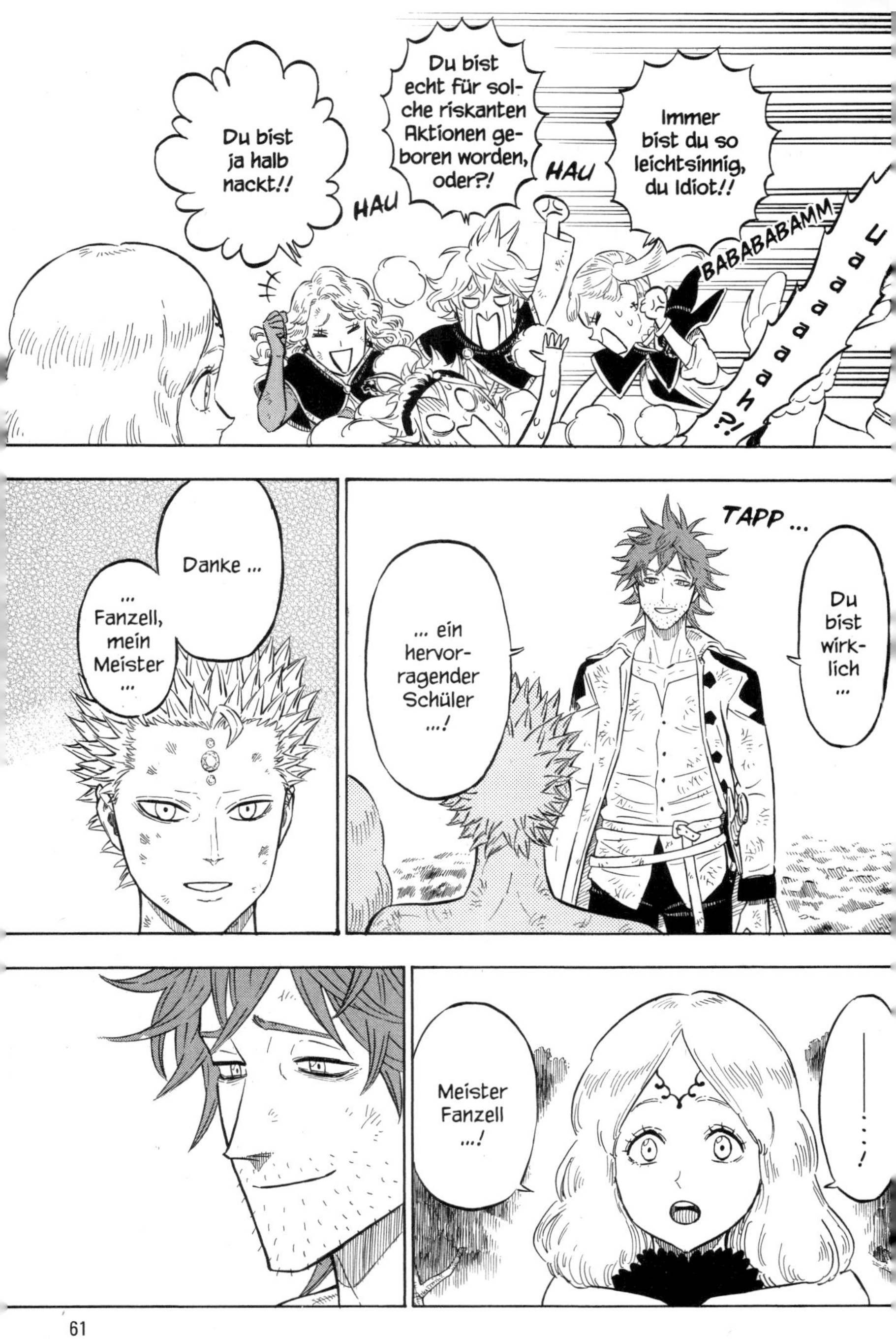

Immer bist du so leichtsinnig, du Idiot!!
HAU
Du bist echt für solche riskanten Aktionen geboren worden, oder?!
HAU
Du bist ja halb nackt!!
BABABABAMM
Uaaaaaaaaah?!
TAPP ...
Du bist wirklich ...
... ein hervorragender Schüler ...!
Danke ...
... Fanzell, mein Meister ...
......!
Meister Fanzell ...!

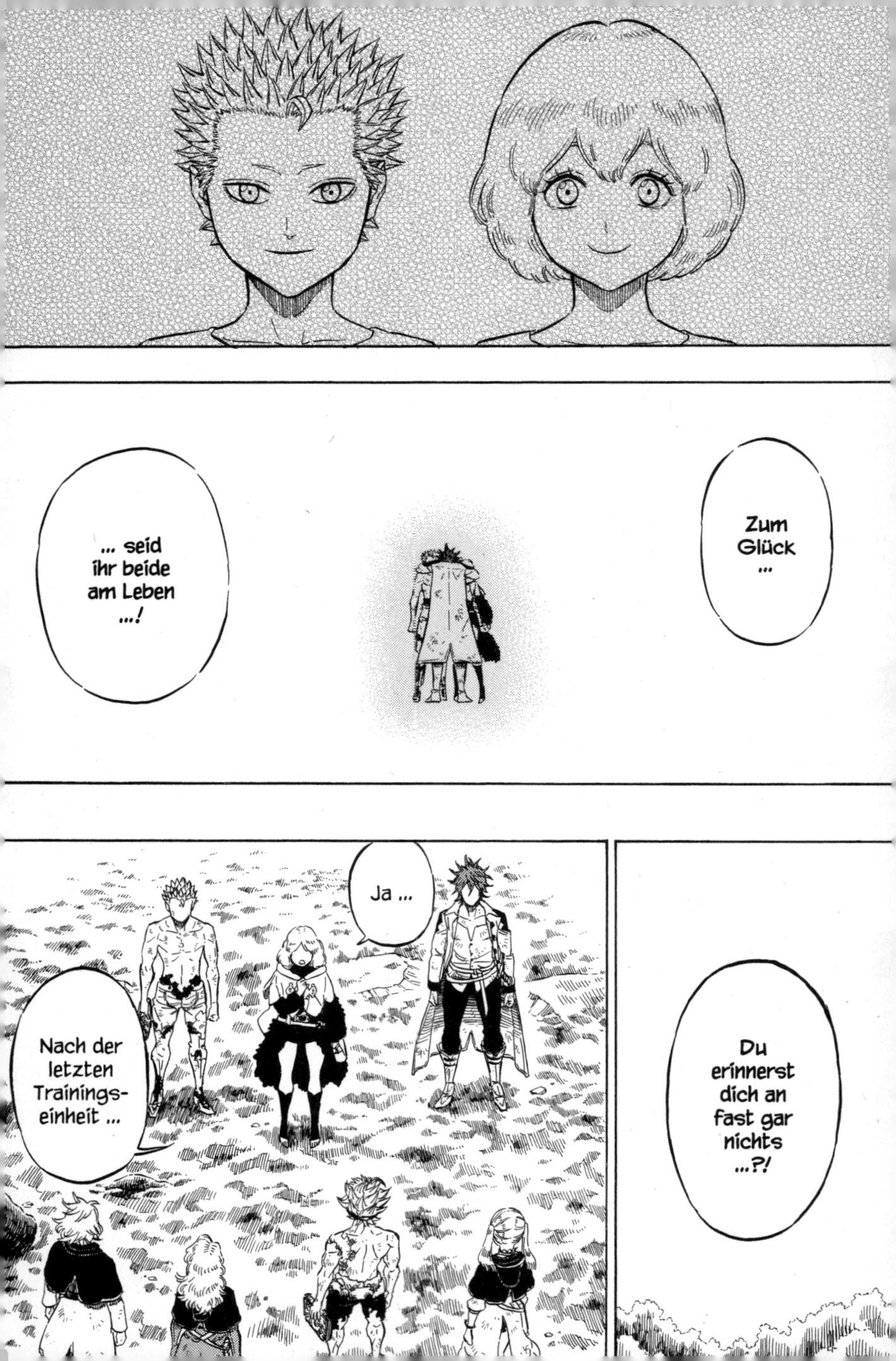
Zum Glück ...
... seid ihr beide am Leben ...!
Du erinnerst dich an fast gar nichts ...?!
Ja ...
Nach der letzten Trainings-einheit ...

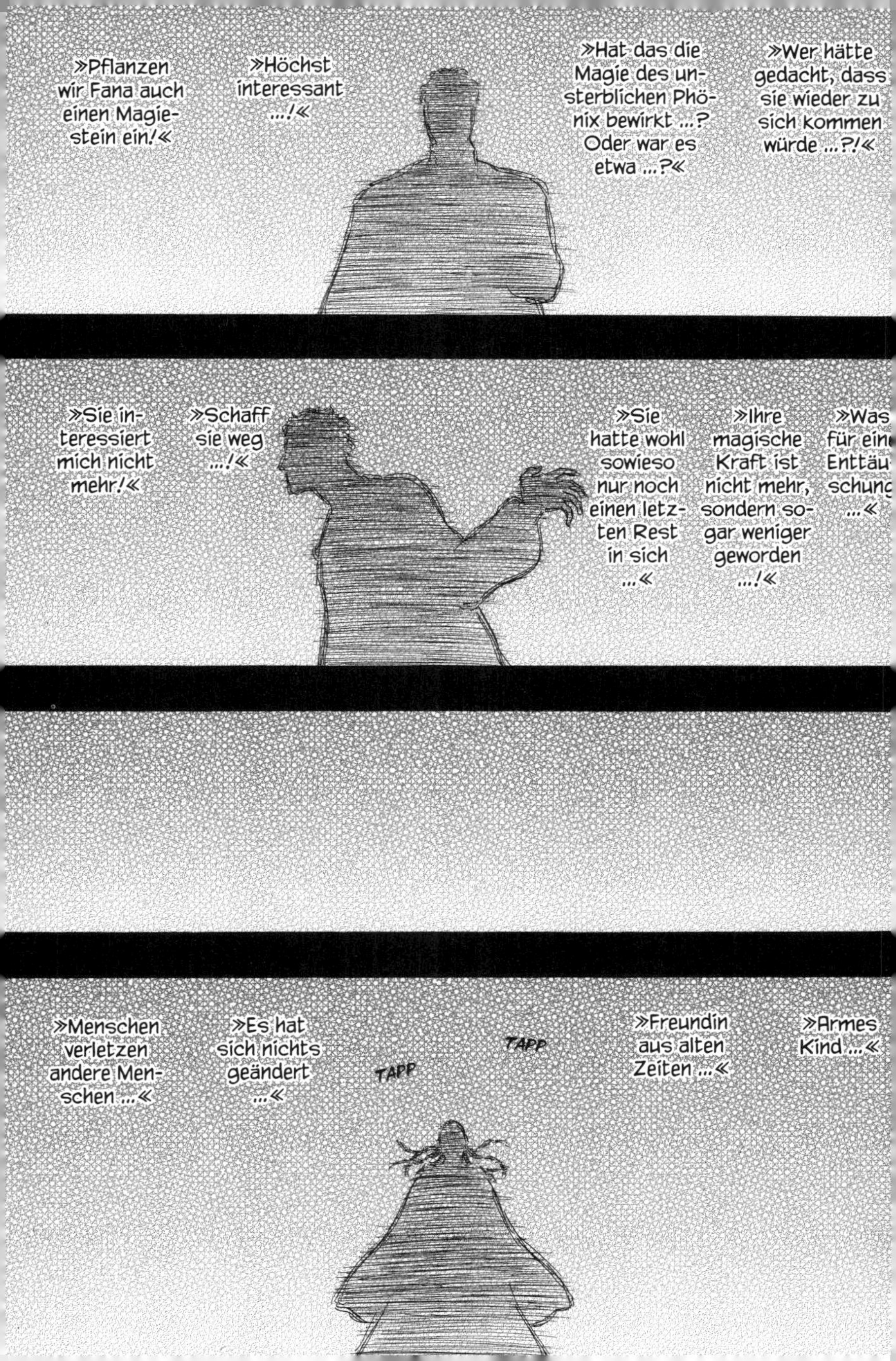
»Wer hätte gedacht, dass sie wieder zu sich kommen würde …?!«
»Hat das die Magie des unsterblichen Phönix bewirkt …? Oder war es etwa …?«
»Höchst interessant …!«
»Pflanzen wir Fana auch einen Magiestein ein!«
»Was für ein Enttäu schung …«
»Ihre magische Kraft ist nicht mehr, sondern sogar weniger geworden …!«
»Sie hatte wohl sowieso nur noch einen letzten Rest in sich …«
»Schaff sie weg …!«
»Sie interessiert mich nicht mehr!«
»Armes Kind …«
»Freundin aus alten Zeiten …«
TAPP
TAPP
»Es hat sich nichts geändert …«
»Menschen verletzen andere Menschen …«

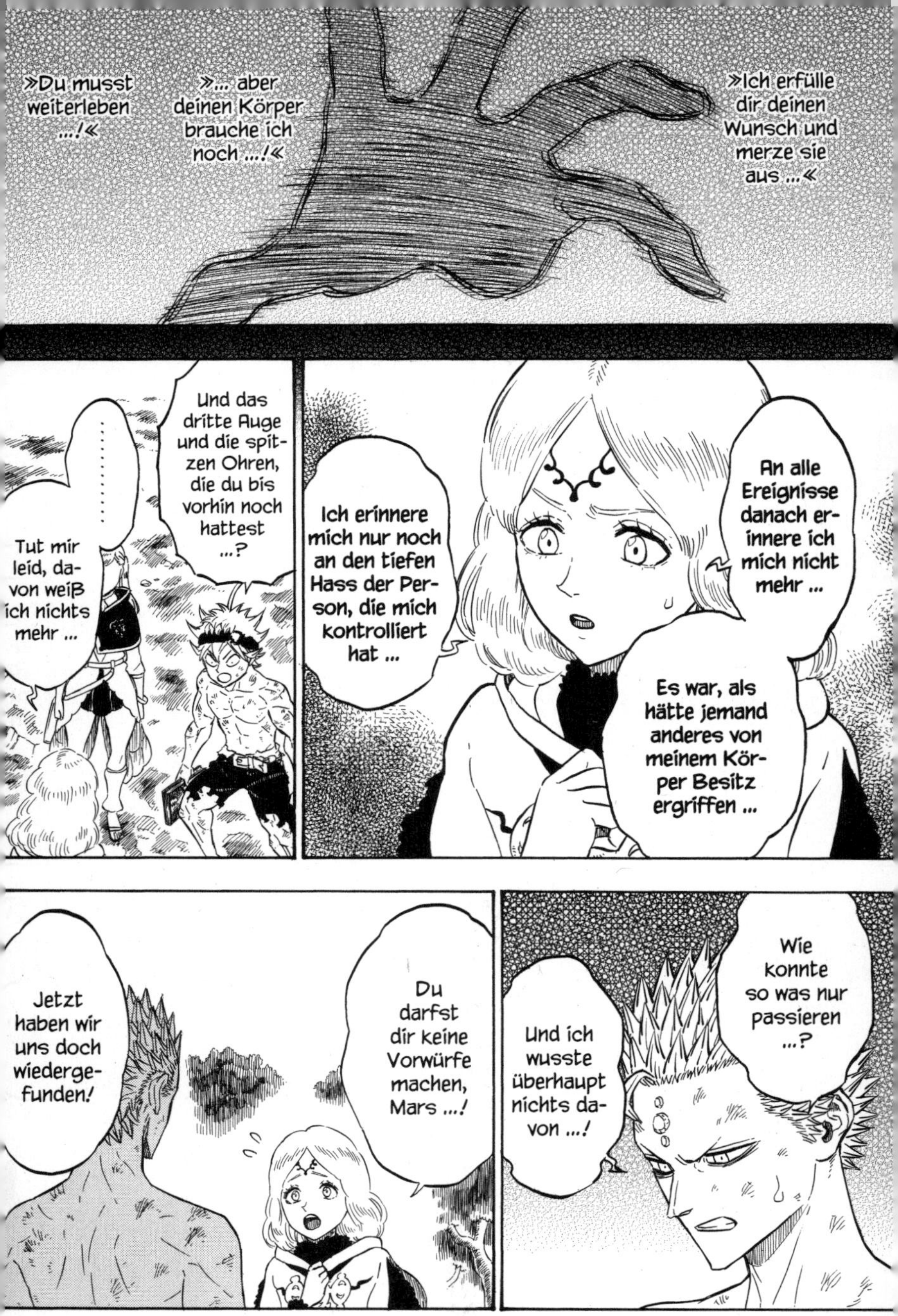
»Ich erfülle dir deinen Wunsch und merze sie aus ...«
»... aber deinen Körper brauche ich noch ...!«
»Du musst weiterleben ...!«
An alle Ereignisse danach erinnere ich mich nicht mehr ...
Es war, als hätte jemand anderes von meinem Körper Besitz ergriffen ...
Ich erinnere mich nur noch an den tiefen Hass der Person, die mich kontrolliert hat ...
Und das dritte Auge und die spitzen Ohren, die du bis vorhin noch hattest ...?
......
Tut mir leid, davon weiß ich nichts mehr ...
Wie konnte so was nur passieren ...?
Und ich wusste überhaupt nichts davon ...!
Du darfst dir keine Vorwürfe machen, Mars ...!
Jetzt haben wir uns doch wiedergefunden!

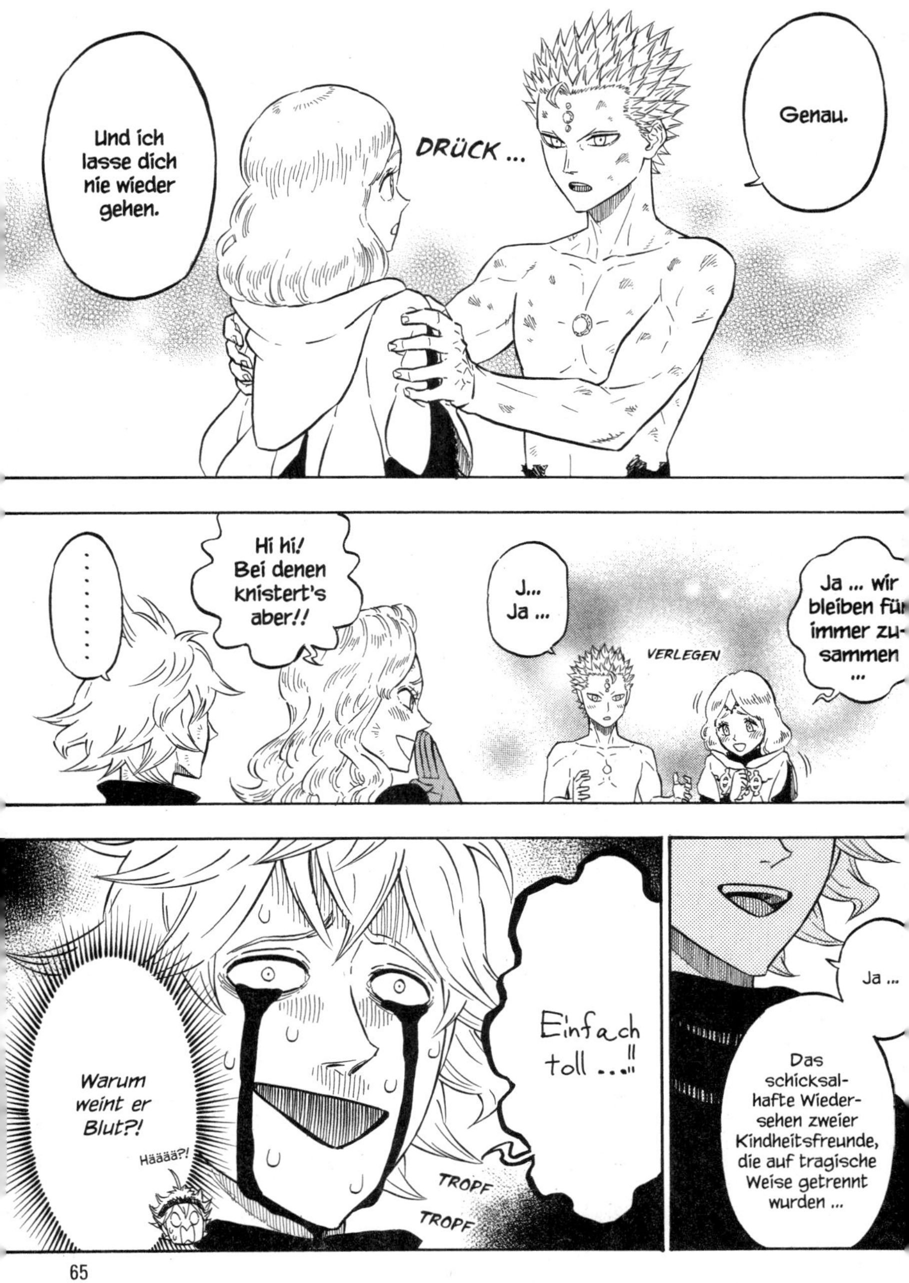
Genau.
DRÜCK ...
Und ich lasse dich nie wieder gehen.
Ja ... wir bleiben für immer zusammen ...
VERLEGEN
J... Ja ...
Hi hi! Bei denen knistert's aber!!
....
Ja ...
Das schicksalhafte Wiedersehen zweier Kindheitsfreunde, die auf tragische Weise getrennt wurden ...
Einfach toll ...!!
TROPF
TROPF
Warum weint er Blut?!
Häääa?!

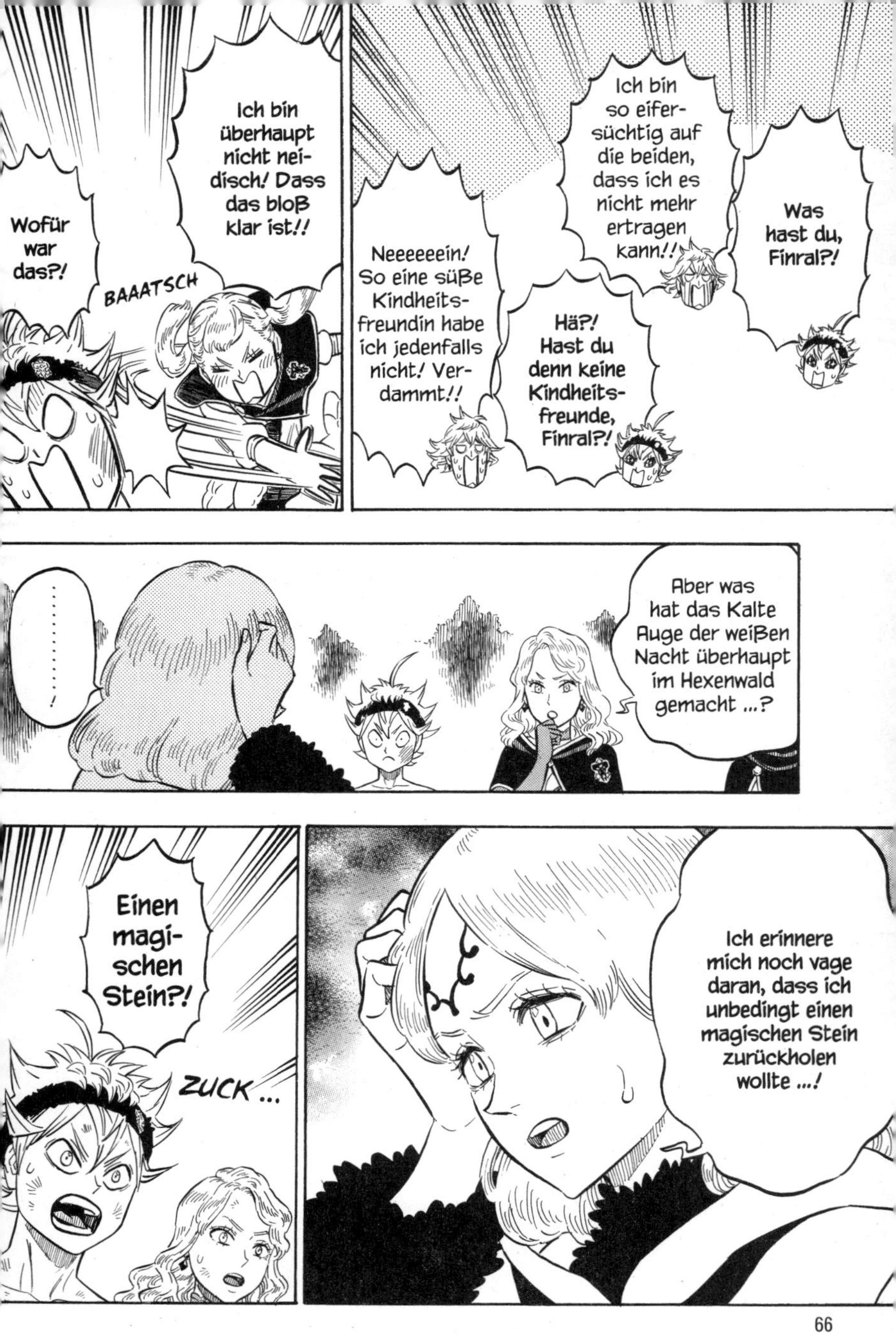
Ich bin so eifersüchtig auf die beiden, dass ich es nicht mehr ertragen kann!!
Was hast du, Finral?!
Neeeeeein! So eine süße Kindheitsfreundin habe ich jedenfalls nicht! Verdammt!!
Hä?! Hast du denn keine Kindheitsfreunde, Finral?!
Ich bin überhaupt nicht neidisch! Dass das bloß klar ist!!
Wofür war das?!
BAAATSCH
Aber was hat das Kalte Auge der weißen Nacht überhaupt im Hexenwald gemacht ...?
.........!
Ich erinnere mich noch vage daran, dass ich unbedingt einen magischen Stein zurückholen wollte ...!
Einen magischen Stein?!
ZUCK ...

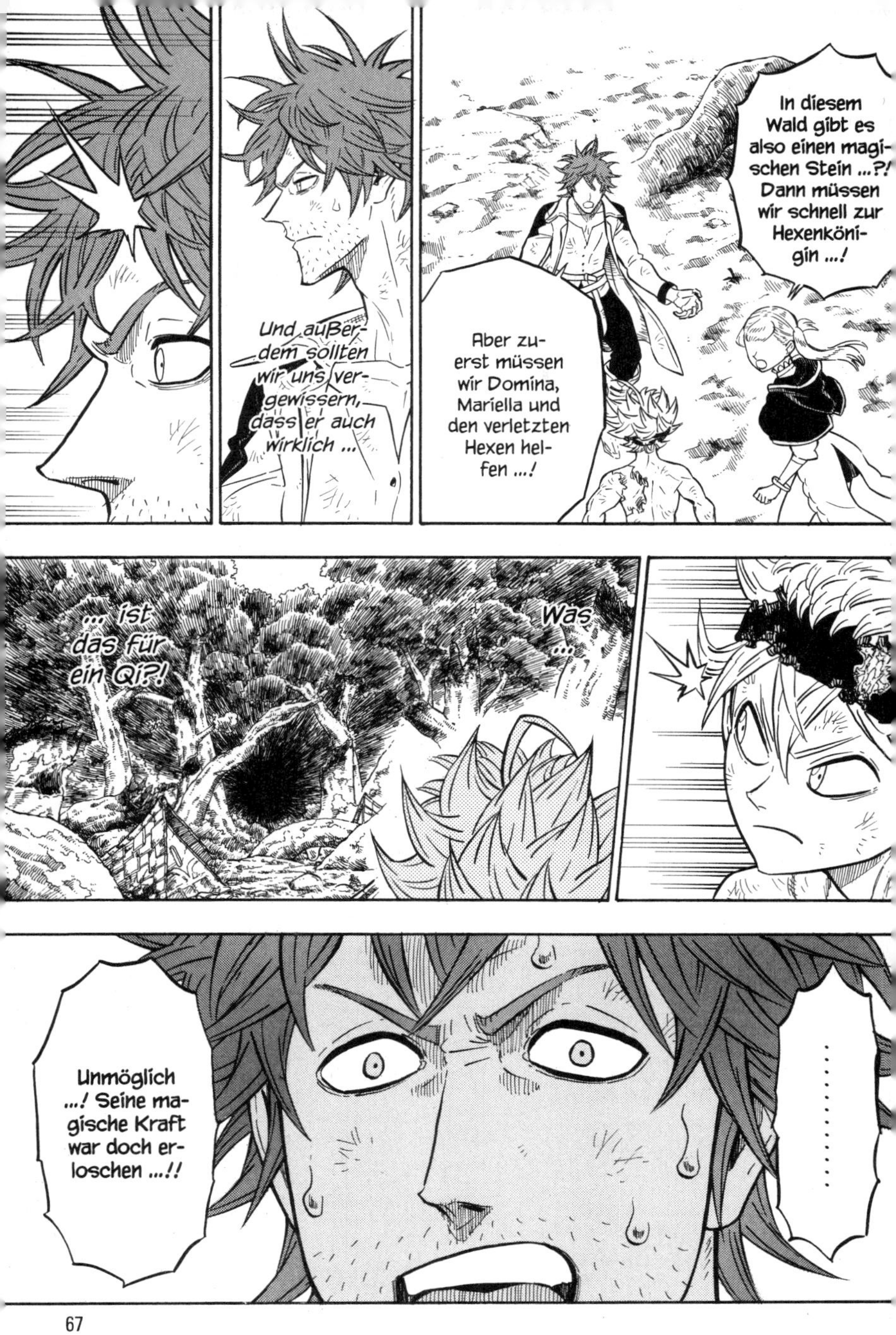
In diesem Wald gibt es also einen magischen Stein ...?! Dann müssen wir schnell zur Hexenkönigin ...!
Aber zuerst müssen wir Domina, Mariella und den verletzten Hexen helfen ...!
Und außerdem sollten wir uns vergewissern, dass er auch wirklich ...
Was ...
... ist das für ein Qi?!
......
Unmöglich ...! Seine magische Kraft war doch erloschen ...!!

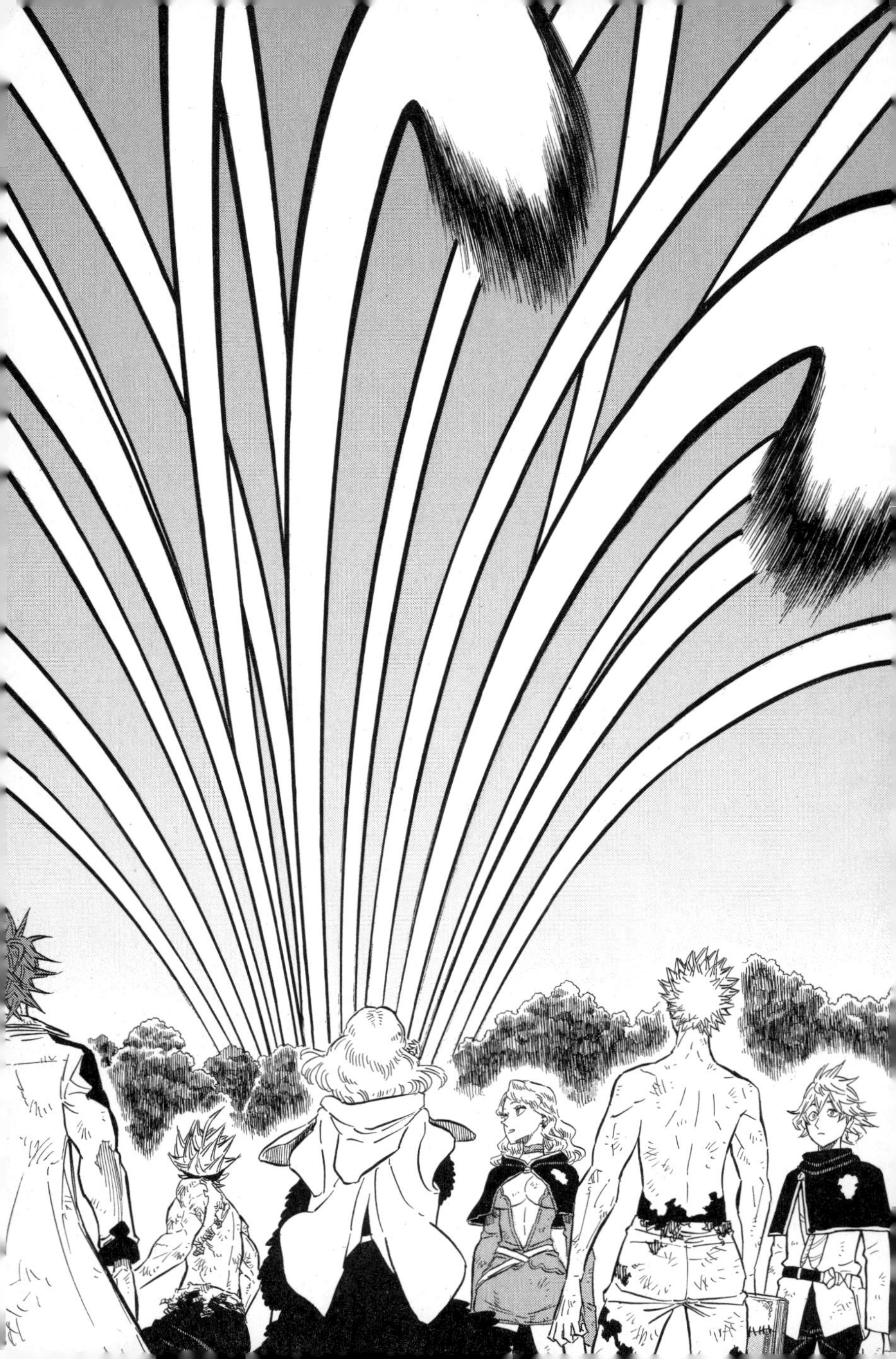

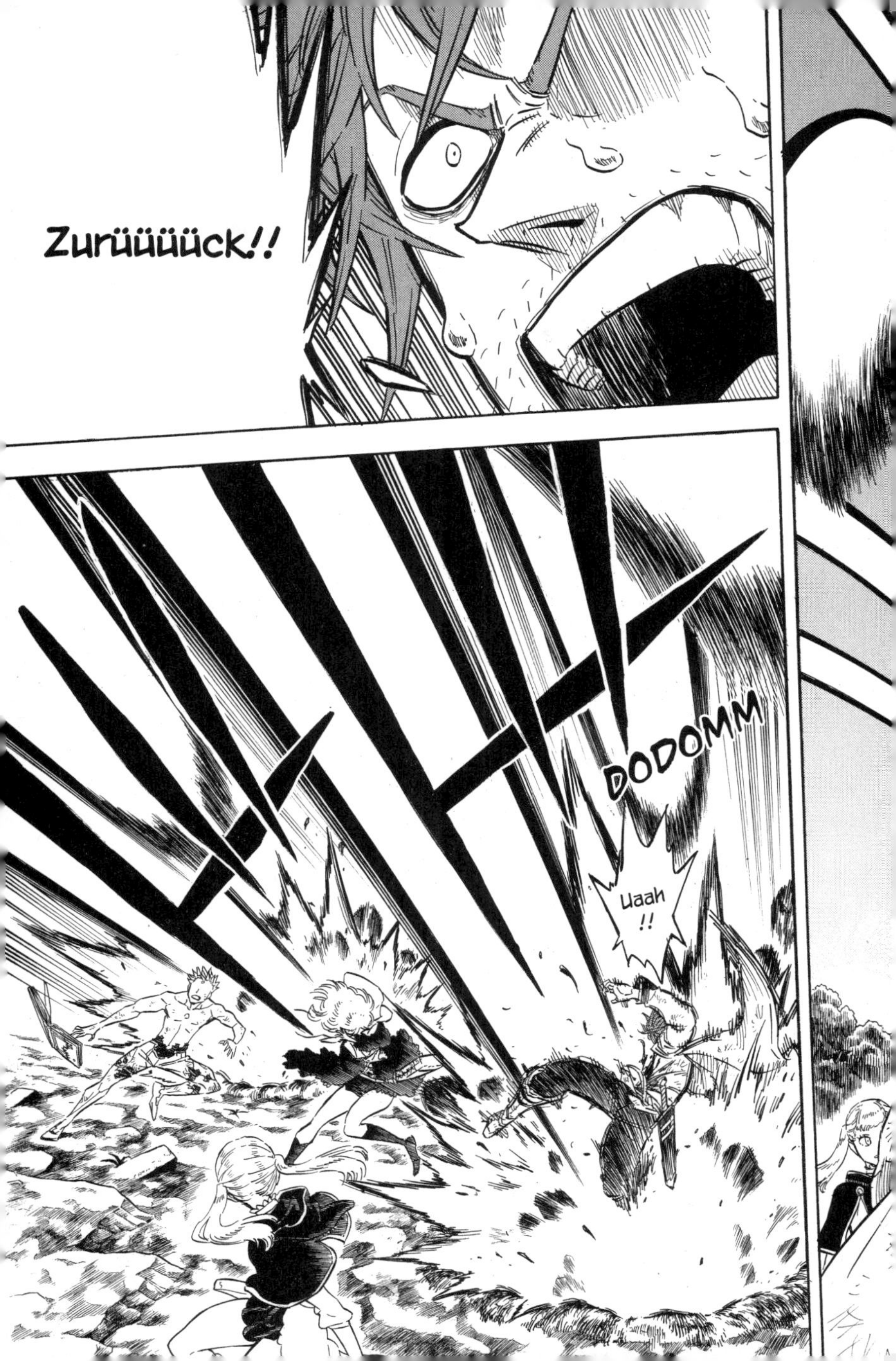
Zurüüüüück!!
DODOMM
Uaah !!

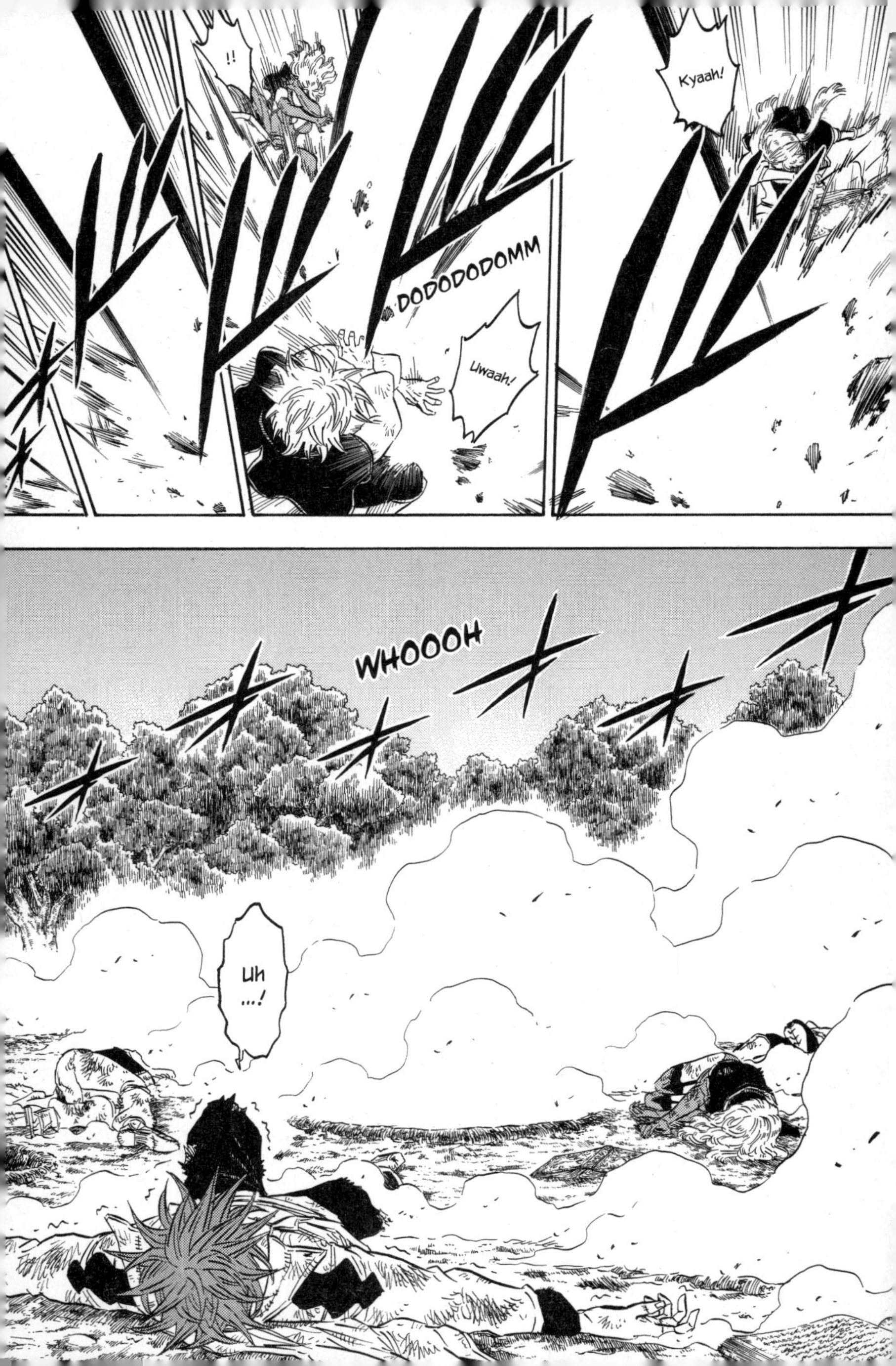

Kyaah!
DODODODOMM
Uwaah!
!!
WHOOOH
Uh ...!

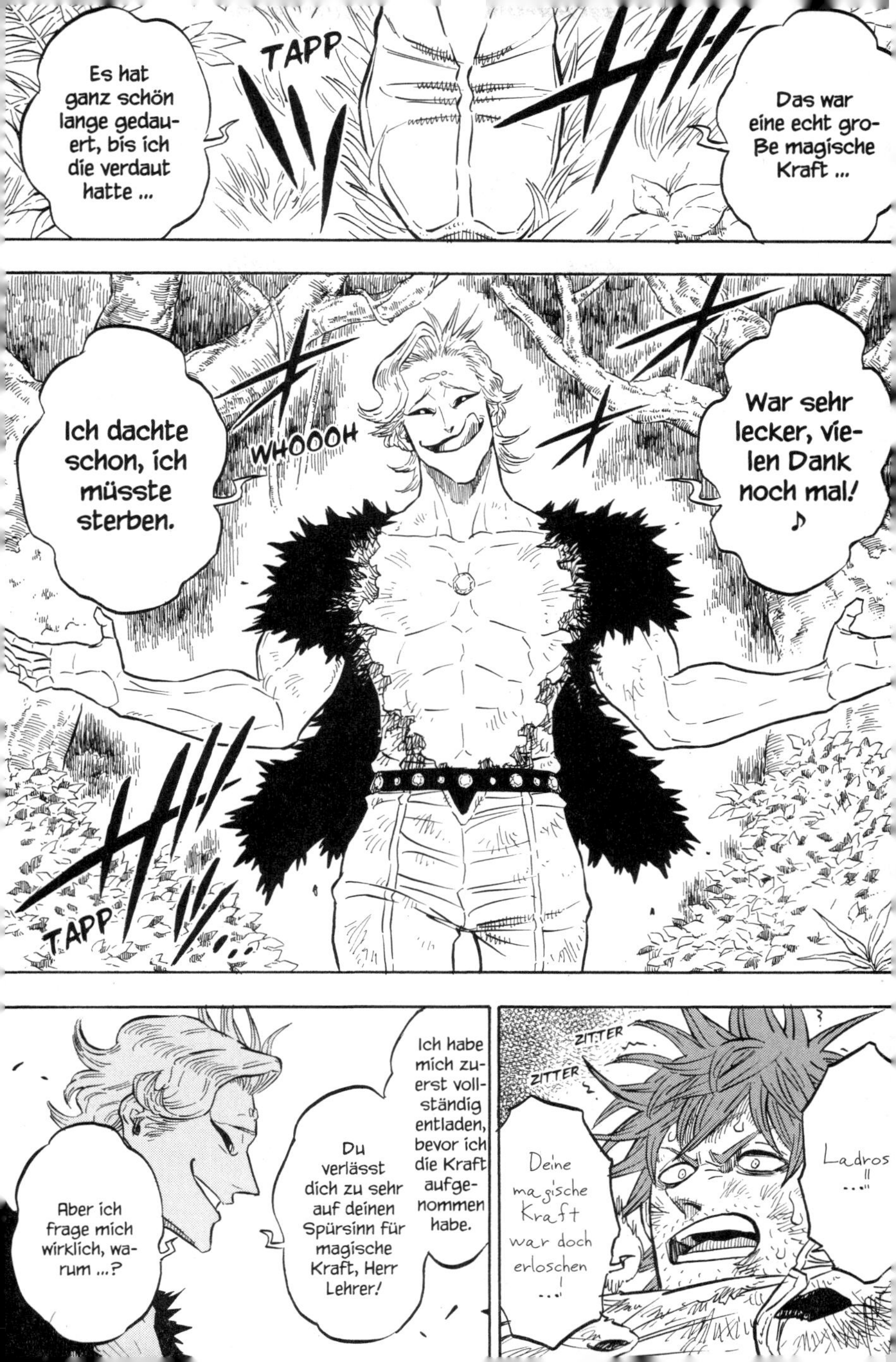
TAPP
Das war eine echt große magische Kraft ...
Es hat ganz schön lange gedauert, bis ich die verdaut hatte ...
War sehr lecker, vielen Dank noch mal! ♪
Ich dachte schon, ich müsste sterben.
WHOOOH
TAPP
ZITTER
ZITTER
Ladros ...!!
Deine magische Kraft war doch erloschen ...!
Ich habe mich zuerst vollständig entladen, bevor ich die Kraft aufgenommen habe.
Du verlässt dich zu sehr auf deinen Spürsinn für magische Kraft, Herr Lehrer!
Aber ich frage mich wirklich, warum ...?

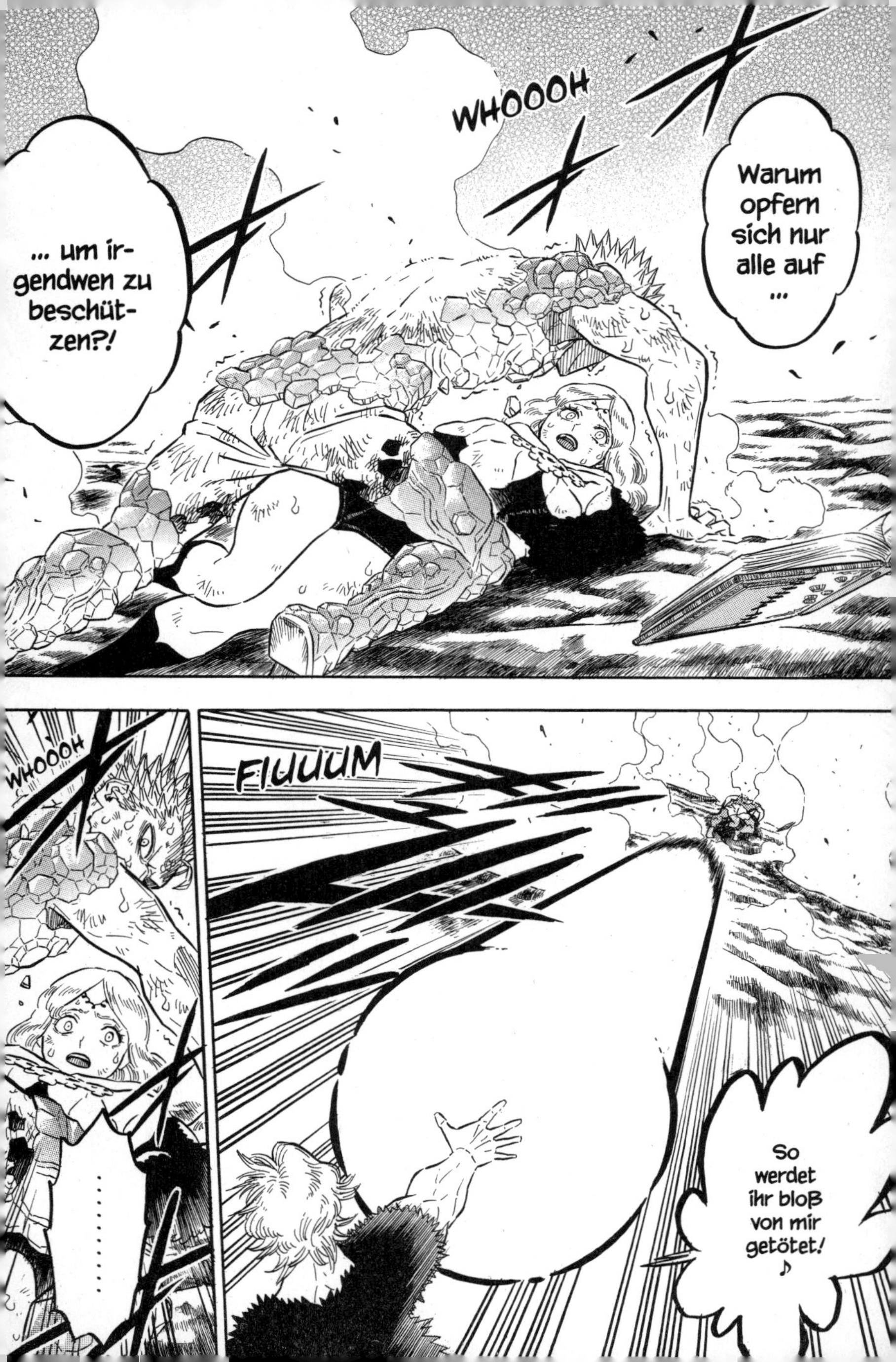
WHOOOH
Warum opfern sich nur alle auf ...
... um irgendwen zu beschützen?!
FIUUUM
WHOOOH
So werdet ihr bloß von mir getötet! ♪
....

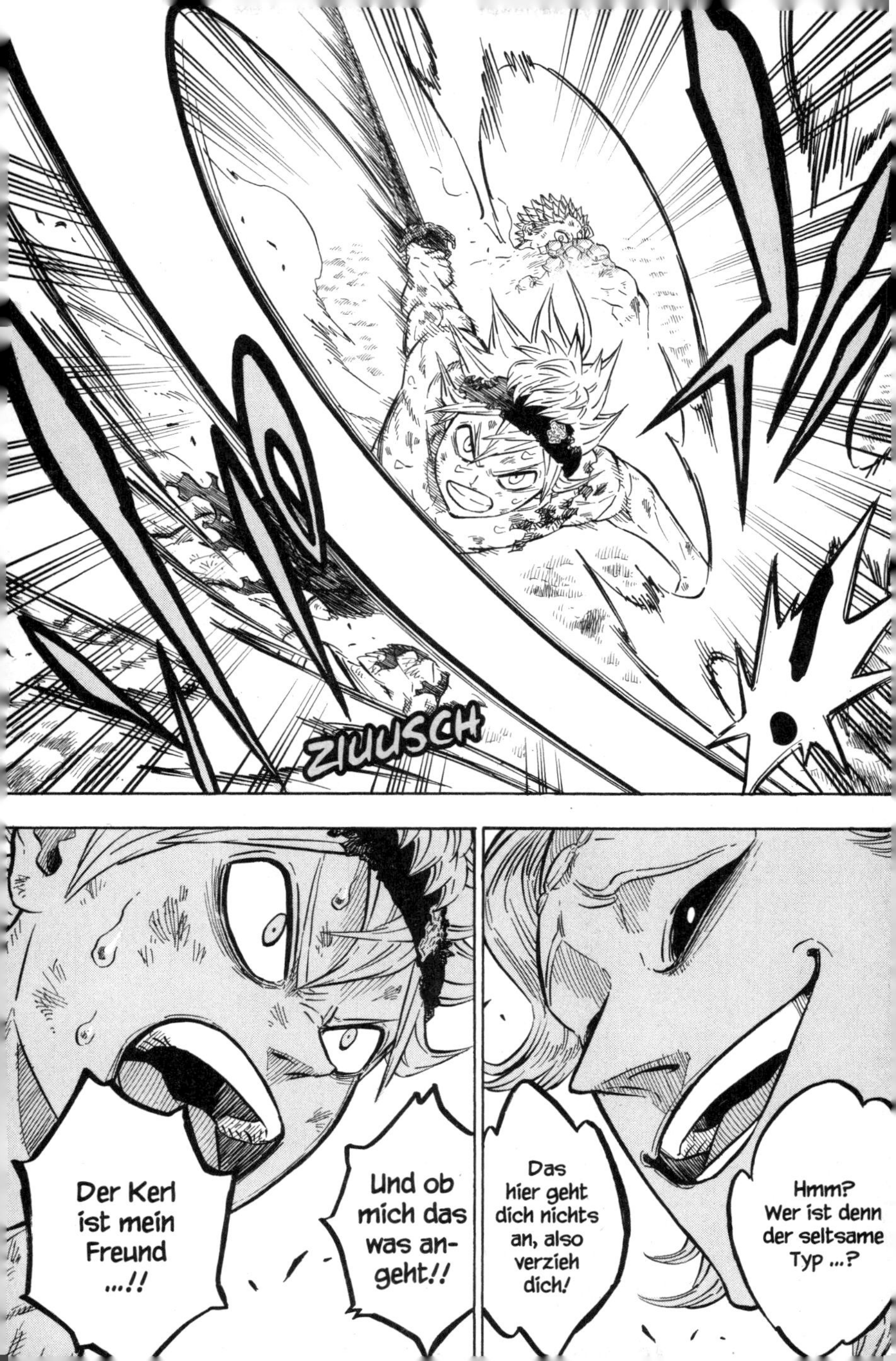
ZIUUSCH
Hmm? Wer ist denn der seltsame Typ ...?
Das hier geht dich nichts an, also verzieh dich!
Und ob mich das was angeht!!
Der Kerl ist mein Freund ...!!

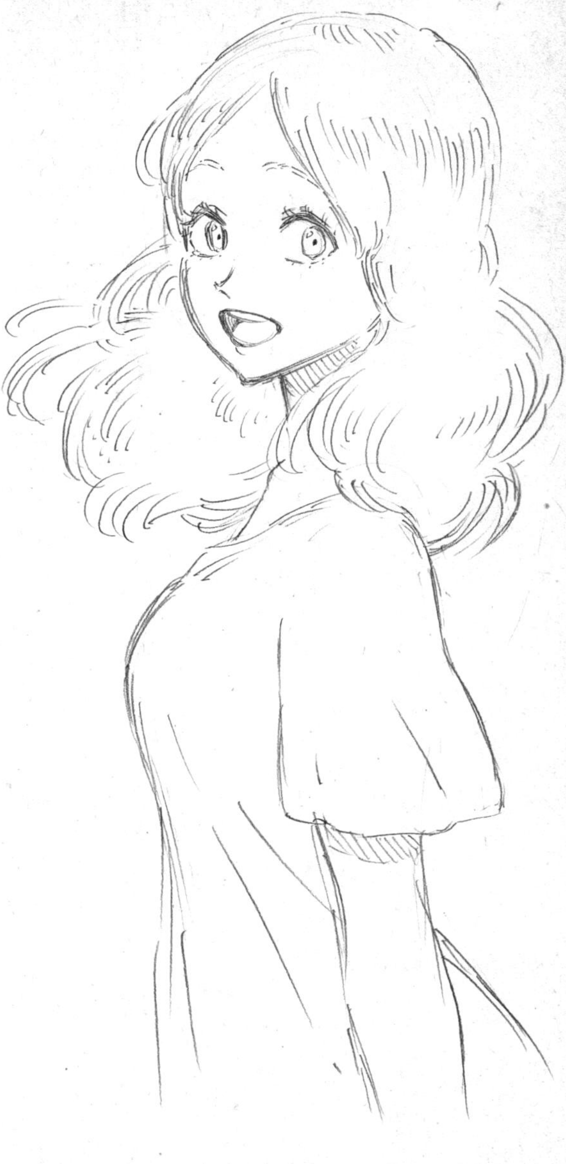

Fana

Alter: 19 Jahre
Größe: 162 cm
Geburtstag: 24. März
Sternzeichen: Widder
Blutgruppe: A
Mag: Mars, Sonnenlicht

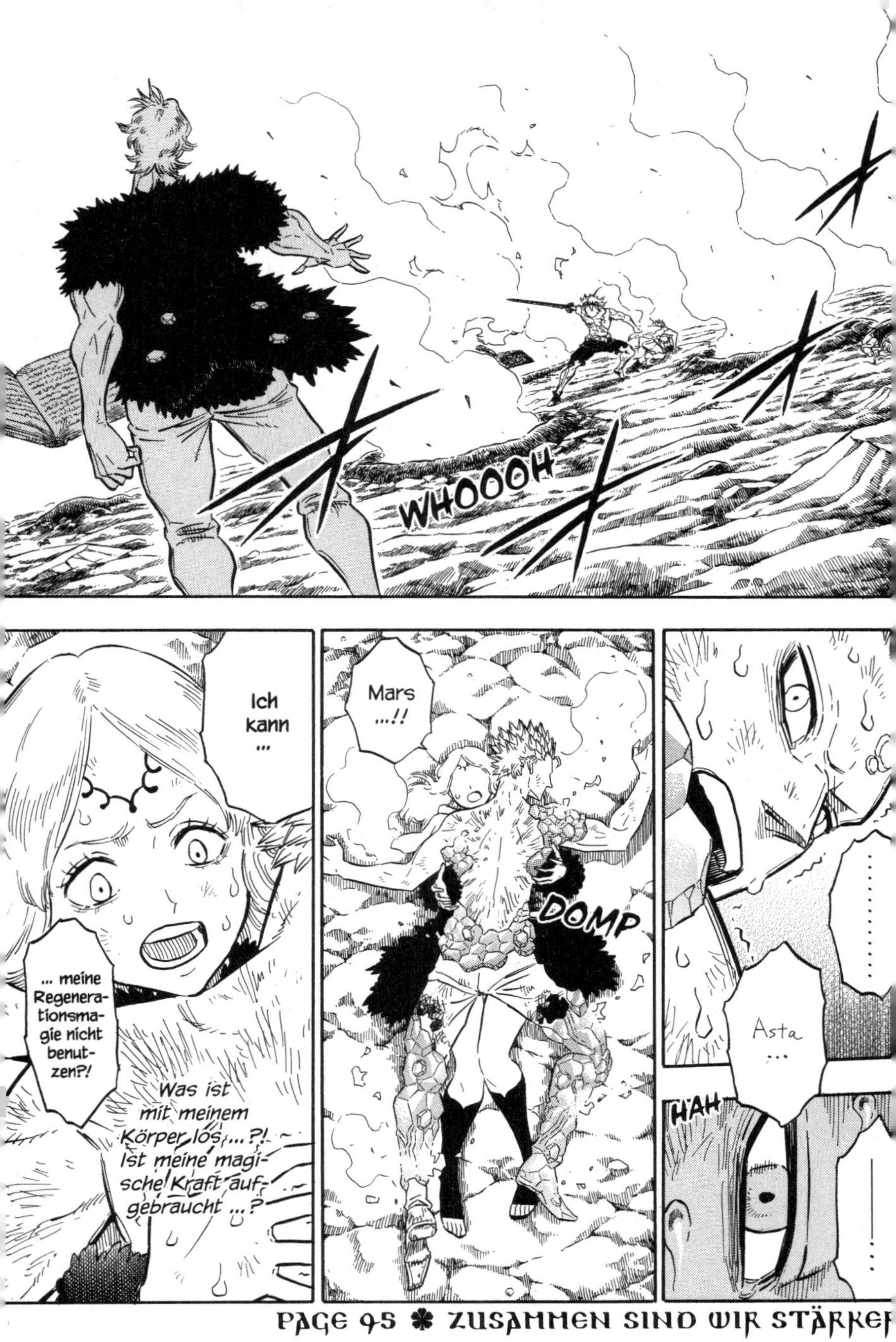
WHOOOH
Ich kann ...
... meine Regenerationsmagie nicht benutzen?!
Was ist mit meinem Körper los ...?! Ist meine magische Kraft aufgebraucht ...?
Mars ...!!
DOMP
Asta ...
HAH

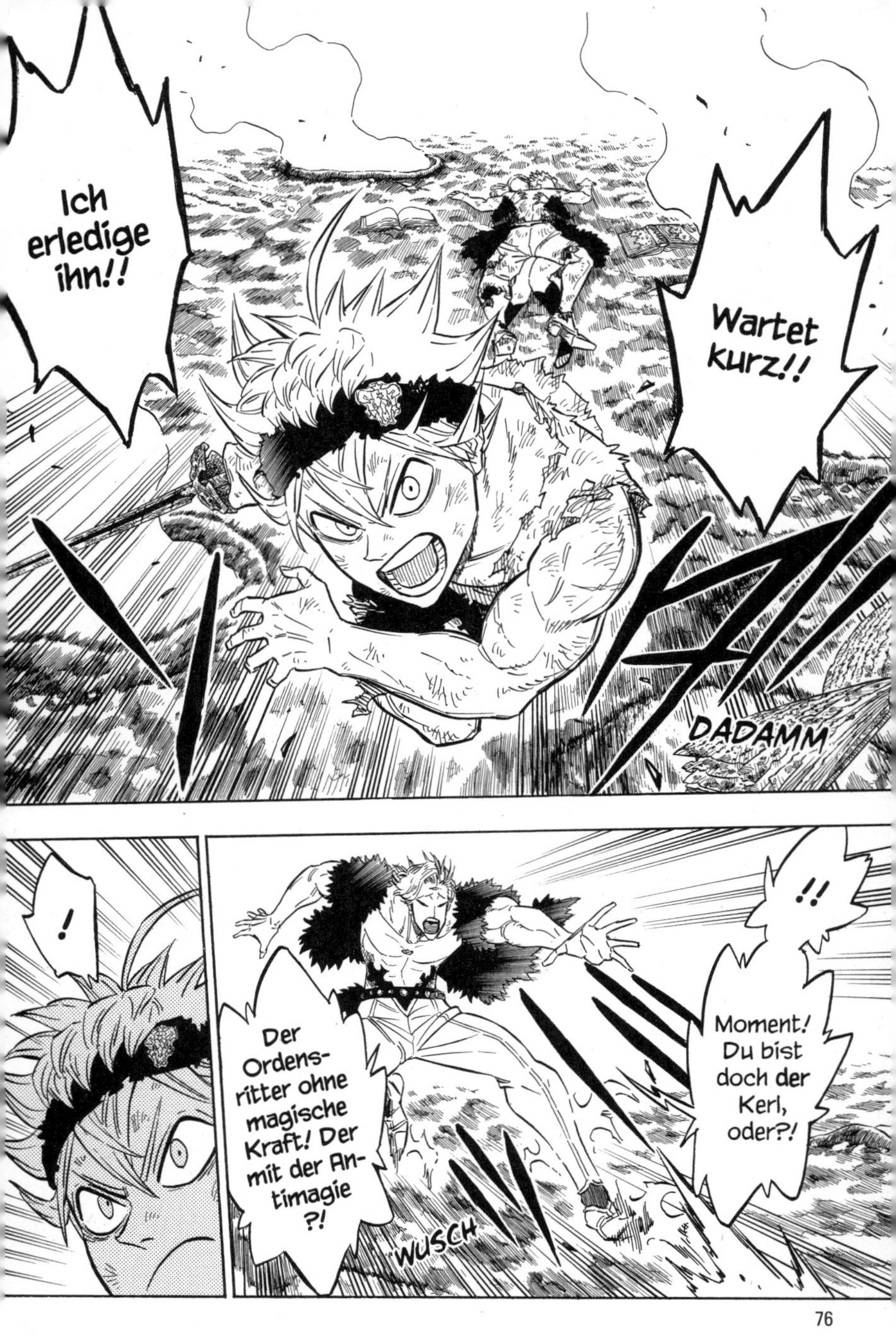
Wartet kurz!!
Ich erledige ihn!!
DADAMM
!!
Moment! Du bist doch der Kerl, oder?!
Der Ordens-ritter ohne magische Kraft! Der mit der An-timagie ?!
WUSCH
!

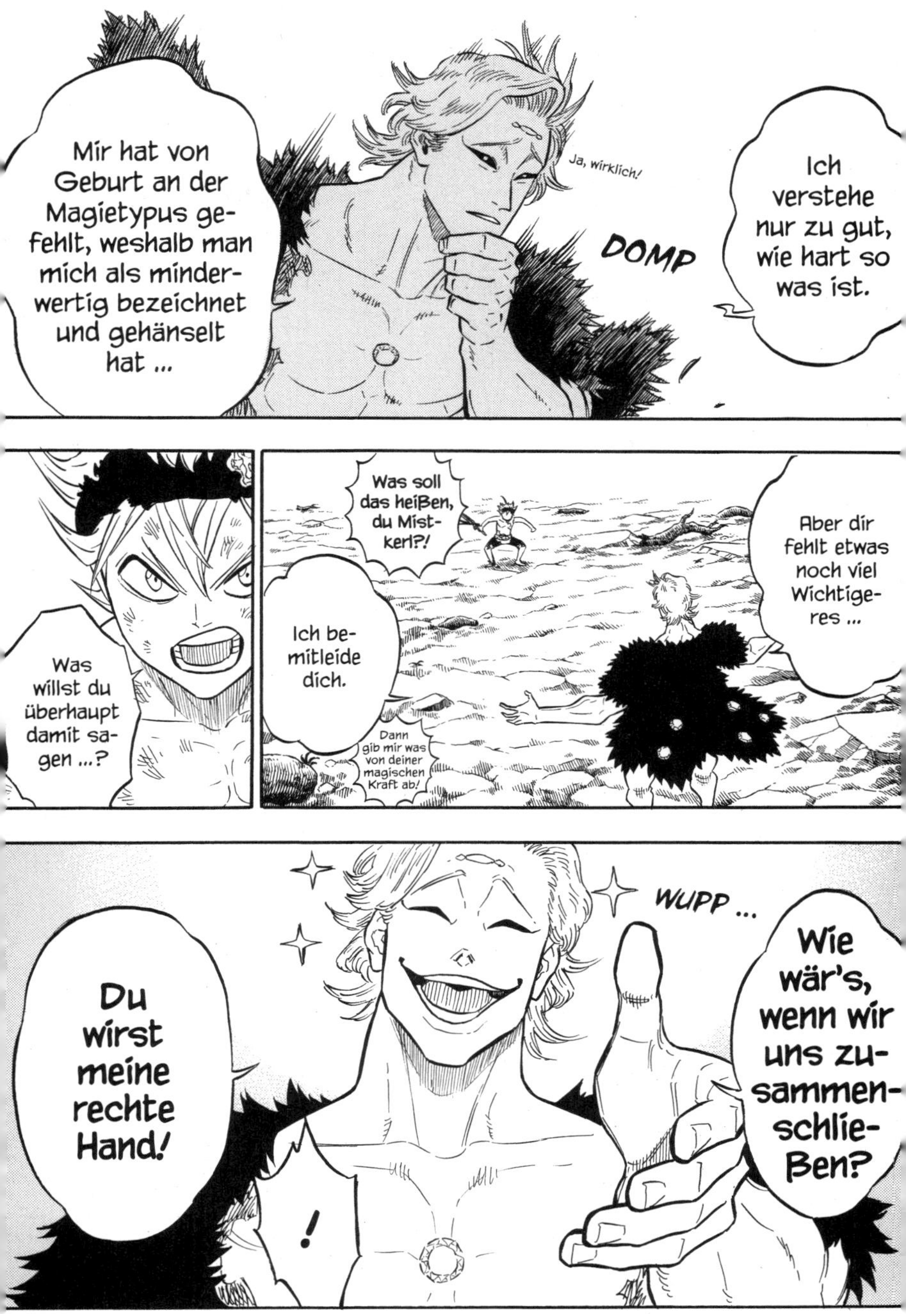

Ich verstehe nur zu gut, wie hart so was ist.
Ja, wirklich!
DOMP
Mir hat von Geburt an der Magietypus gefehlt, weshalb man mich als minderwertig bezeichnet und gehänselt hat ...
Aber dir fehlt etwas noch viel Wichtigeres ...
Ich bemitleide dich.
Was soll das heißen, du Mistkerl?!
Dann gib mir was von deiner magischen Kraft ab!
Was willst du überhaupt damit sagen ...?
Wie wär's, wenn wir uns zusammenschließen?
WUPP ...
Du wirst meine rechte Hand!
!

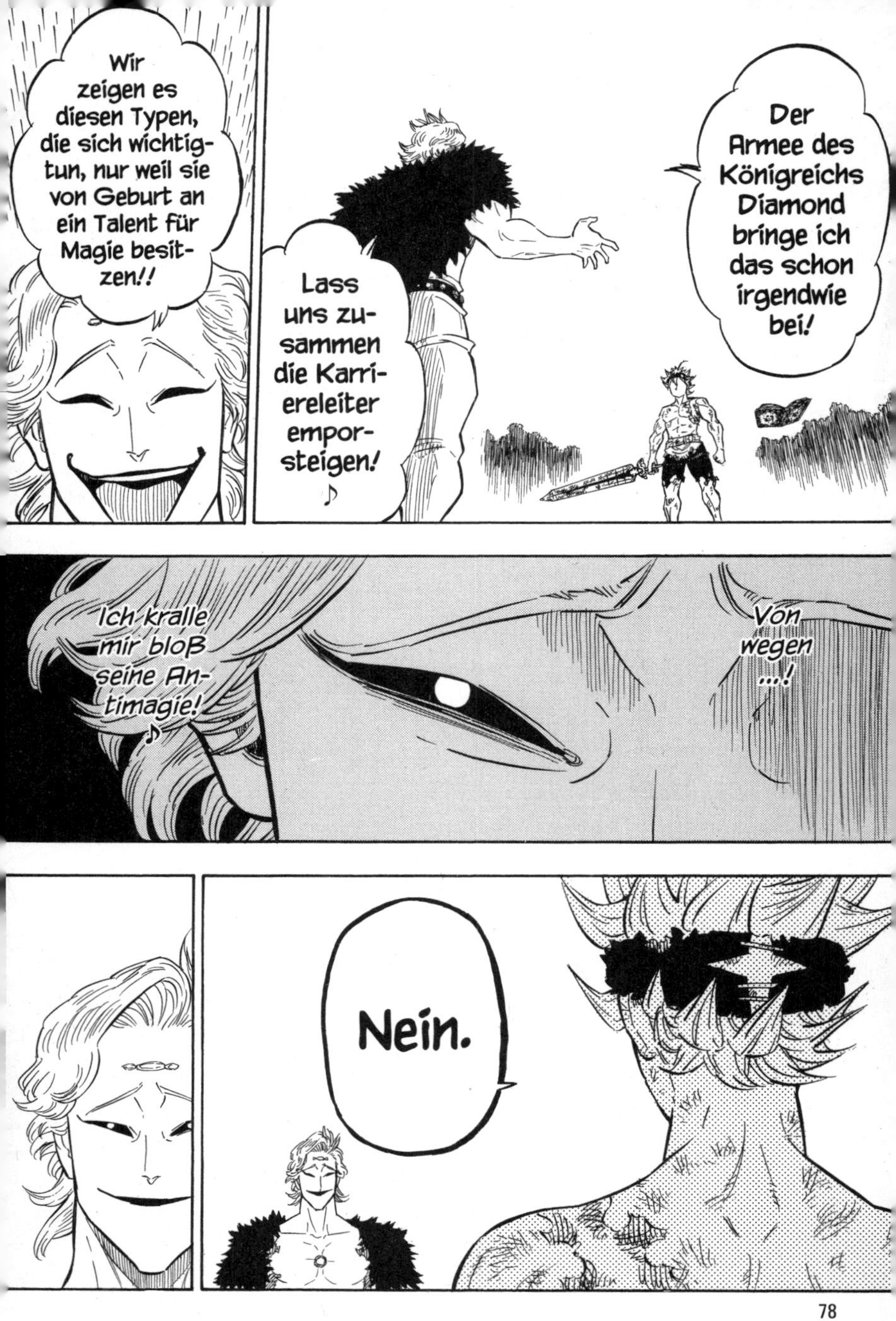
Der Armee des Königreichs Diamond bringe ich das schon irgendwie bei!
Lass uns zusammen die Karriereleiter emporsteigen! ♪
Wir zeigen es diesen Typen, die sich wichtigtun, nur weil sie von Geburt an ein Talent für Magie besitzen!!
Von wegen ...!
Ich kralle mir bloß seine Antimagie! ♪
Nein.

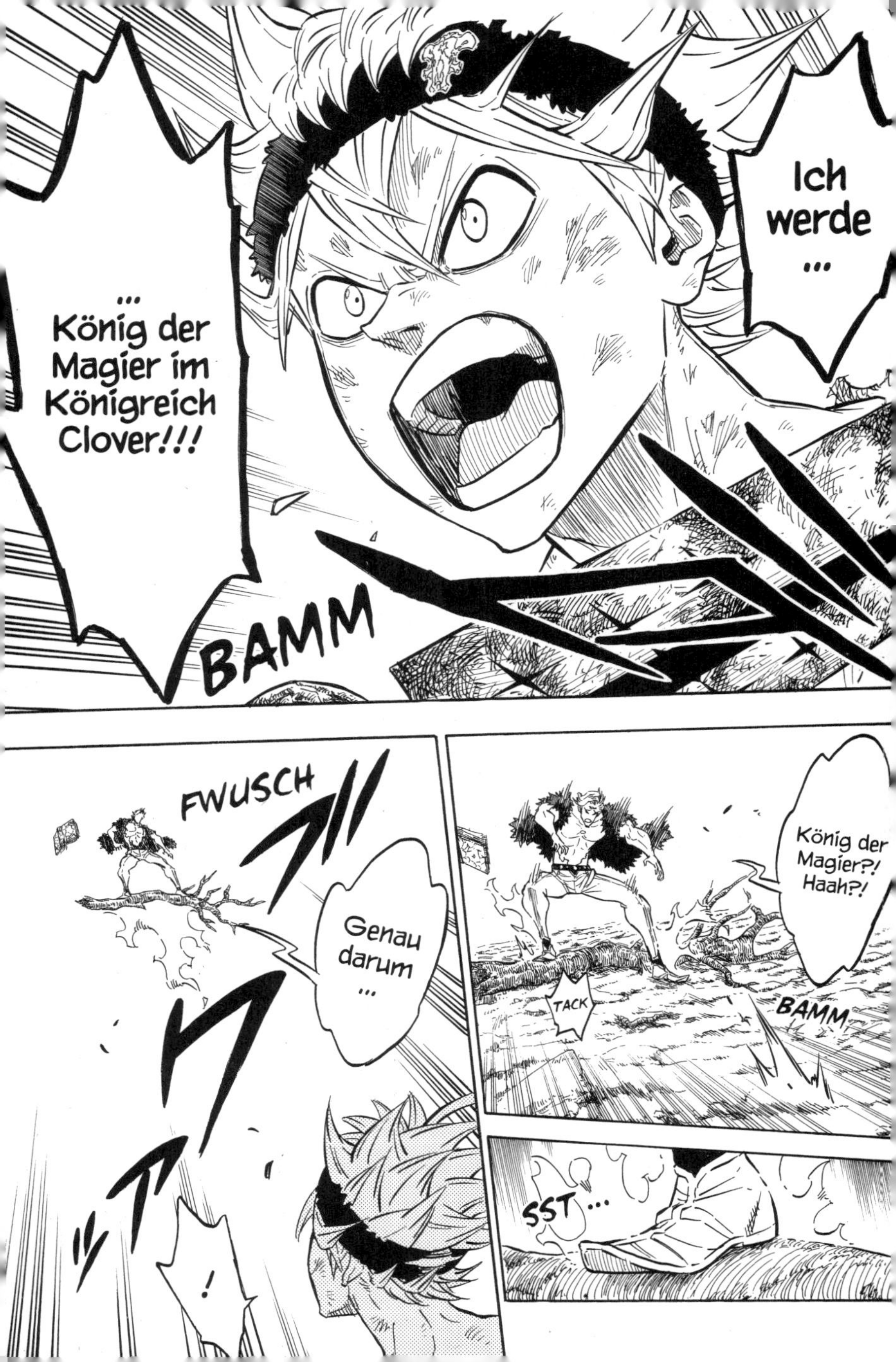
Ich werde ...
... König der Magier im Königreich Clover!!!
BAMM
König der Magier?! Haah?!
BAMM
TACK
FWUSCH
Genau darum ...
!
SST ...

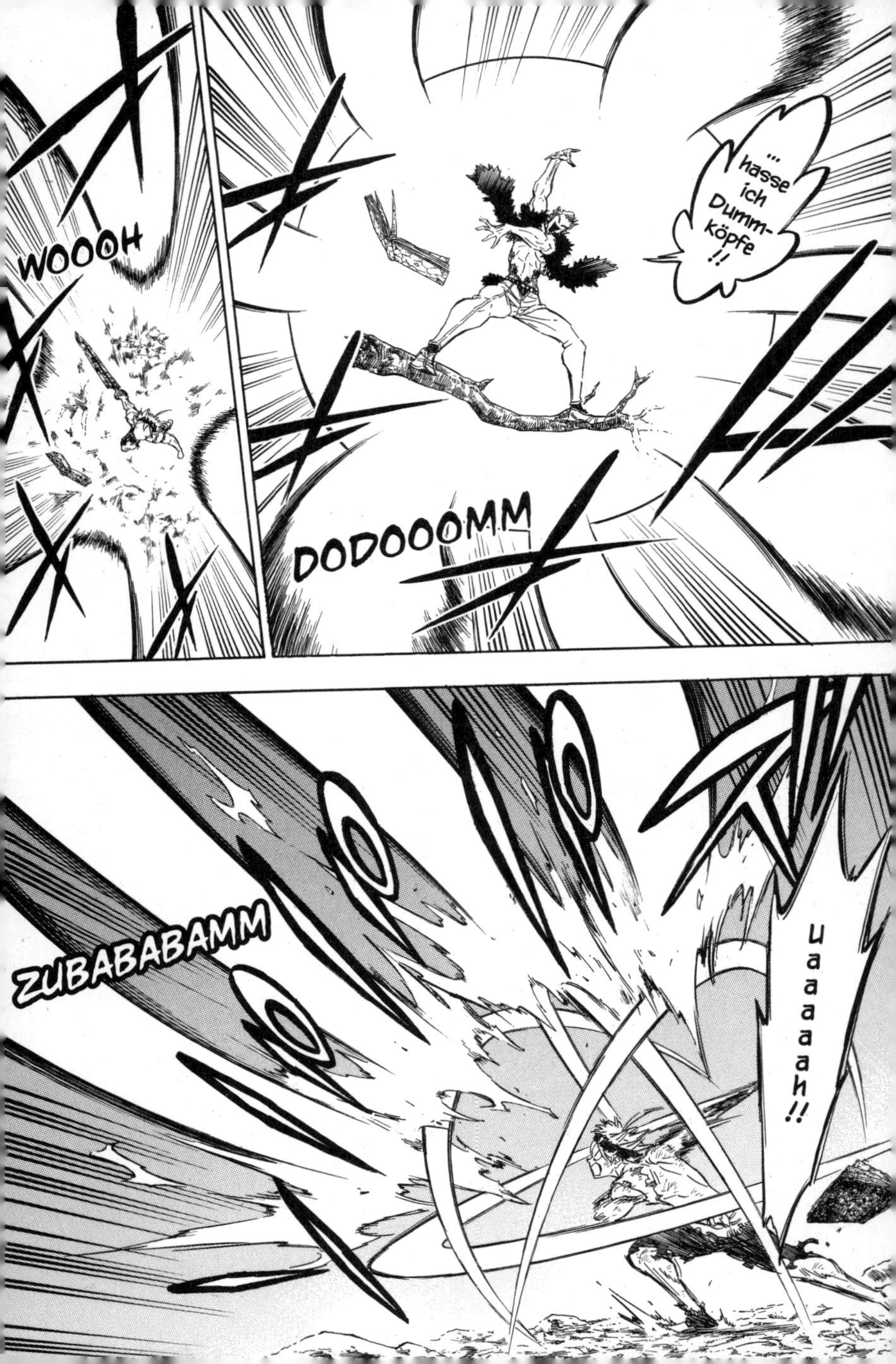

... hasse ich Dummköpfe!!
WOOOH
DODOOOMM
ZUBABABAMM
Uaaaaaah!!

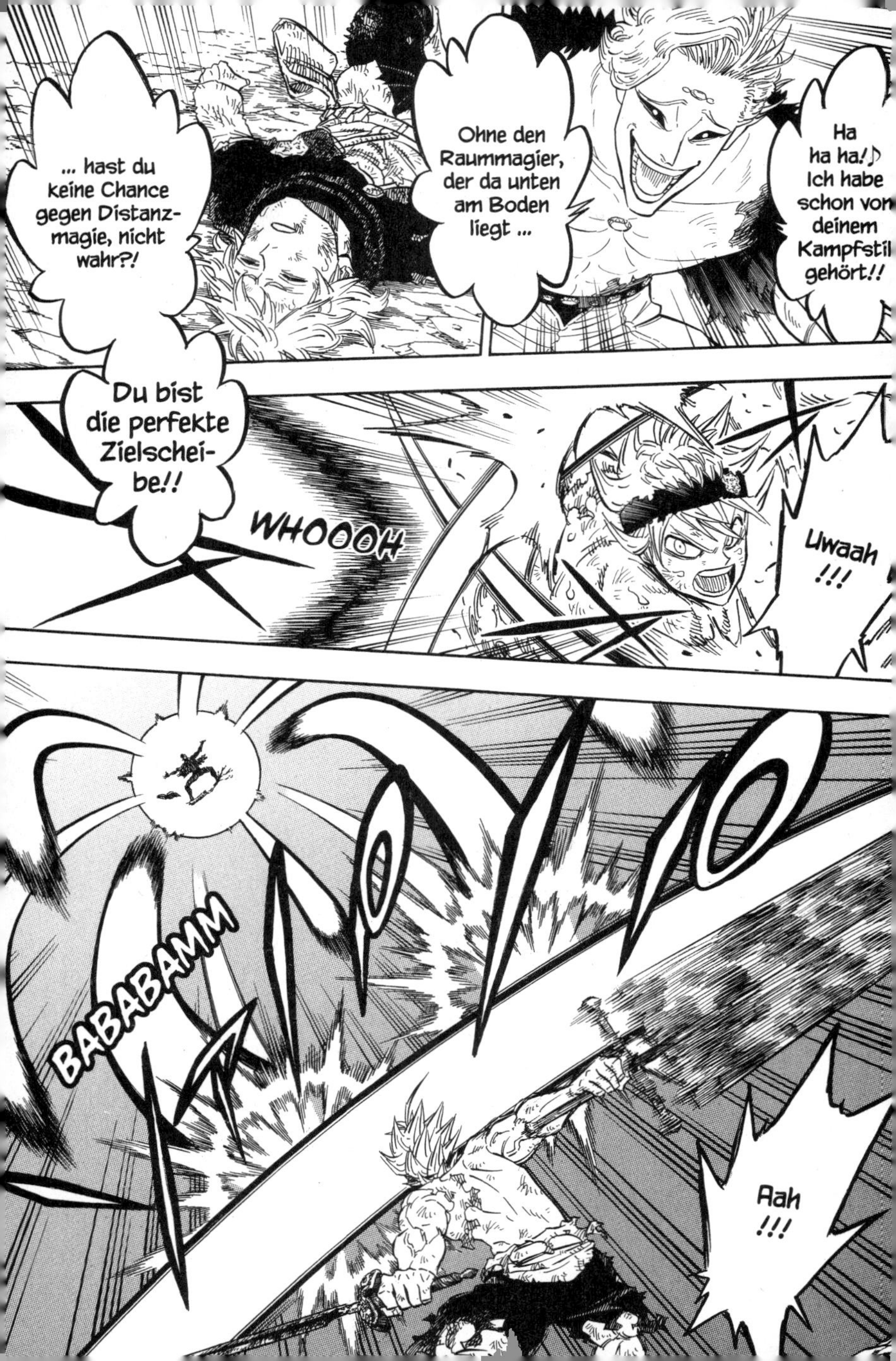
Ha ha ha!♪ Ich habe schon von deinem Kampfstil gehört!!
Ohne den Raummagier, der da unten am Boden liegt ...
... hast du keine Chance gegen Distanzmagie, nicht wahr?!
Du bist die perfekte Zielscheibe!!
Uwaah !!!
WHOOOH
BABABAMM
Aah !!!

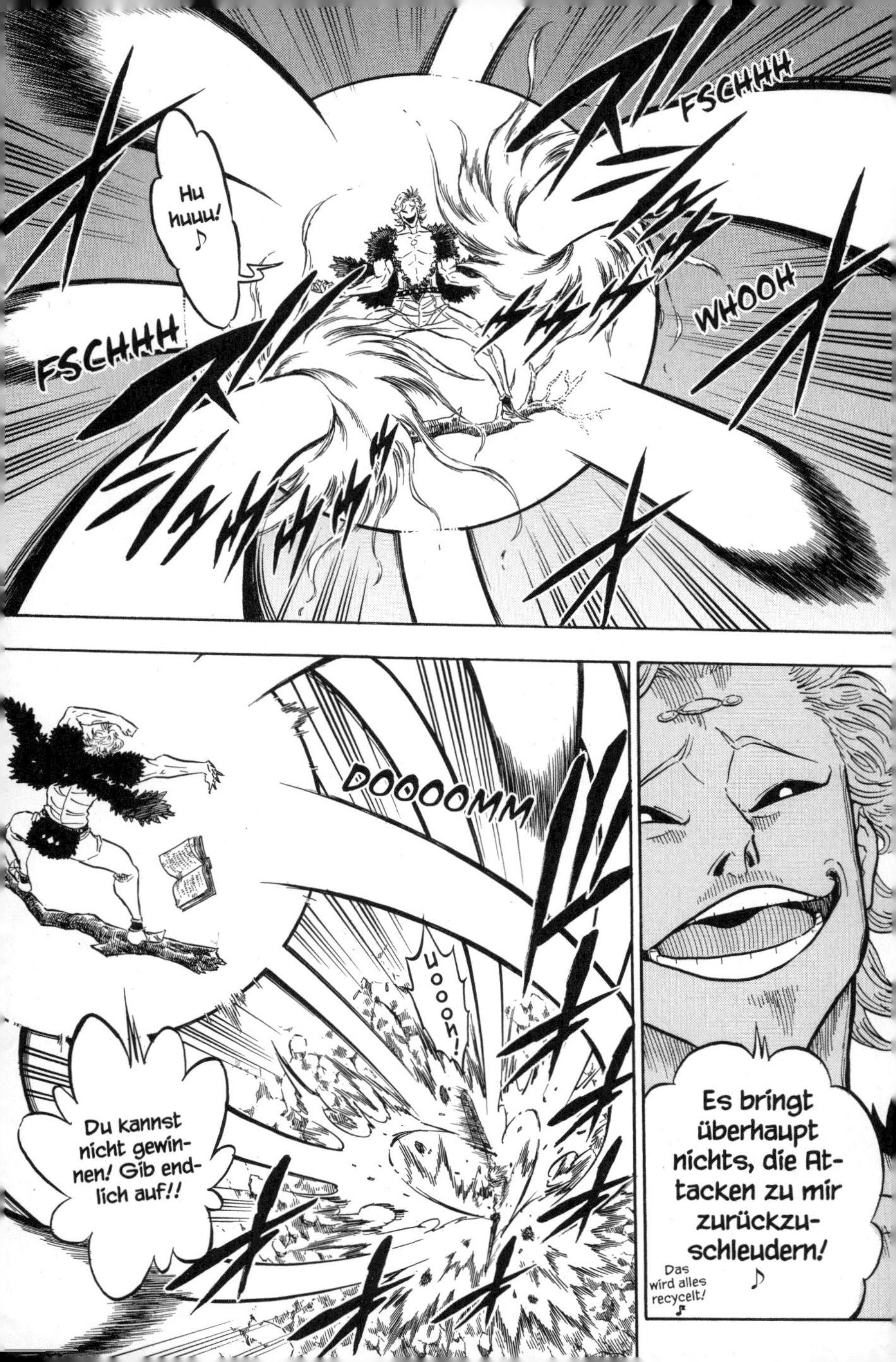
FSCHHH
WHOOH
Hu huuu! ♪
FSCHHH
DOOOOMM
Uooooh!
Es bringt überhaupt nichts, die Attacken zu mir zurückzuschleudern! ♪
Das wird alles recycelt!
Du kannst nicht gewinnen! Gib endlich auf!!

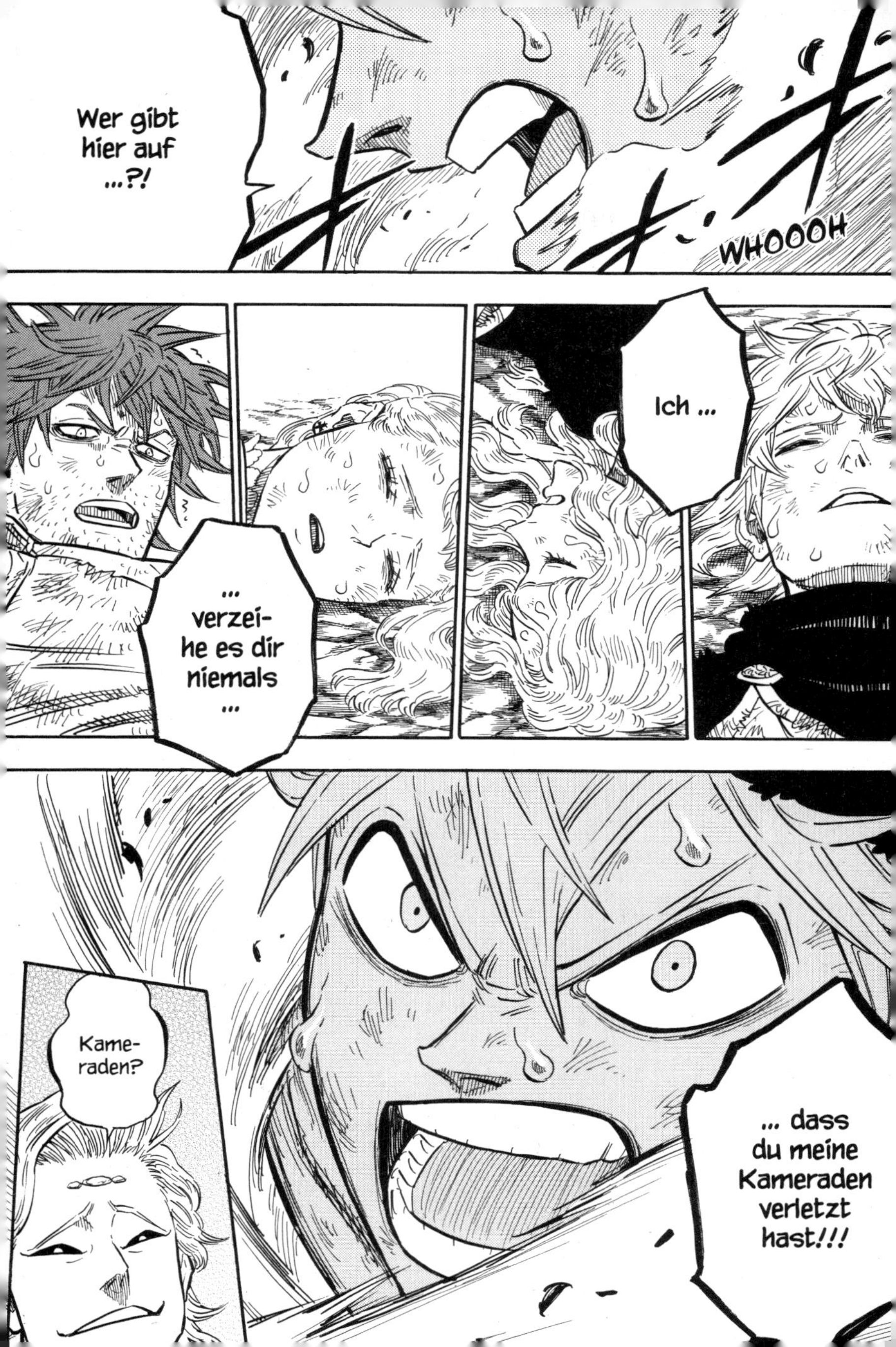
Wer gibt hier auf ...?!
WHOOOH
Ich ...
... verzeihe es dir niemals ...
... dass du meine Kameraden verletzt hast!!!
Kameraden?

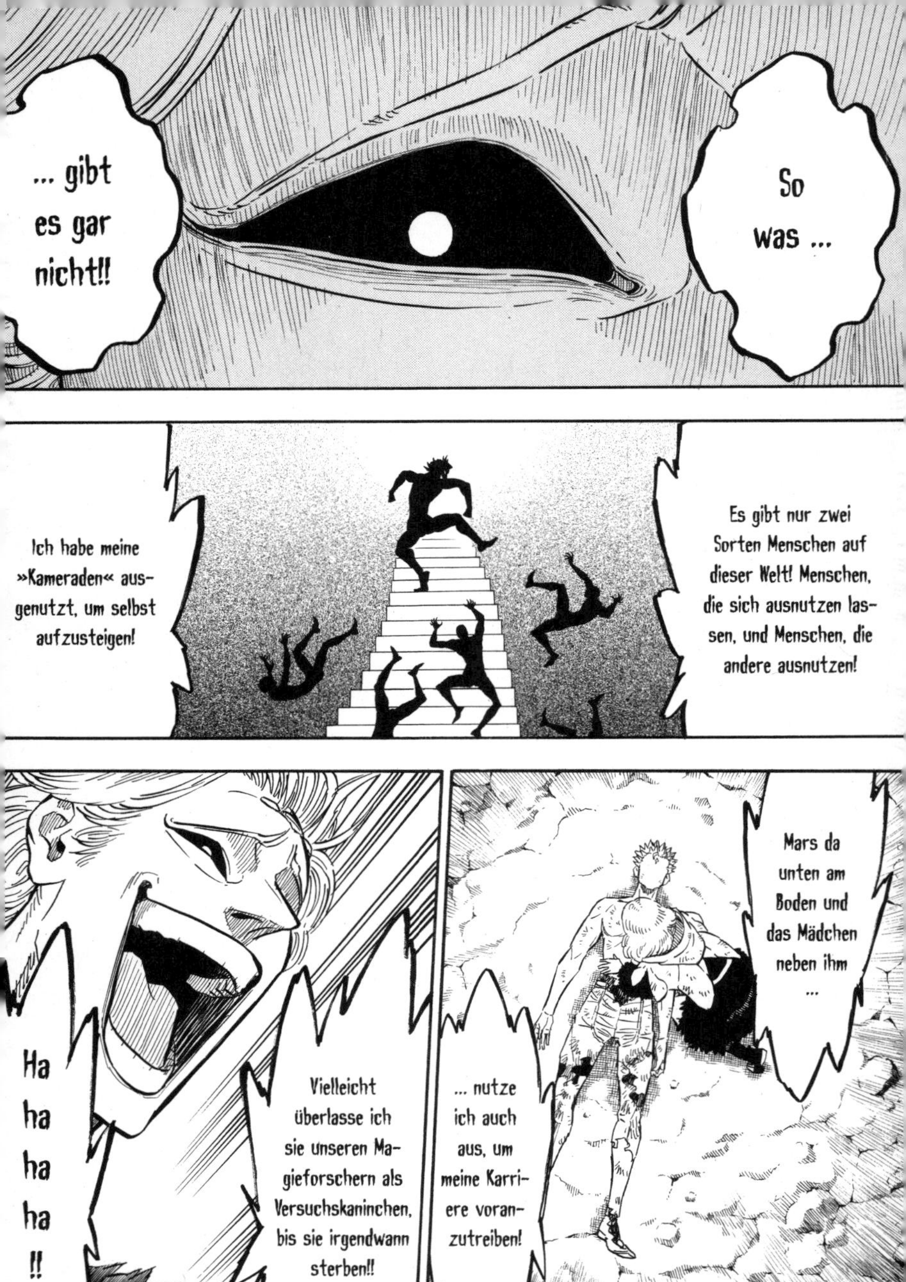
So was ...
... gibt es gar nicht!!
Es gibt nur zwei Sorten Menschen auf dieser Welt! Menschen, die sich ausnutzen lassen, und Menschen, die andere ausnutzen!
Ich habe meine »Kameraden« ausgenutzt, um selbst aufzusteigen!
Mars da unten am Boden und das Mädchen neben ihm ...
... nutze ich auch aus, um meine Karriere voranzutreiben!
Vielleicht überlasse ich sie unseren Magieforschern als Versuchskaninchen, bis sie irgendwann sterben!!
Ha ha ha ha !!

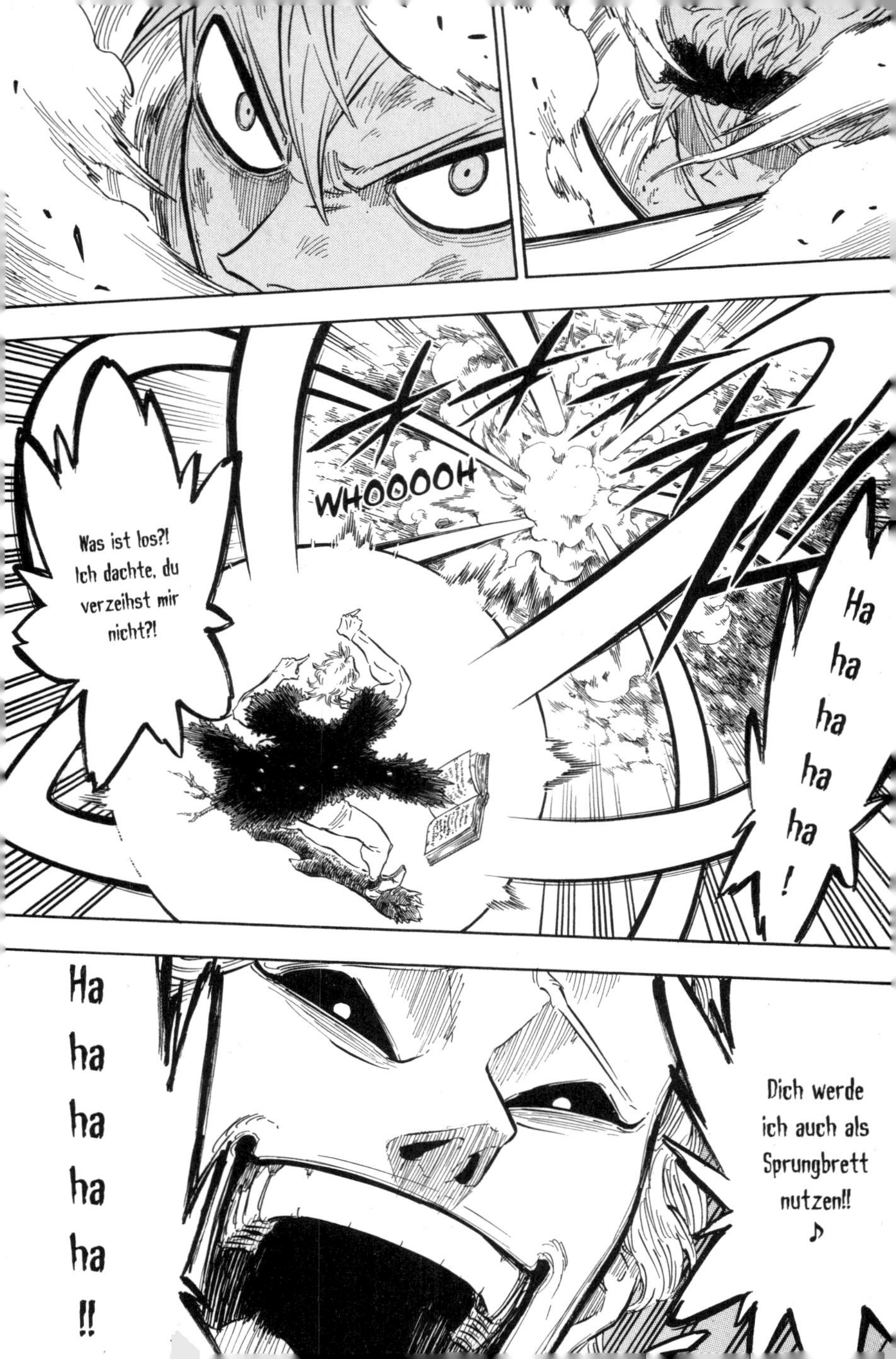
WHOOOOH
Was ist los?! Ich dachte, du verzeihst mir nicht?!
Ha ha ha ha ha!
Dich werde ich auch als Sprungbrett nutzen!! ♪
Ha ha ha ha ha !!

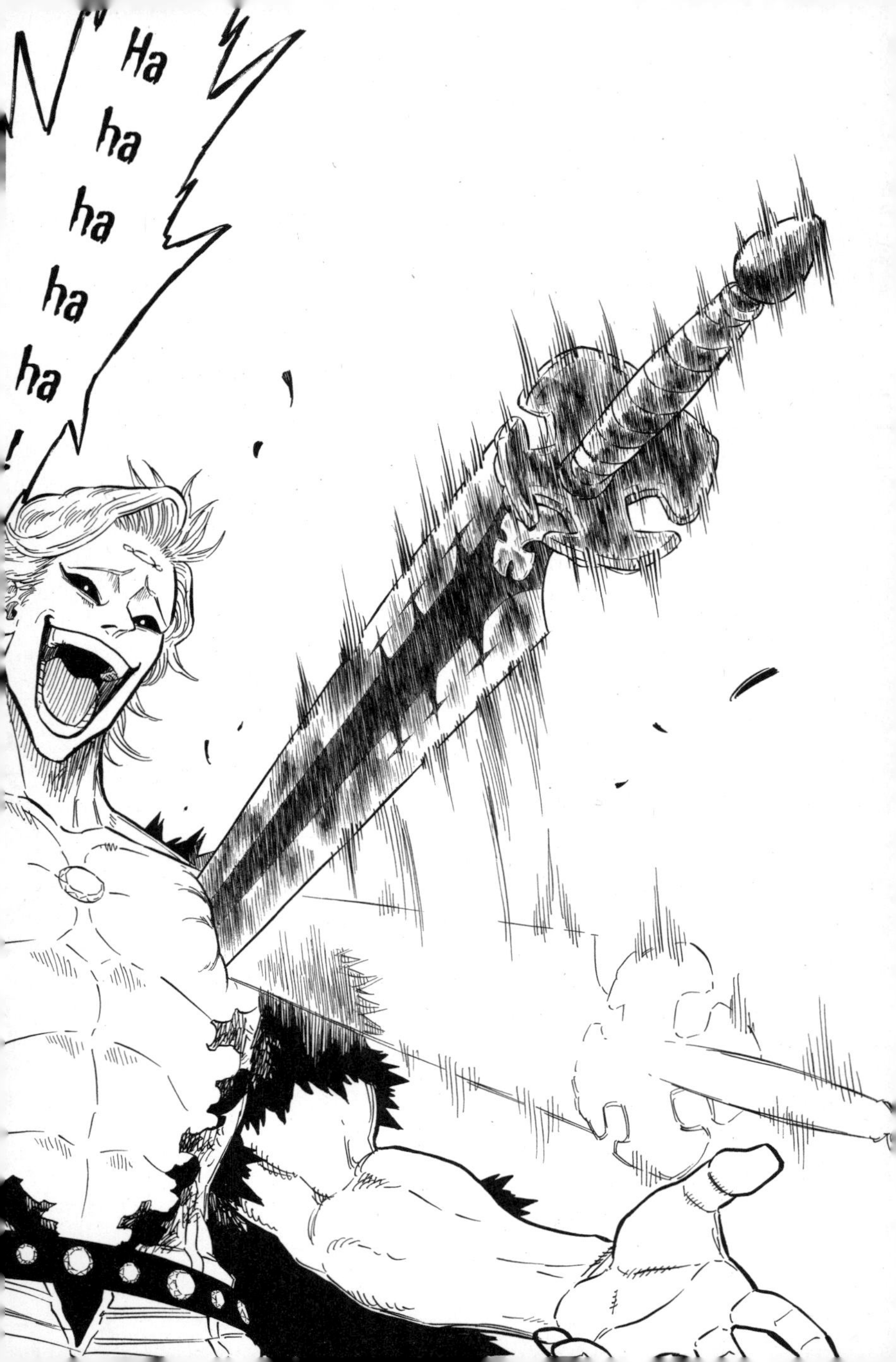
Ha ha ha ha ha!

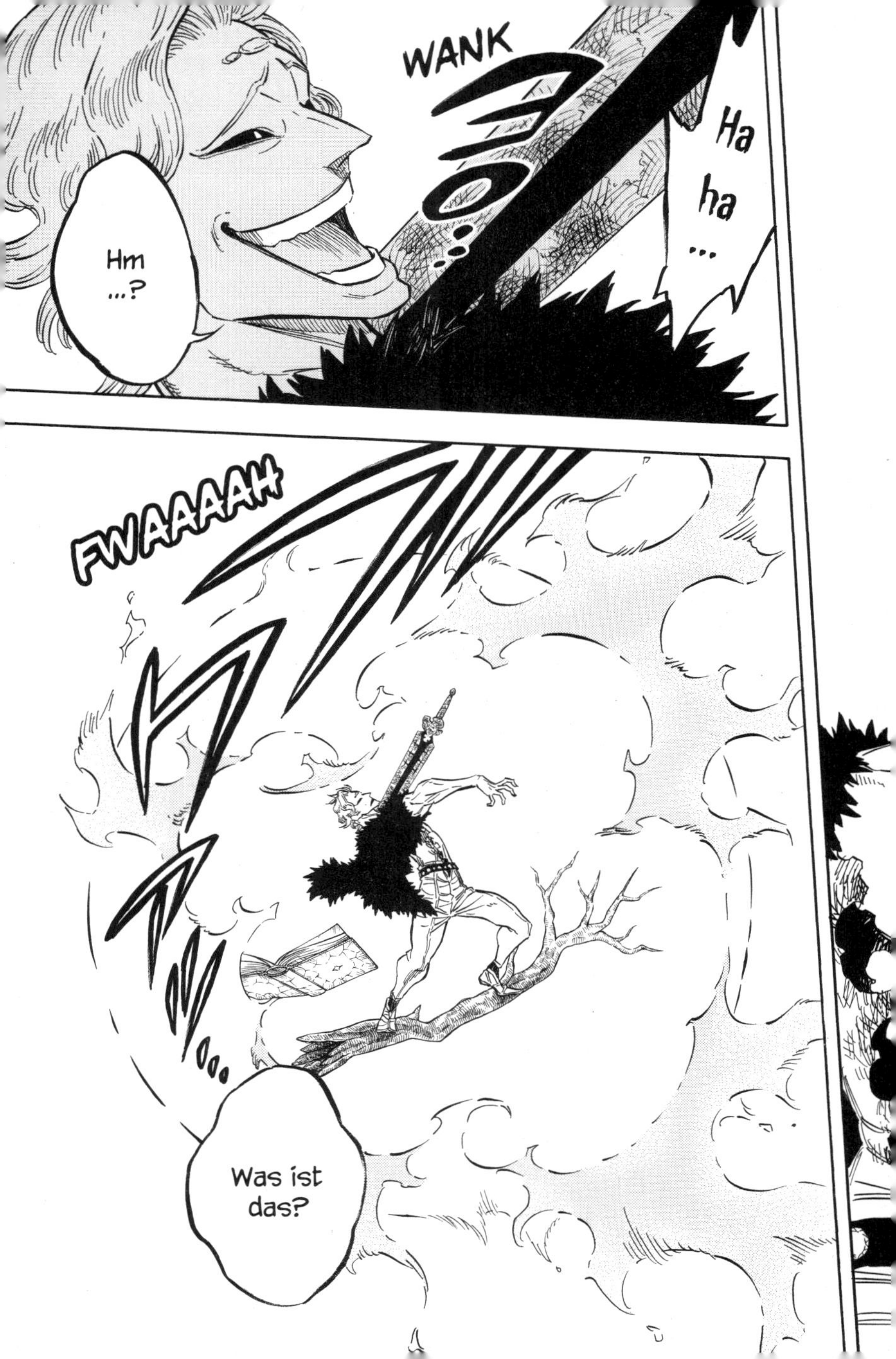
WANK
Ha ha ...
Hm ...?
FWAAAAAH
Was ist das?

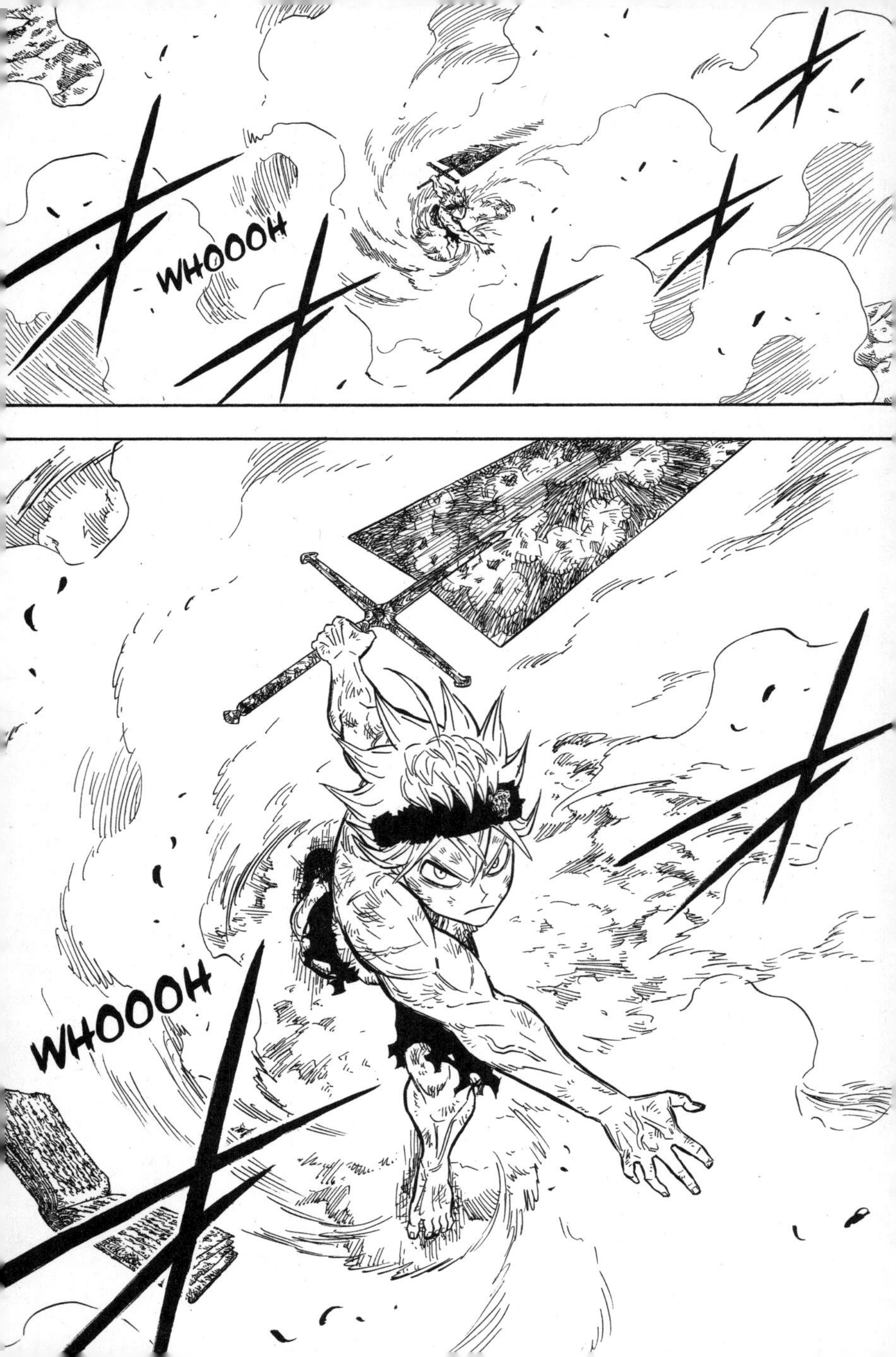
WHOOOH
WHOOOH

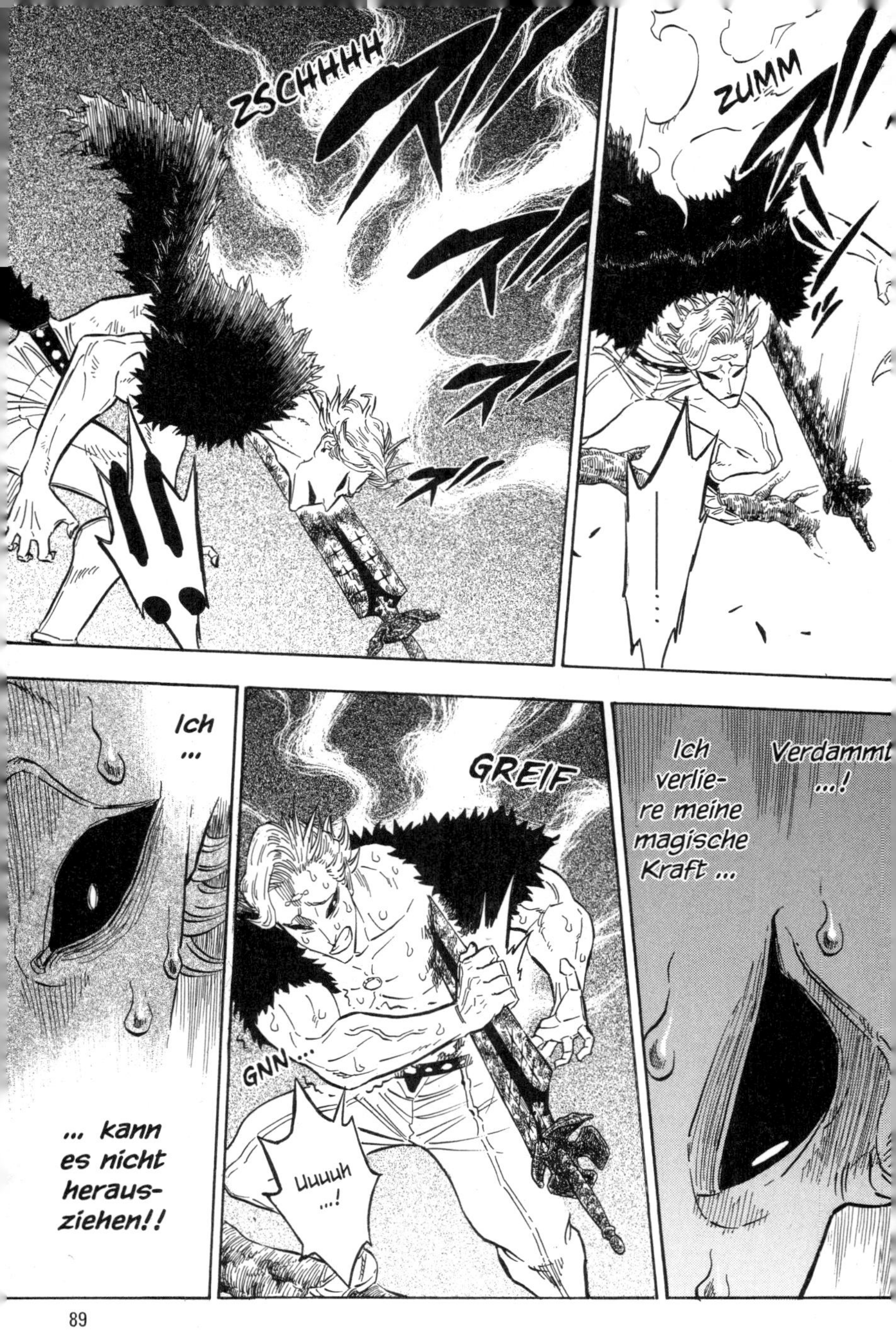
ZUMM
ZSCHHHH
Verdamm
...!
Ich verliere meine magische Kraft ...
GREIF
GNN ...
Uuuuh ...!
Ich ...
... kann es nicht herausziehen!!

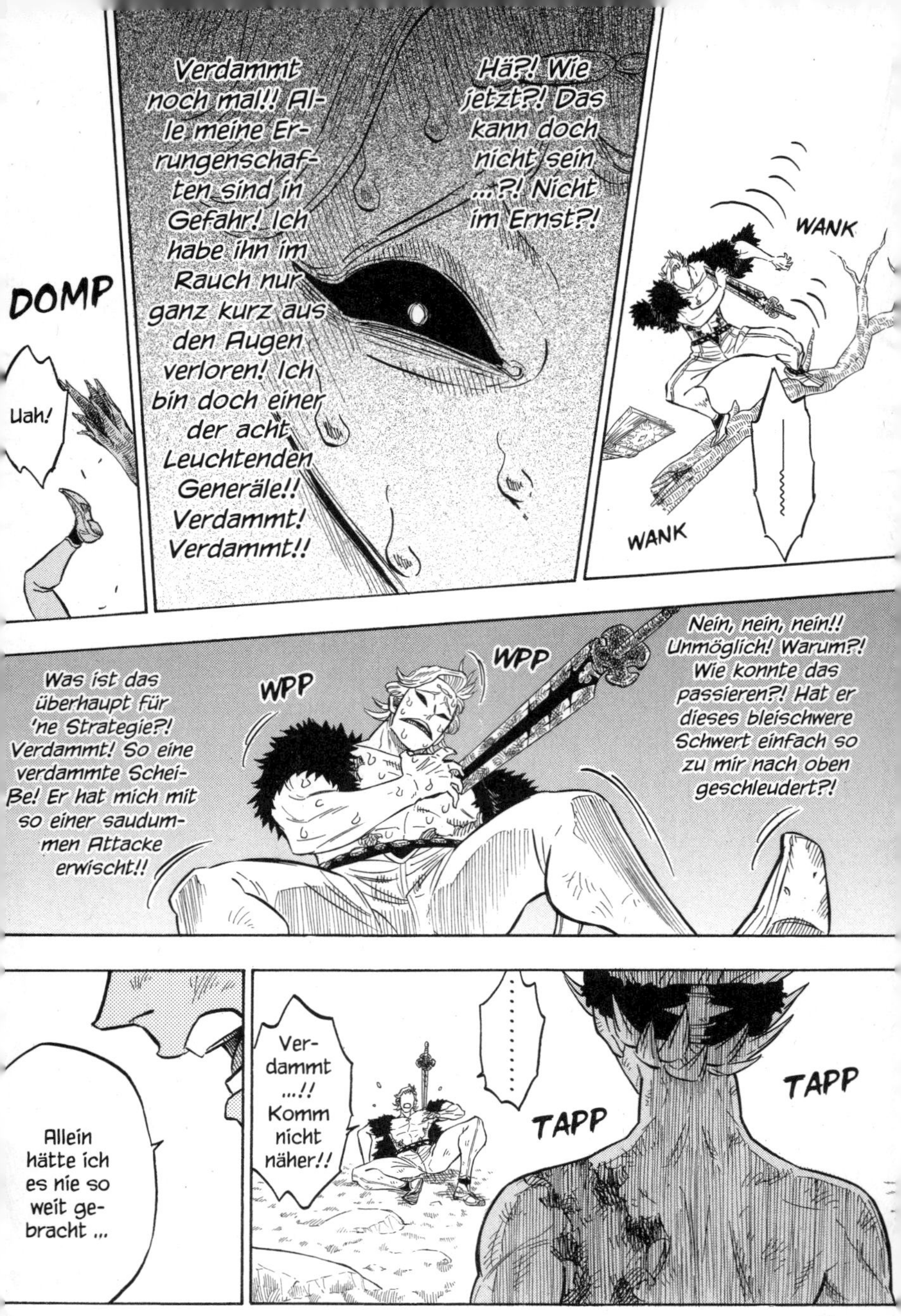

Hä?! Wie jetzt?! Das kann doch nicht sein ...?! Nicht im Ernst?!
Verdammt noch mal!! Alle meine Errungenschaften sind in Gefahr! Ich habe ihn im Rauch nur ganz kurz aus den Augen verloren! Ich bin doch einer der acht Leuchtenden Generäle!! Verdammt! Verdammt!!
WANK
WANK
DOMP
Uah!
Nein, nein, nein!! Unmöglich! Warum?! Wie konnte das passieren?! Hat er dieses bleischwere Schwert einfach so zu mir nach oben geschleudert?!
WPP
WPP
Was ist das überhaupt für 'ne Strategie?! Verdammt! So eine verdammte Scheiße! Er hat mich mit so einer saudummen Attacke erwischt!!
TAPP
TAPP
...
Verdammt ...!! Komm nicht näher!!
Allein hätte ich es nie so weit gebracht ...

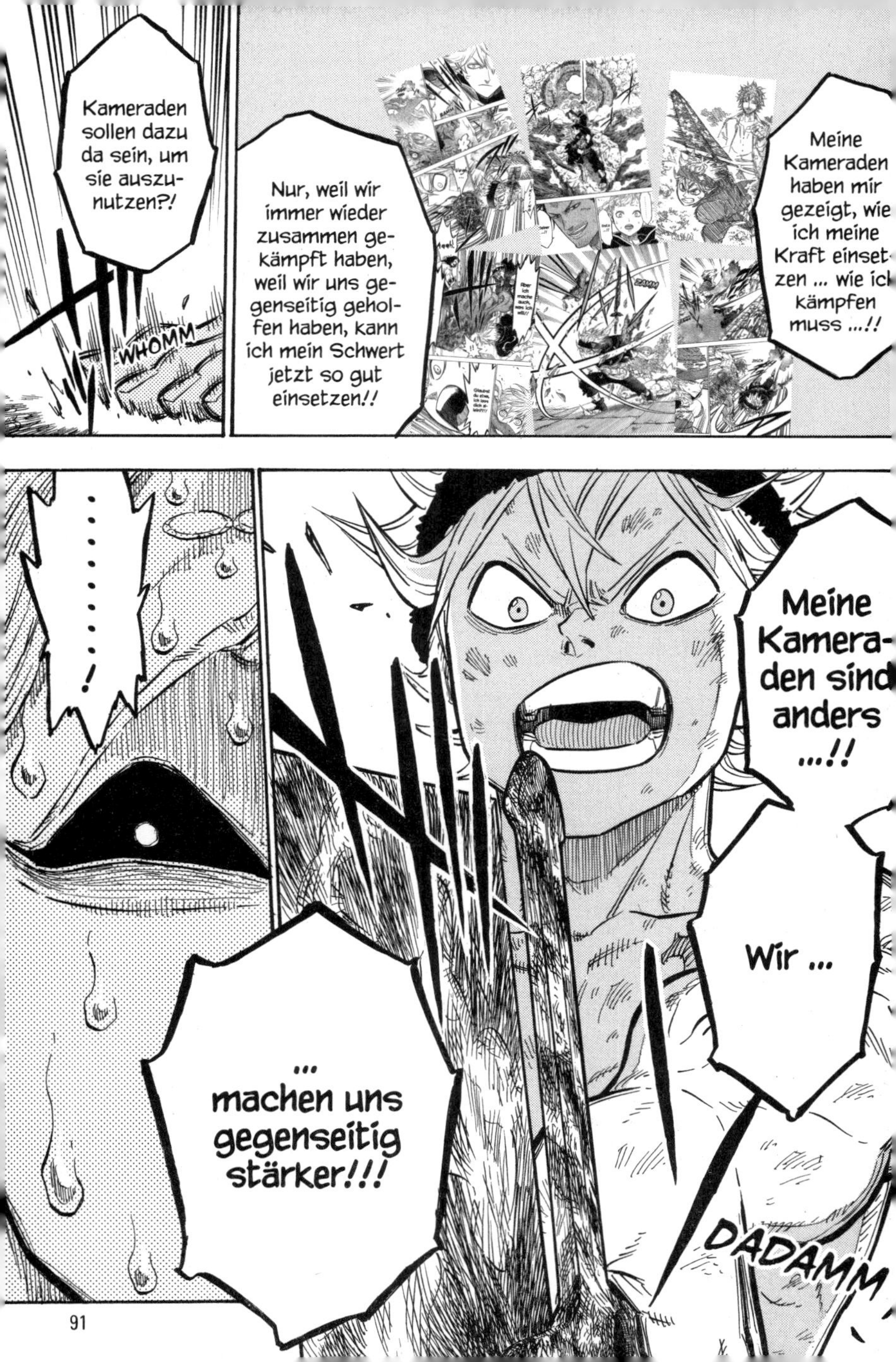
Meine Kameraden haben mir gezeigt, wie ich meine Kraft einsetzen ... wie ich kämpfen muss ...!!
Nur, weil wir immer wieder zusammen gekämpft haben, weil wir uns gegenseitig geholfen haben, kann ich mein Schwert jetzt so gut einsetzen!!
Kameraden sollen dazu da sein, um sie auszunutzen?!
WHOMM
Meine Kameraden sind anders ...!!
Wir ...
... machen uns gegenseitig stärker!!!
DADAMM
......!

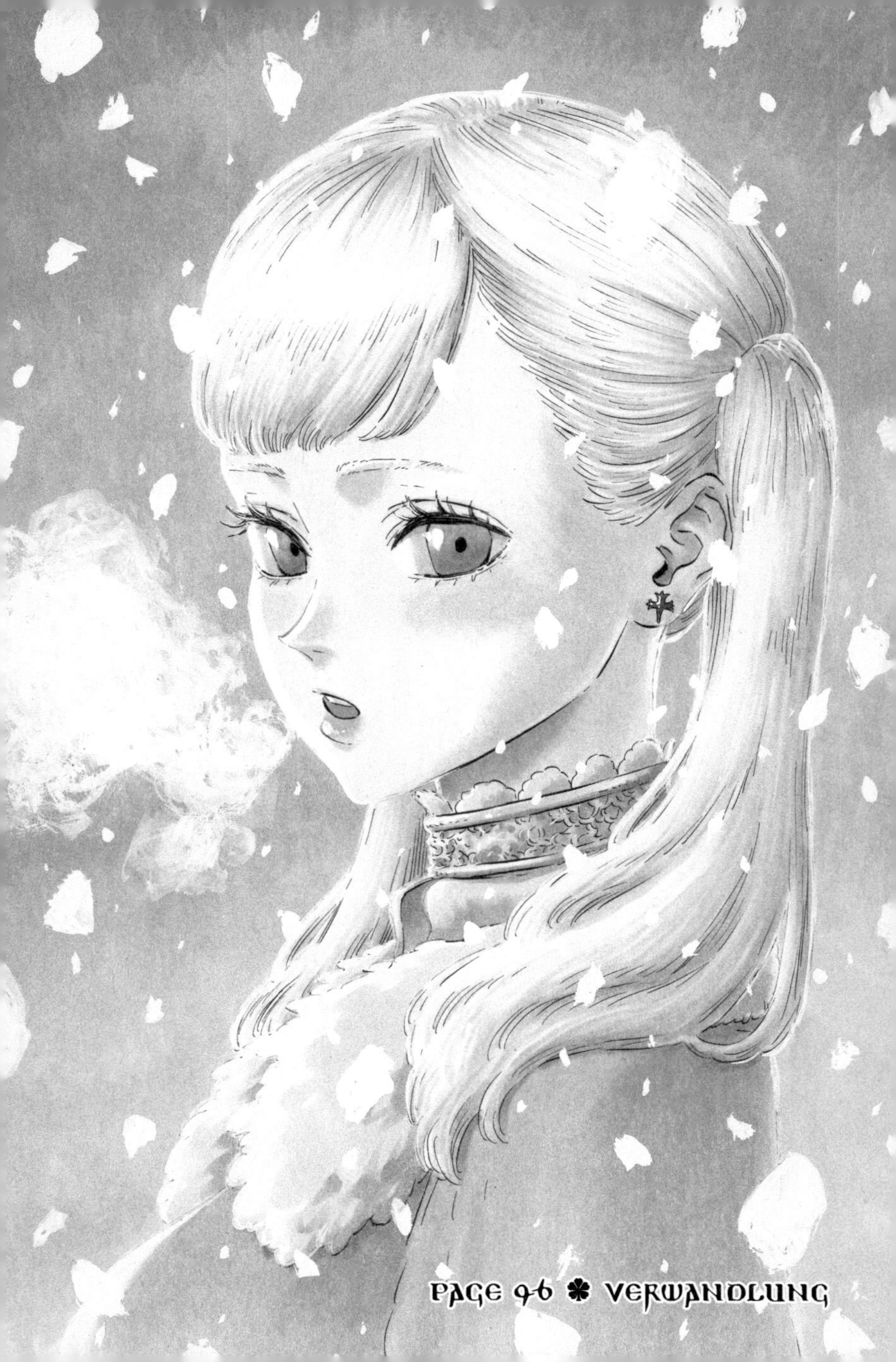
PAGE 96 ✽ VERWANDLUNG

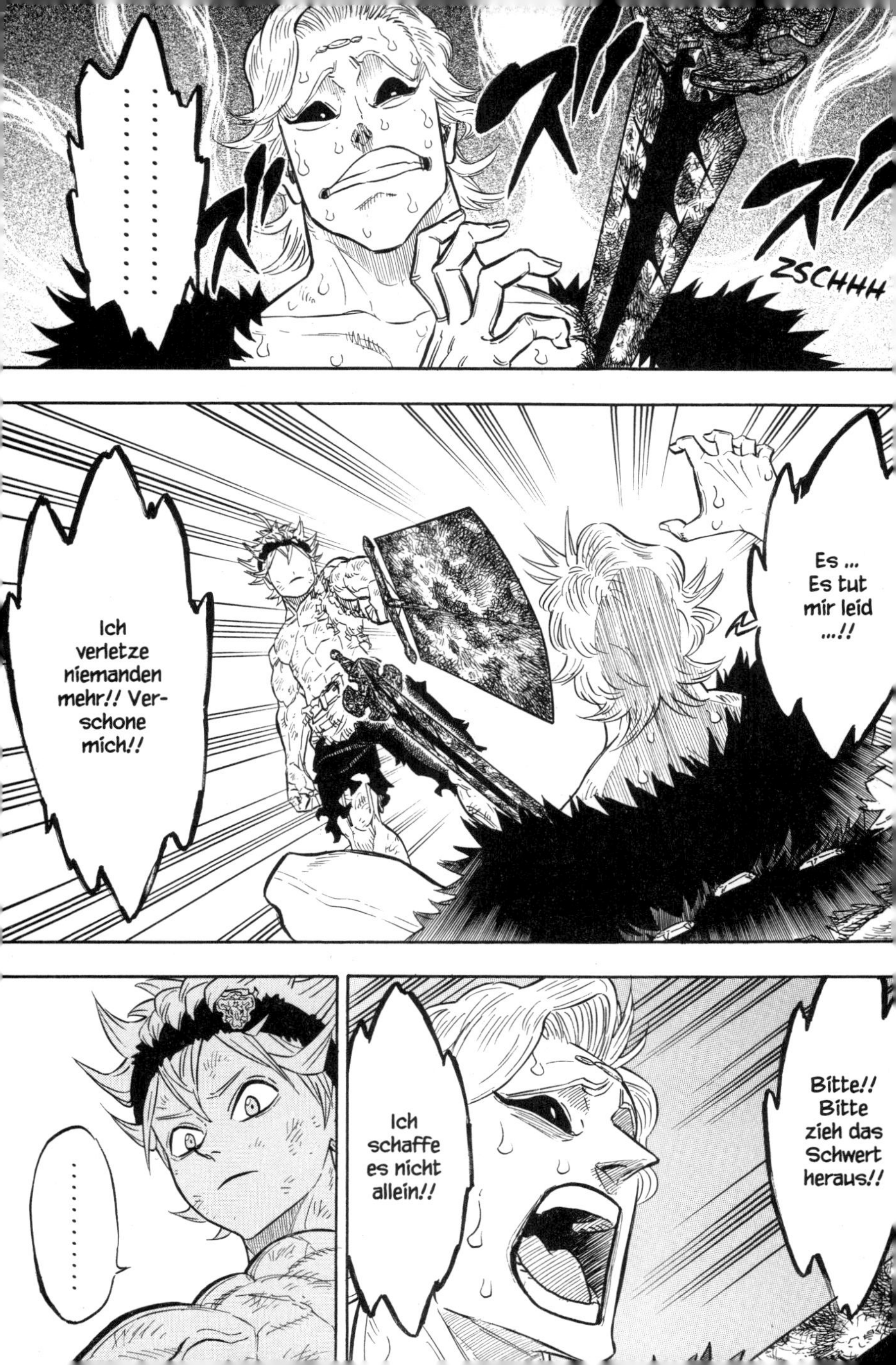
ZSCHHH
……
Es ... Es tut mir leid ...!!
Ich verletze niemanden mehr!! Verschone mich!!
Bitte!! Bitte zieh das Schwert heraus!!
Ich schaffe es nicht allein!!
……

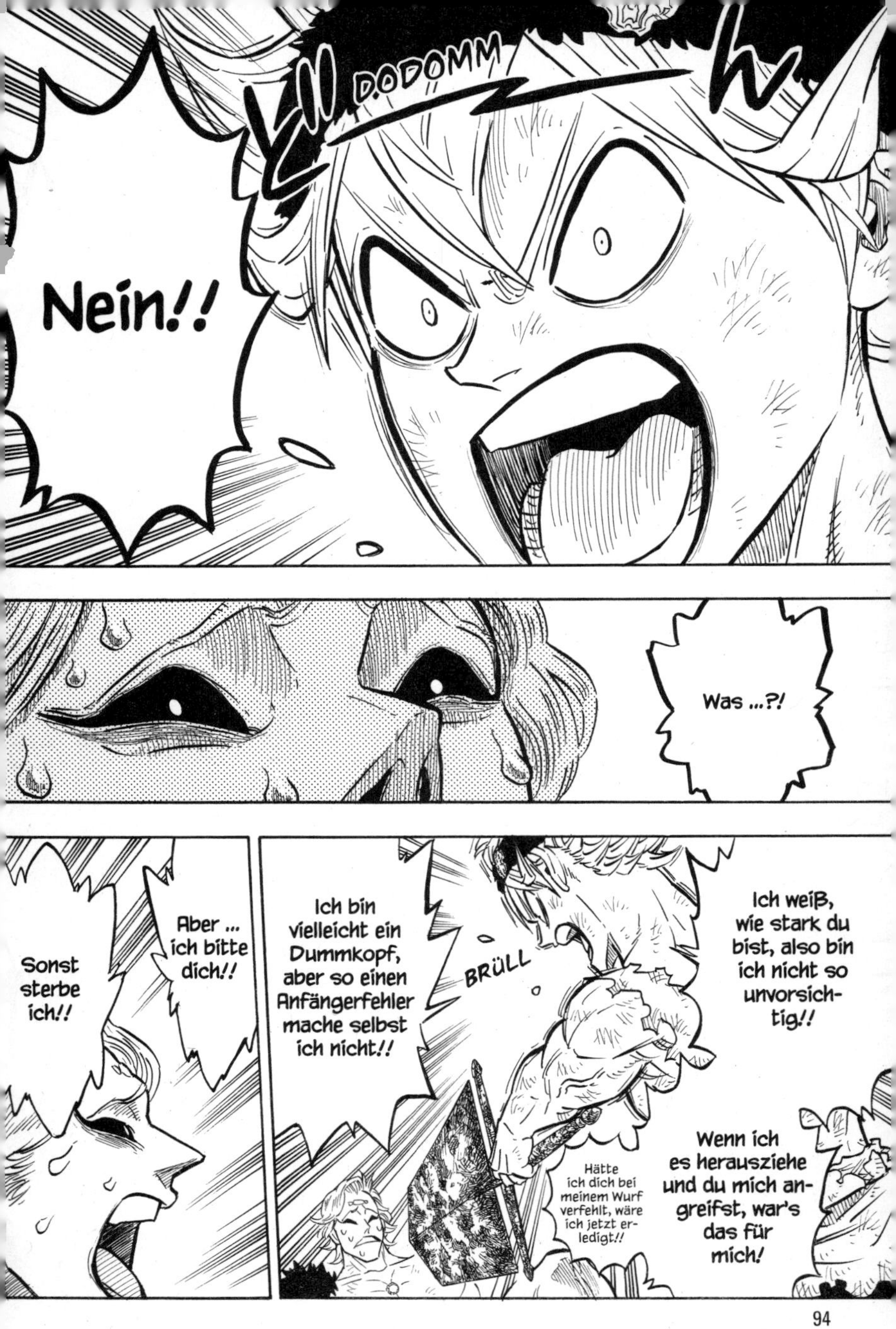
DODOMM
Nein!!
Was ...?!
Ich weiß, wie stark du bist, also bin ich nicht so unvorsich-tig!!
Wenn ich es herausziehe und du mich an-greifst, war's das für mich!
Hätte ich dich bei meinem Wurf verfehlt, wäre ich jetzt er-ledigt!!
BRÜLL
Ich bin vielleicht ein Dummkopf, aber so einen Anfängerfehler mache selbst ich nicht!!
Aber ... ich bitte dich!!
Sonst sterbe ich!!

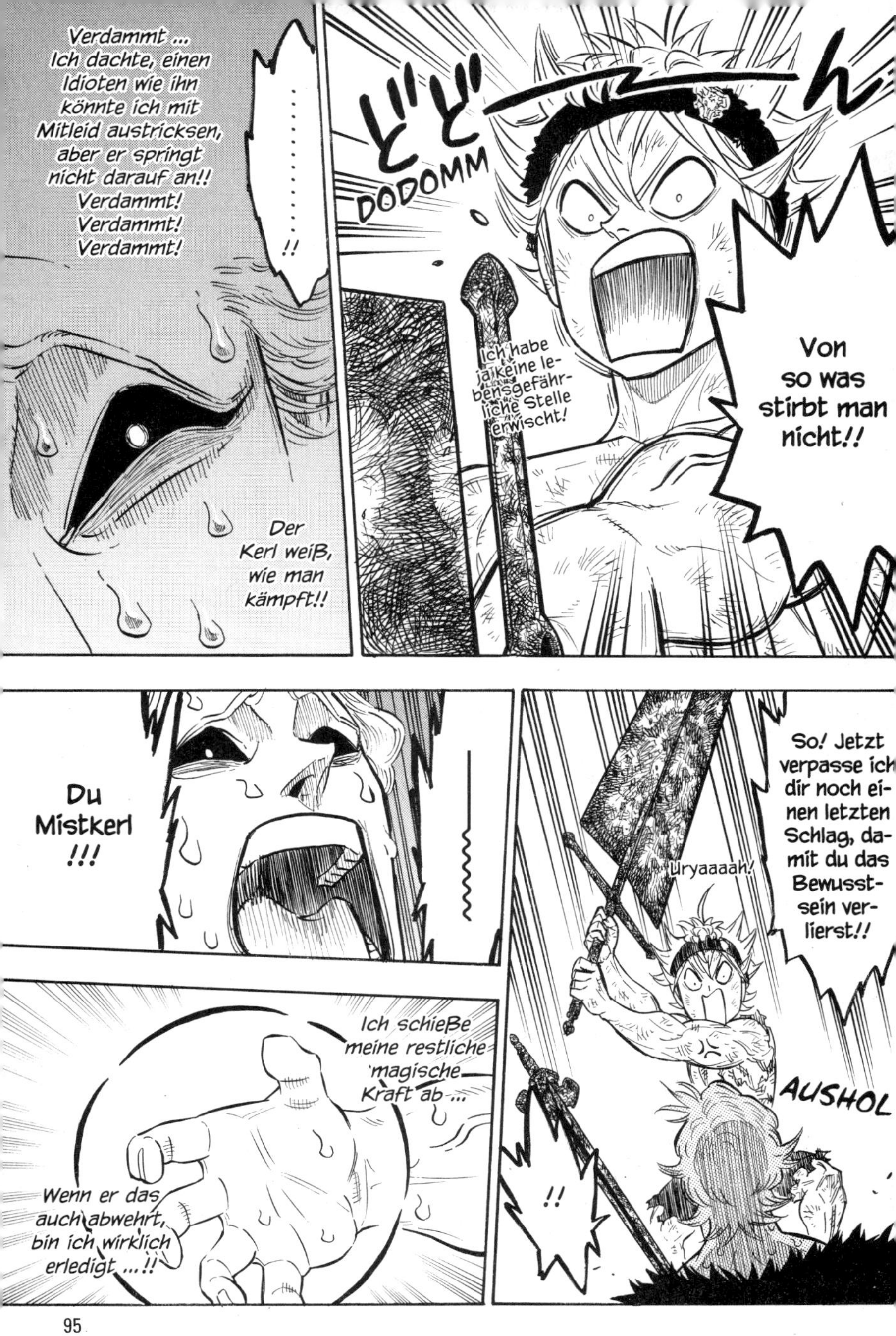

Verdammt ... Ich dachte, einen Idioten wie ihn könnte ich mit Mitleid austricksen, aber er springt nicht darauf an!! Verdammt! Verdammt! Verdammt!
Von so was stirbt man nicht!!
DODOMM
......!!
Ich habe ja keine lebensgefährliche Stelle erwischt!
Der Kerl weiß, wie man kämpft!!
So! Jetzt verpasse ich dir noch einen letzten Schlag, damit du das Bewusstsein verlierst!!
Uryaaaah!
AUSHOL
Du Mistkerl!!!
!!
Ich schieße meine restliche magische Kraft ab ...
Wenn er das auch abwehrt, bin ich wirklich erledigt ...!!

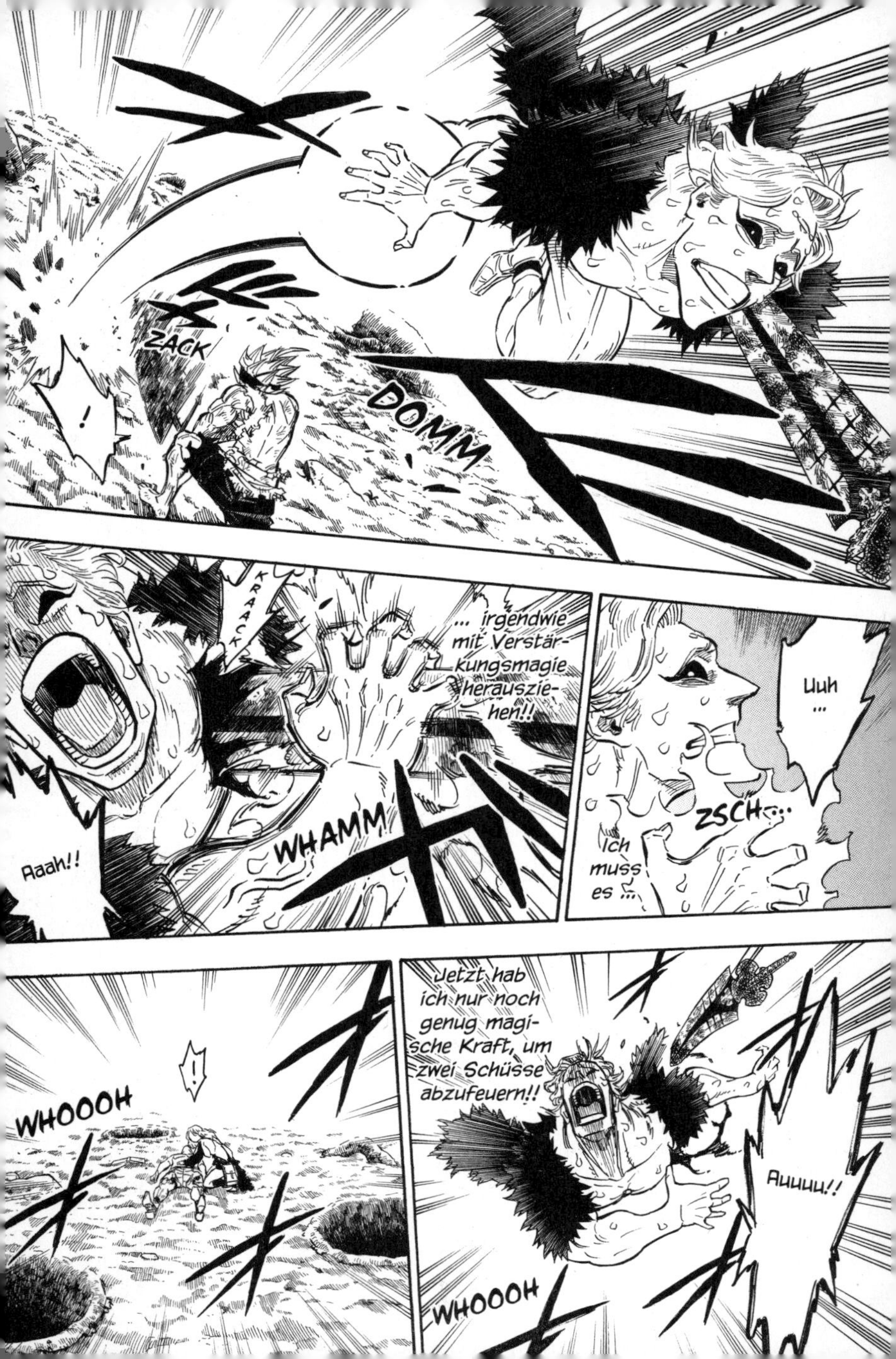

ZACK
!
DOMM
KRAAACK
... irgendwie mit Verstär-kungsmagie herauszie-hen!!
WHAMM
Aaah!!
Uuh ...
ZSCH ...
Ich muss es ...
!
WHOOOH
Jetzt hab ich nur noch genug magi-sche Kraft, um zwei Schüsse abzufeuern!!
Auuuu!!
WHOOOH

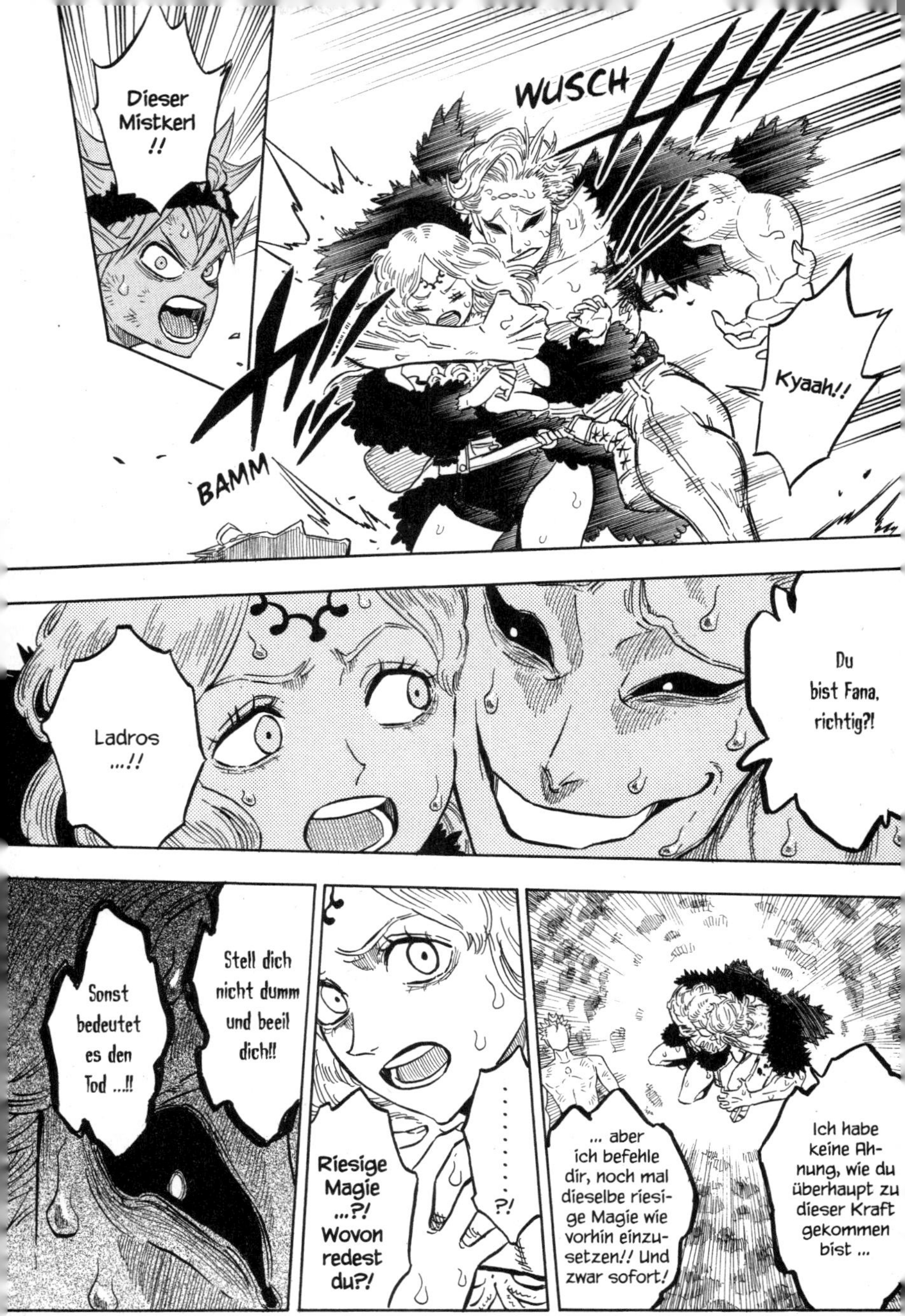
WUSCH
Kyaah!!
BAMM
Dieser Mistkerl !!
Du bist Fana, richtig?!
Ladros ...!!
Ich habe keine Ahnung, wie du überhaupt zu dieser Kraft gekommen bist ...
... aber ich befehle dir, noch mal dieselbe riesige Magie wie vorhin einzusetzen!! Und zwar sofort!
?!
Riesige Magie ...?! Wovon redest du?!
Stell dich nicht dumm und beeil dich!!
Sonst bedeutet es den Tod ...!!

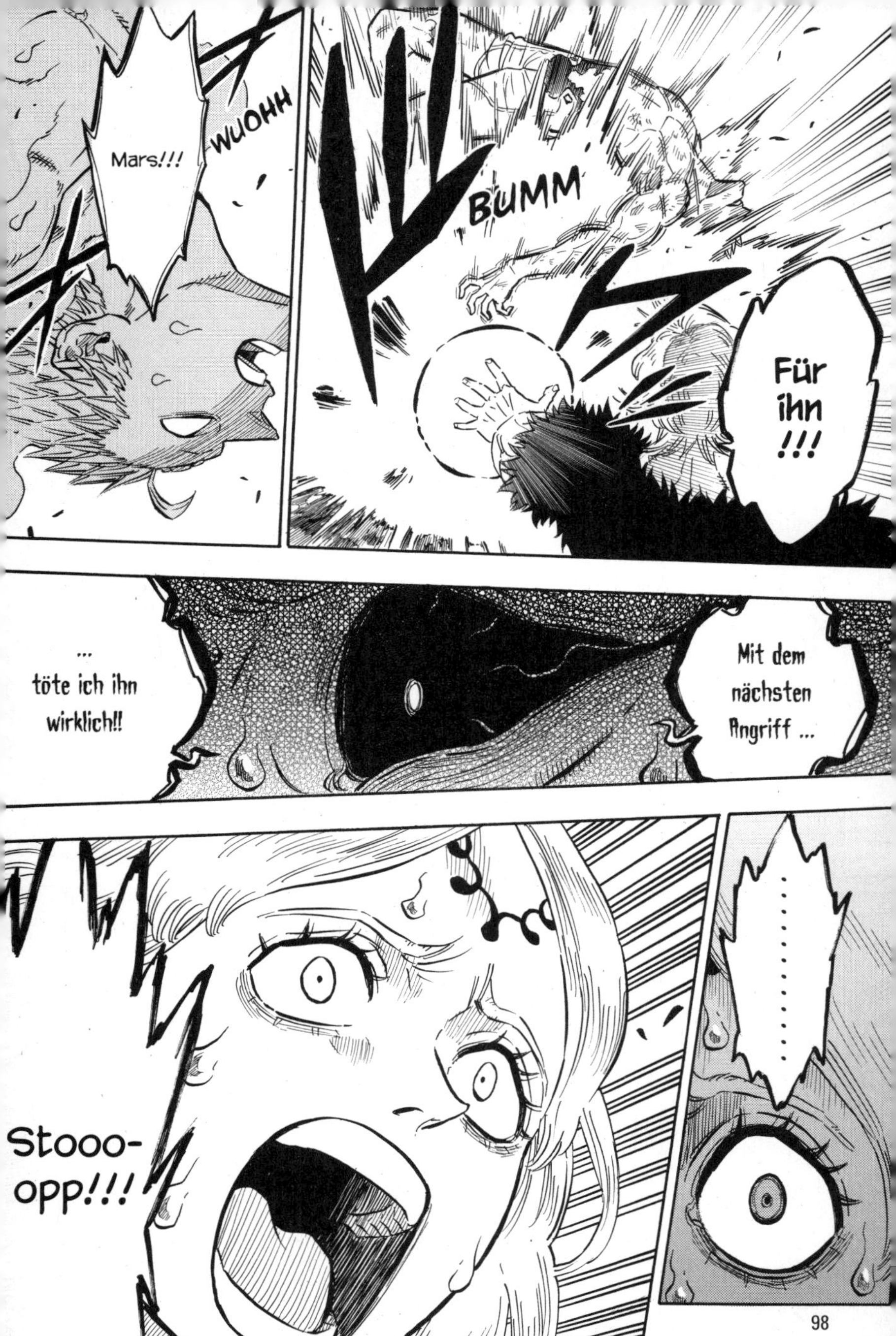
Für ihn!!!
BUMM
WUOHH
Mars!!!
Mit dem nächsten Angriff ...
... töte ich ihn wirklich!!
......
Stooo-opp!!!

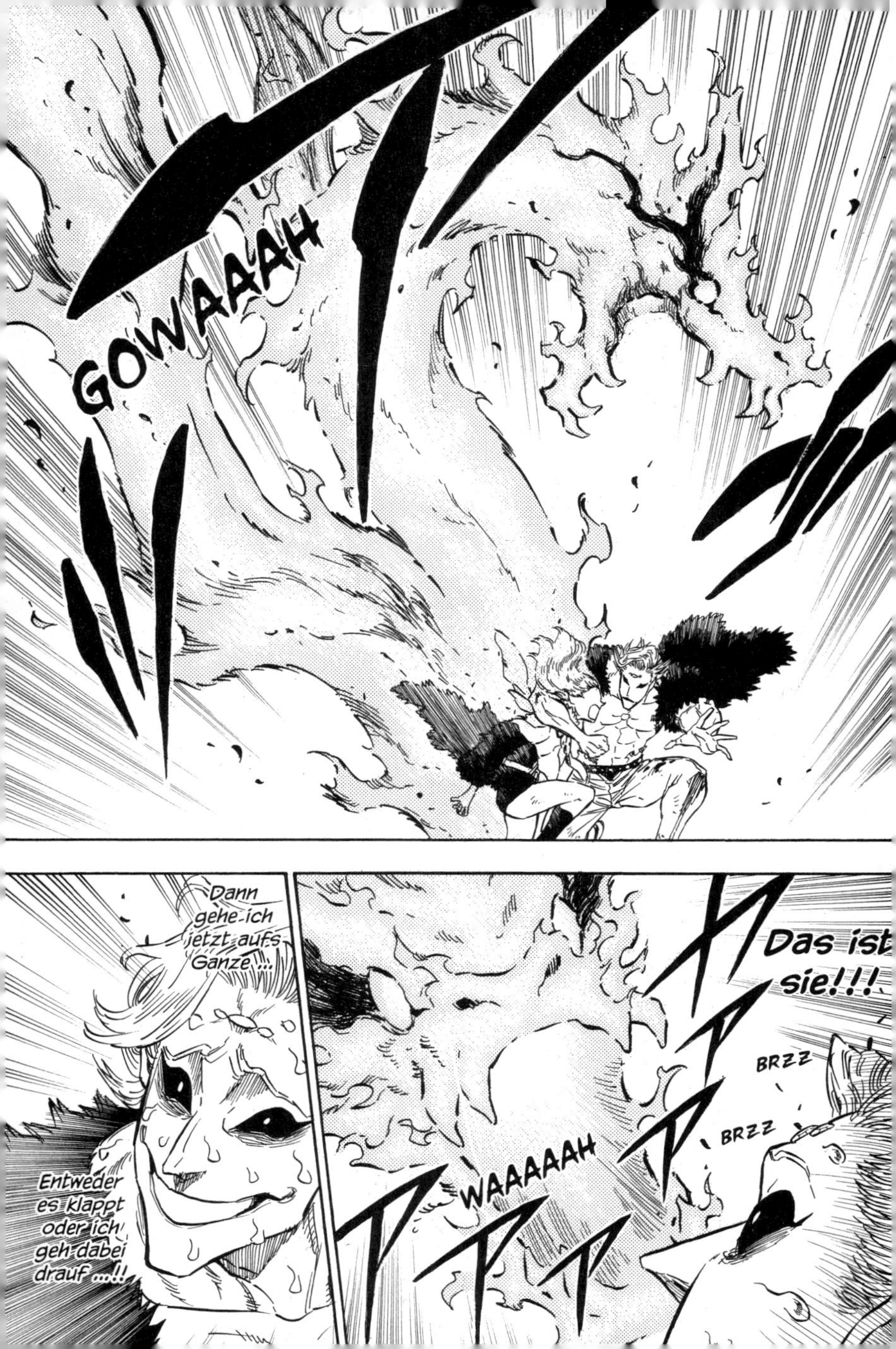
GOWAAAH
Das ist sie!!!
Dann gehe ich jetzt aufs Ganze ...
Entweder es klappt oder ich geh dabei drauf ...!!
BRZZ
BRZZ
WAAAAAH

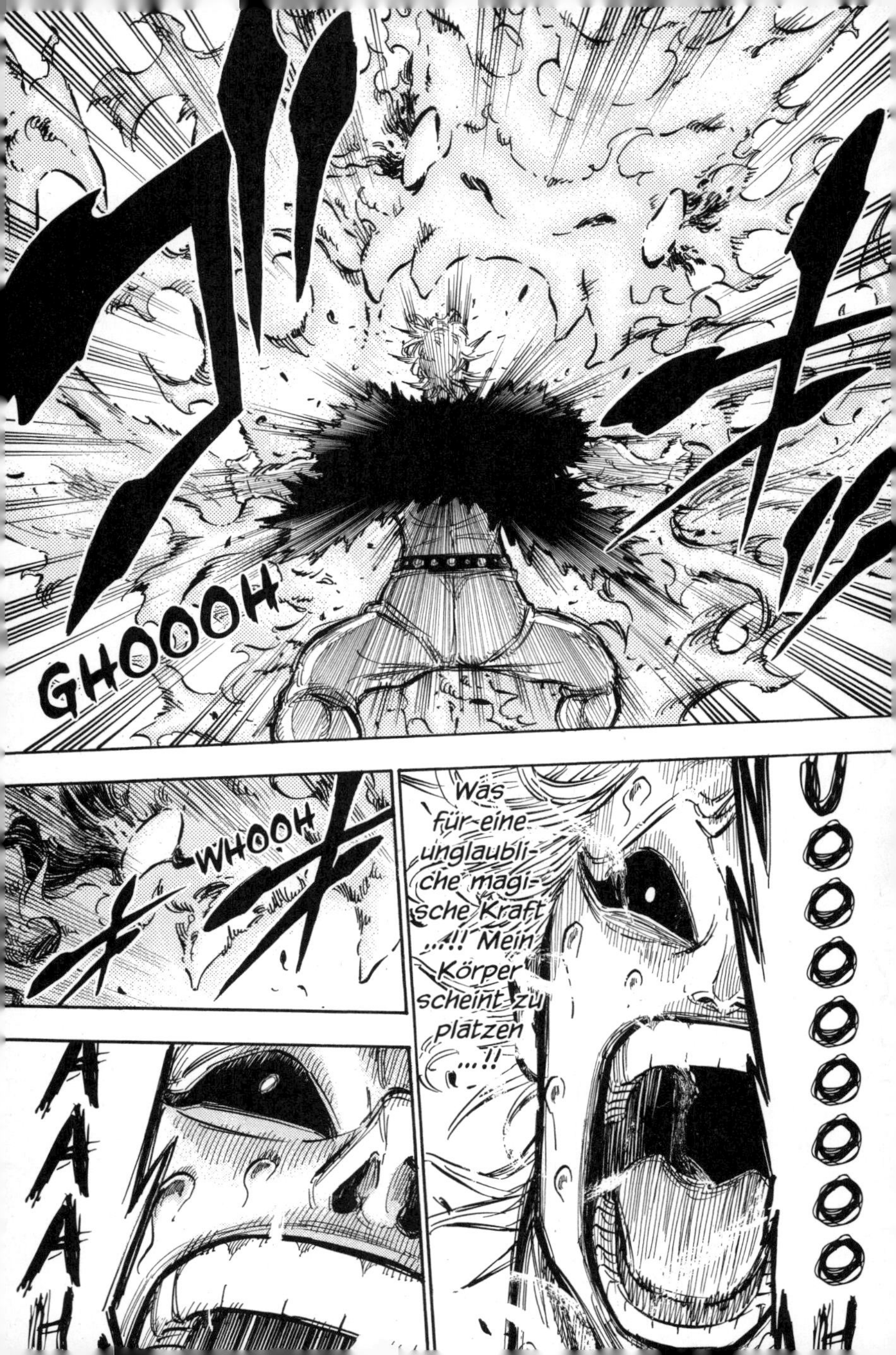
GHOOOH
WHOOH
Was für eine unglaubliche magische Kraft ...!! Mein Körper scheint zu platzen ...!!
UOOOOOOOOOOOOOH
AAAAH

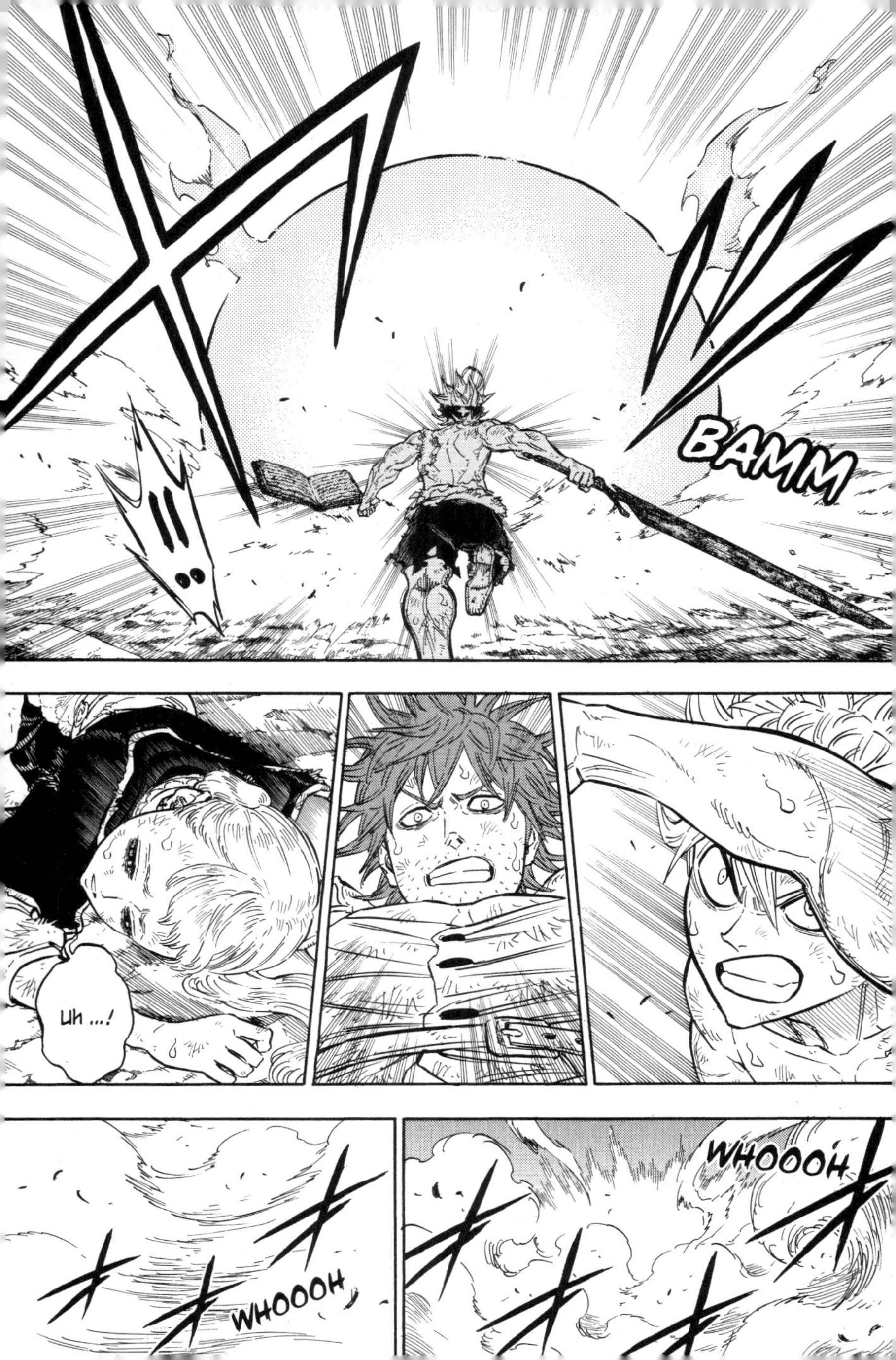
BAMM
Uh ...!
WHOOOH
WHOOOH

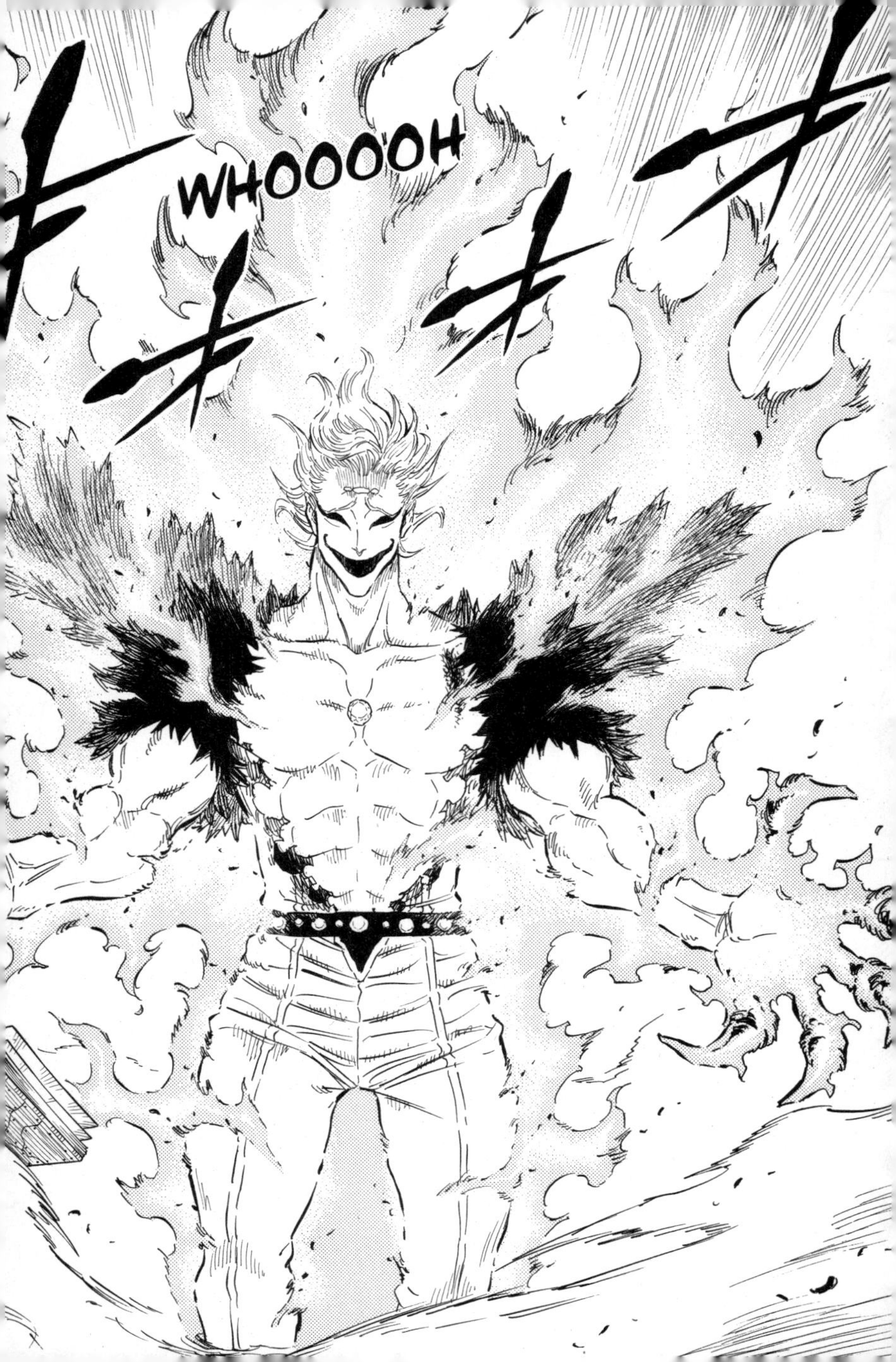
WHOOOOH

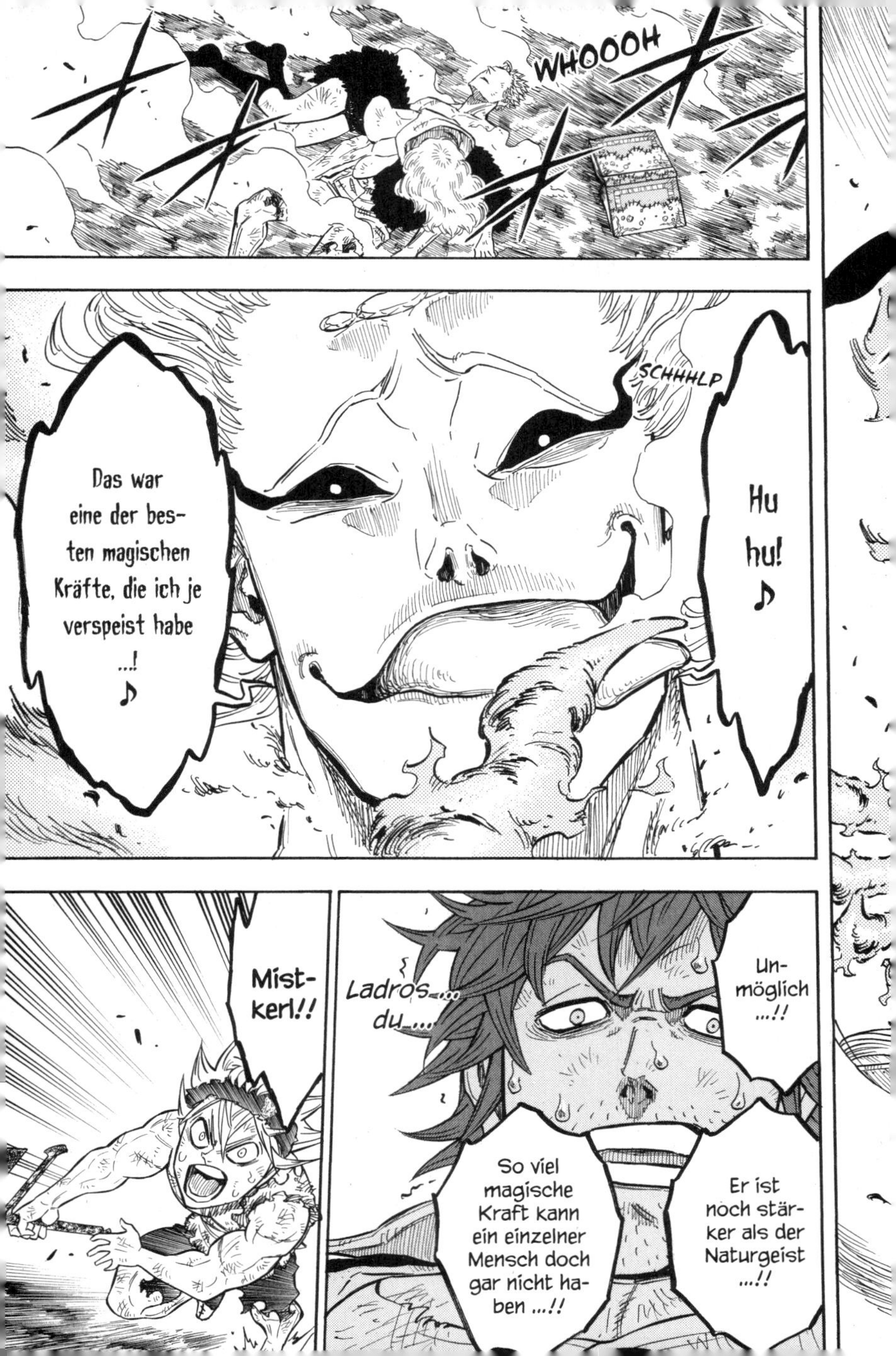
WHOOOH
SCHHHLP
Hu hu! ♪
Das war eine der besten magischen Kräfte, die ich je verspeist habe ...! ♪
Unmöglich ...!!
Ladros ... du ...
Mist-kerl!!
Er ist noch stärker als der Naturgeist ...!!
So viel magische Kraft kann ein einzelner Mensch doch gar nicht haben ...!!

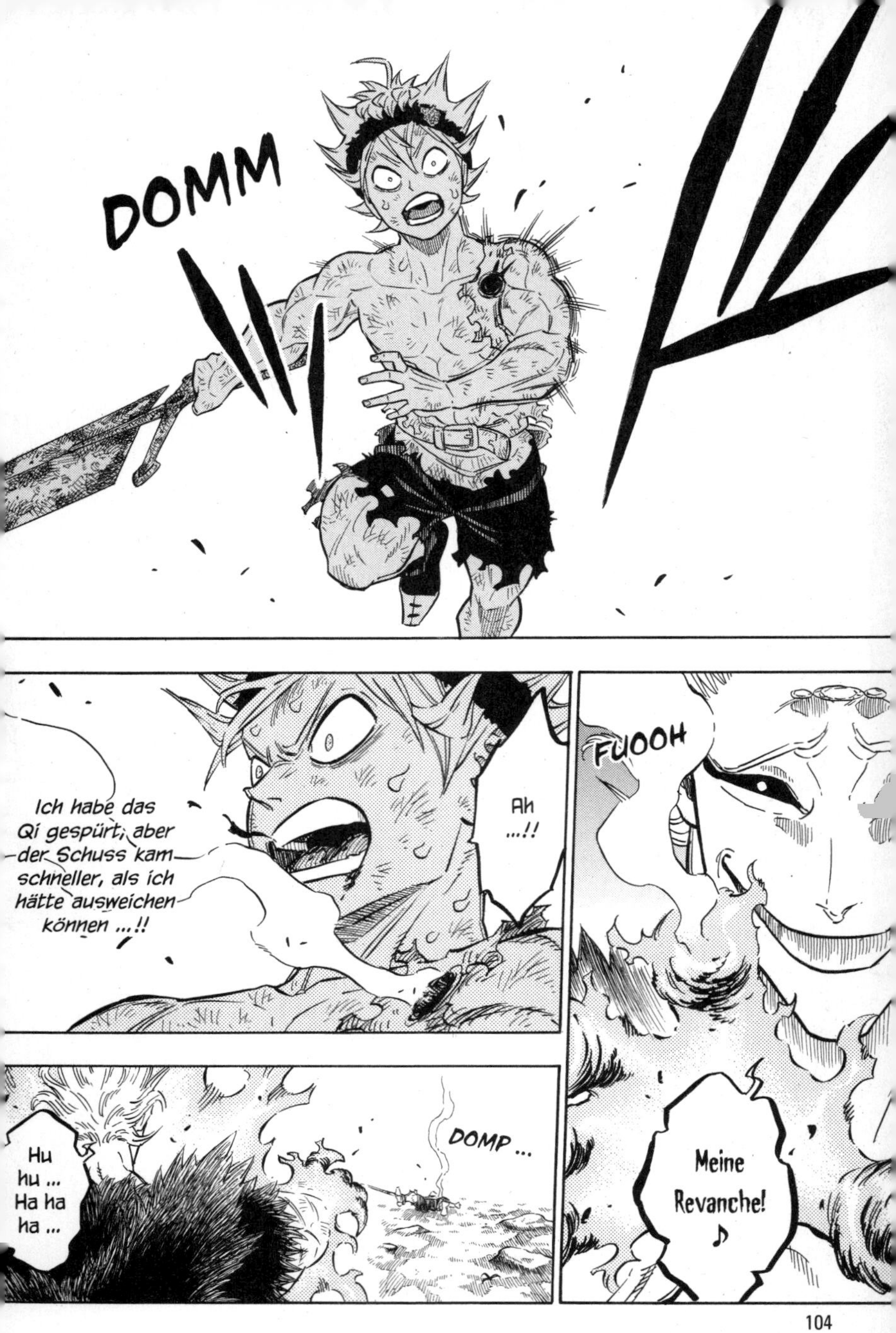
DOMM
Ich habe das Qi gespürt, aber der Schuss kam schneller, als ich hätte ausweichen können ...!!
Ah ...!!
FUOOH
Hu hu ... Ha ha ha ...
DOMP ...
Meine Revanche! ♪

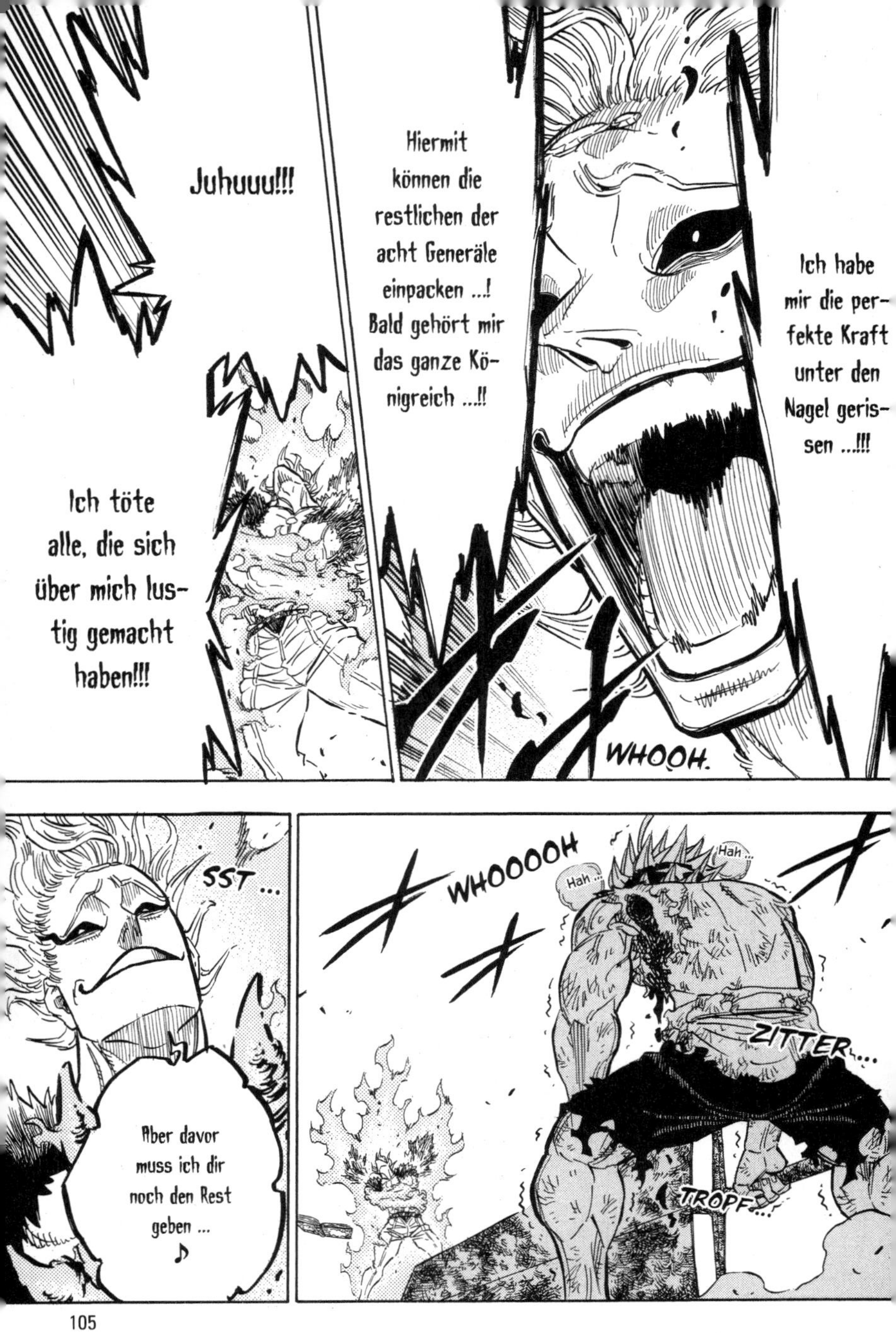

Ich habe mir die perfekte Kraft unter den Nagel gerissen ...!!!
Hiermit können die restlichen der acht Generäle einpacken ...! Bald gehört mir das ganze Königreich ...!!
Juhuuu!!!
Ich töte alle, die sich über mich lustig gemacht haben!!!
WHOOH.
WHOOOOH
Hah ...
Hah ...
ZITTER ...
TROPF ...
SST ...
Aber davor muss ich dir noch den Rest geben ... ♪

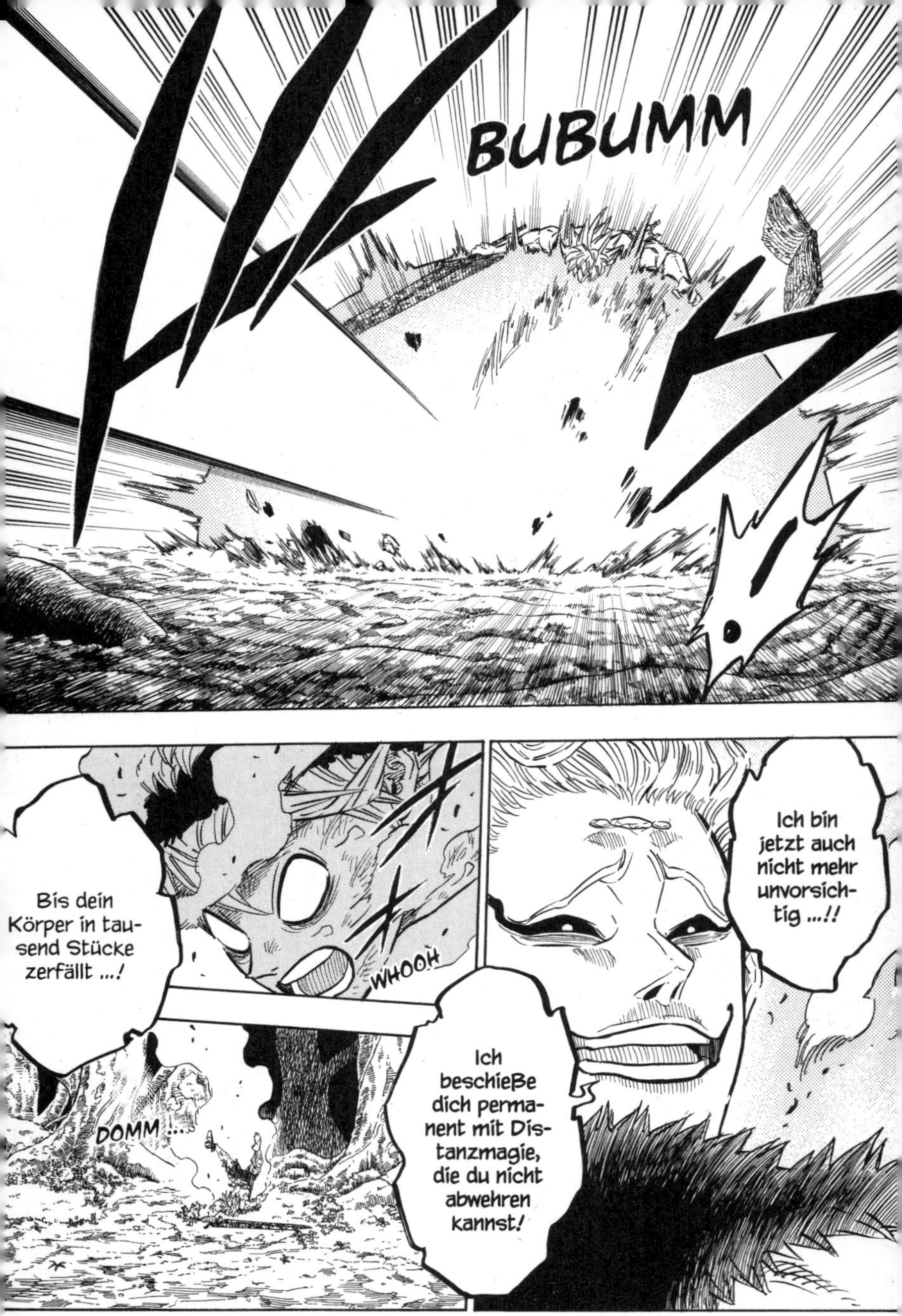
BUBUMM
Ich bin jetzt auch nicht mehr unvorsichtig ...!!
Ich beschieße dich permanent mit Distanzmagie, die du nicht abwehren kannst!
Bis dein Körper in tausend Stücke zerfällt ...!
WHOOH
DOMM ...

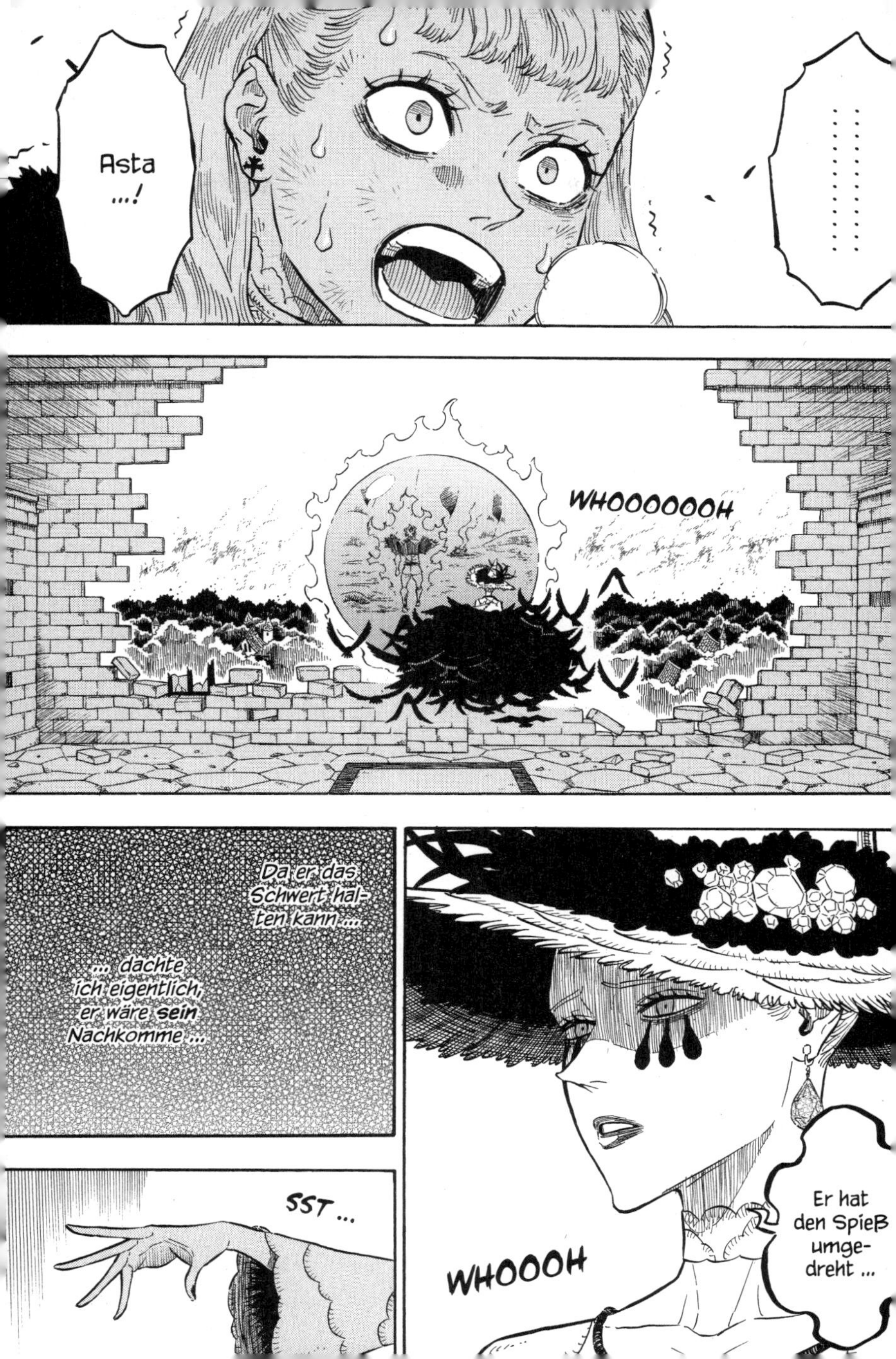
…………
Asta …!
WHOOOOOOH
Da er das Schwert hal-ten kann …
… dachte ich eigentlich, er wäre **sein** Nachkomme …
Er hat den Spieß umge-dreht …
WHOOOH
SST …

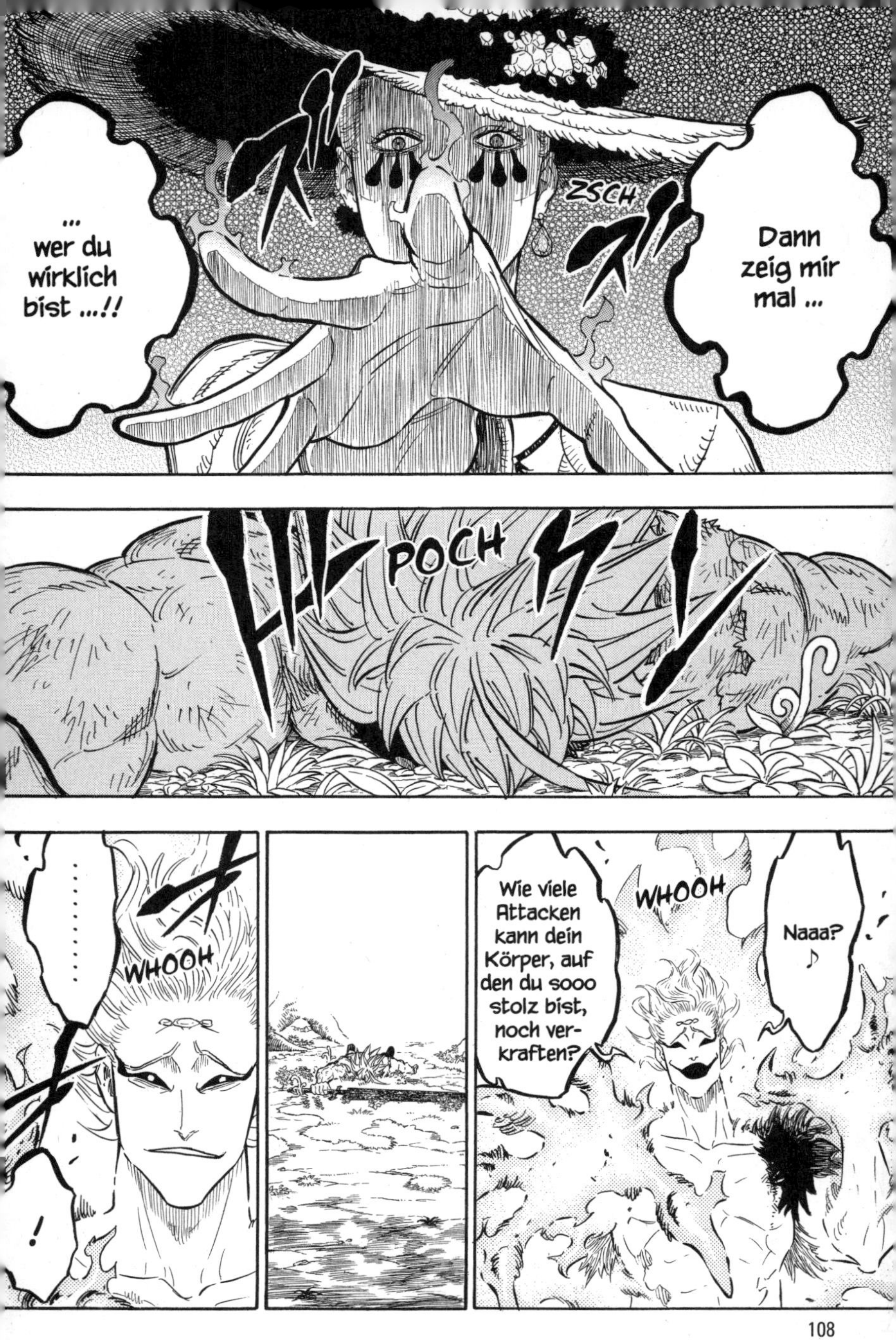
Dann zeig mir mal ...
ZSCH
... wer du wirklich bist ...!!
POCH
Naaa? ♪
WHOOH
Wie viele Attacken kann dein Körper, auf den du sooo stolz bist, noch verkraften?
......
WHOOH
!

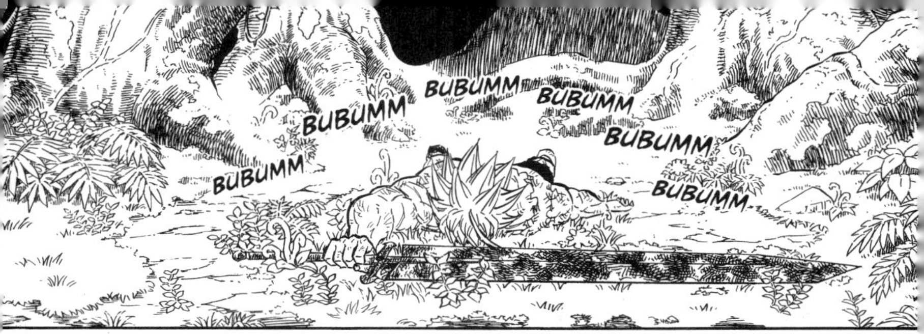
BUBUMM
BUBUMM
BUBUMM
BUBUMM
BUBUMM
BUBUMM

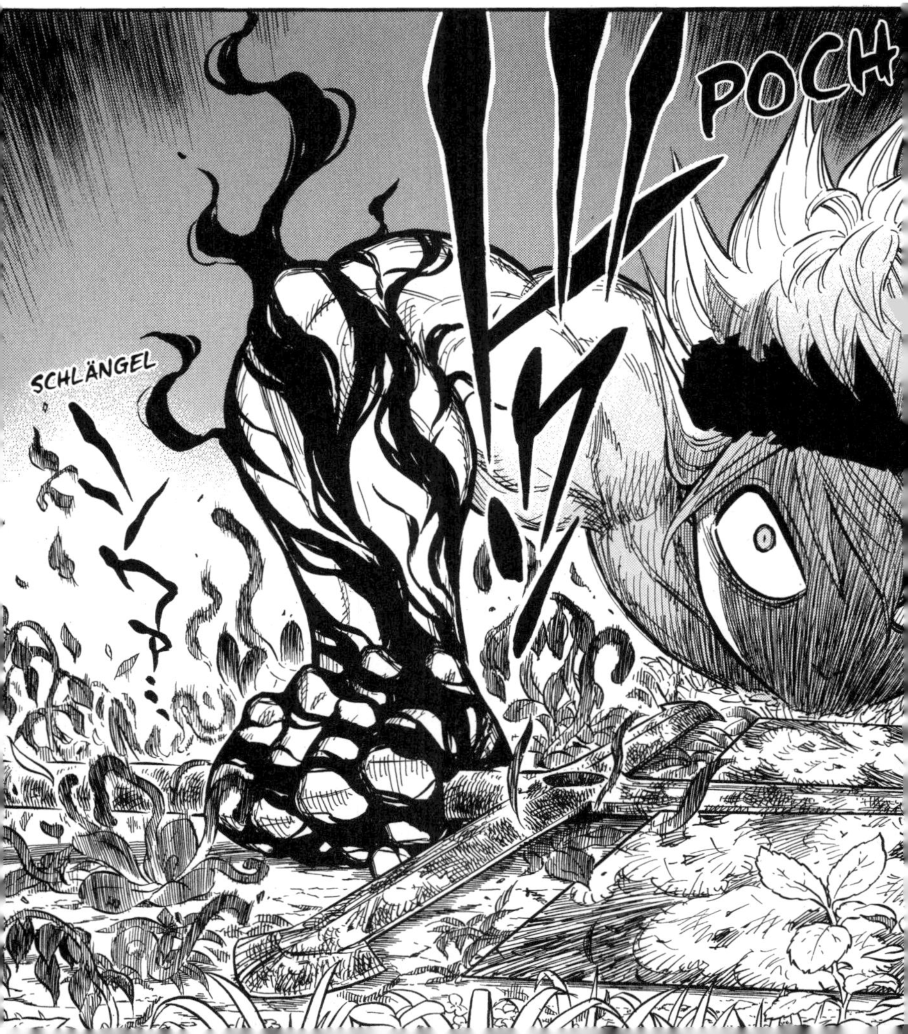
POCH
SCHLÄNGEL

DER SCHWARZ-WEISSE BILDERORDEN

In diesem Bereich werden Leserzeichnungen abgedruckt! So viele Meisterwerke, die deutlich machen, wie gern ihr die Charaktere mögt! Vielen Dank!!

Yuritei aus Aichi

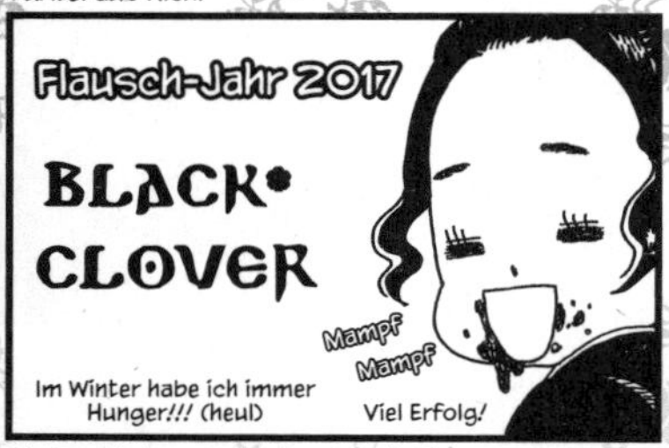

Dir tropft da was aus dem Mund, Charmy ...

Kentaro Nakatani aus Ishikawa

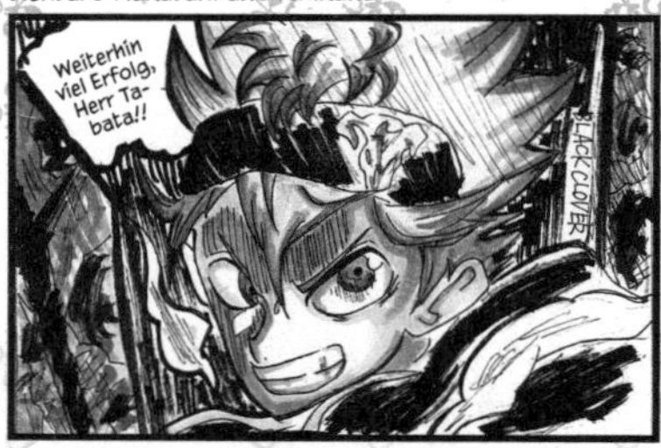

Ein durchdringender Blick!

Kleine Rivalinnen um Yunos Liebe!

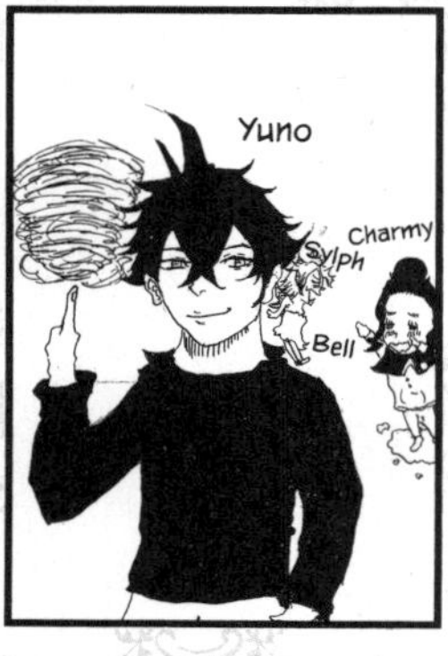

Yuichiro Wakita aus Aichi

Zwei, die immer weiter wachsen!

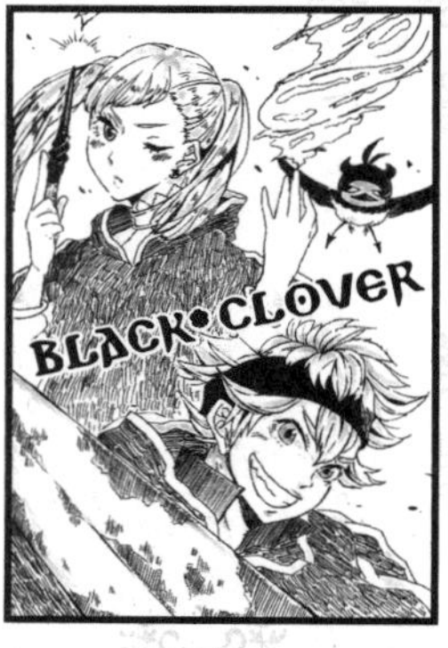

Unterschichtler aus dem Nordosten Iwates

Snoopy aus Wakayama

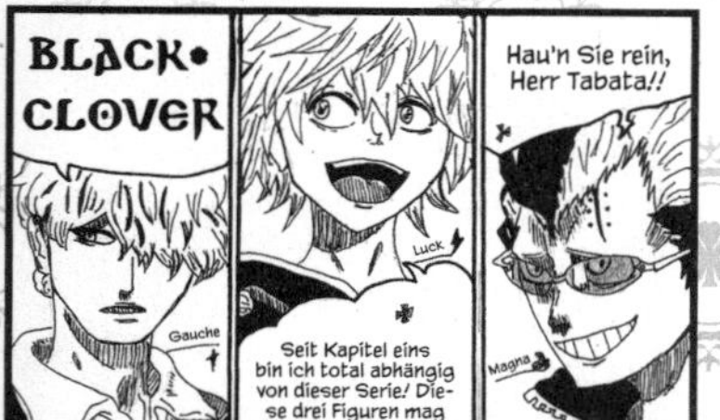

Die drei harten Kerle aus dem Schwarzen Stier.

Yasuhiro Adachi aus Akita

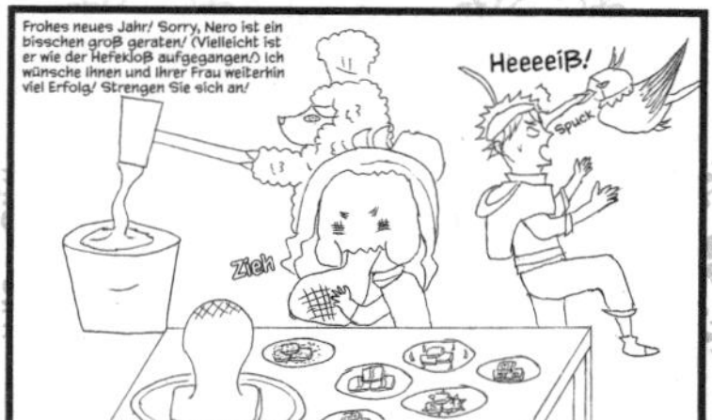

Charmys Appetit ist unersättlich!

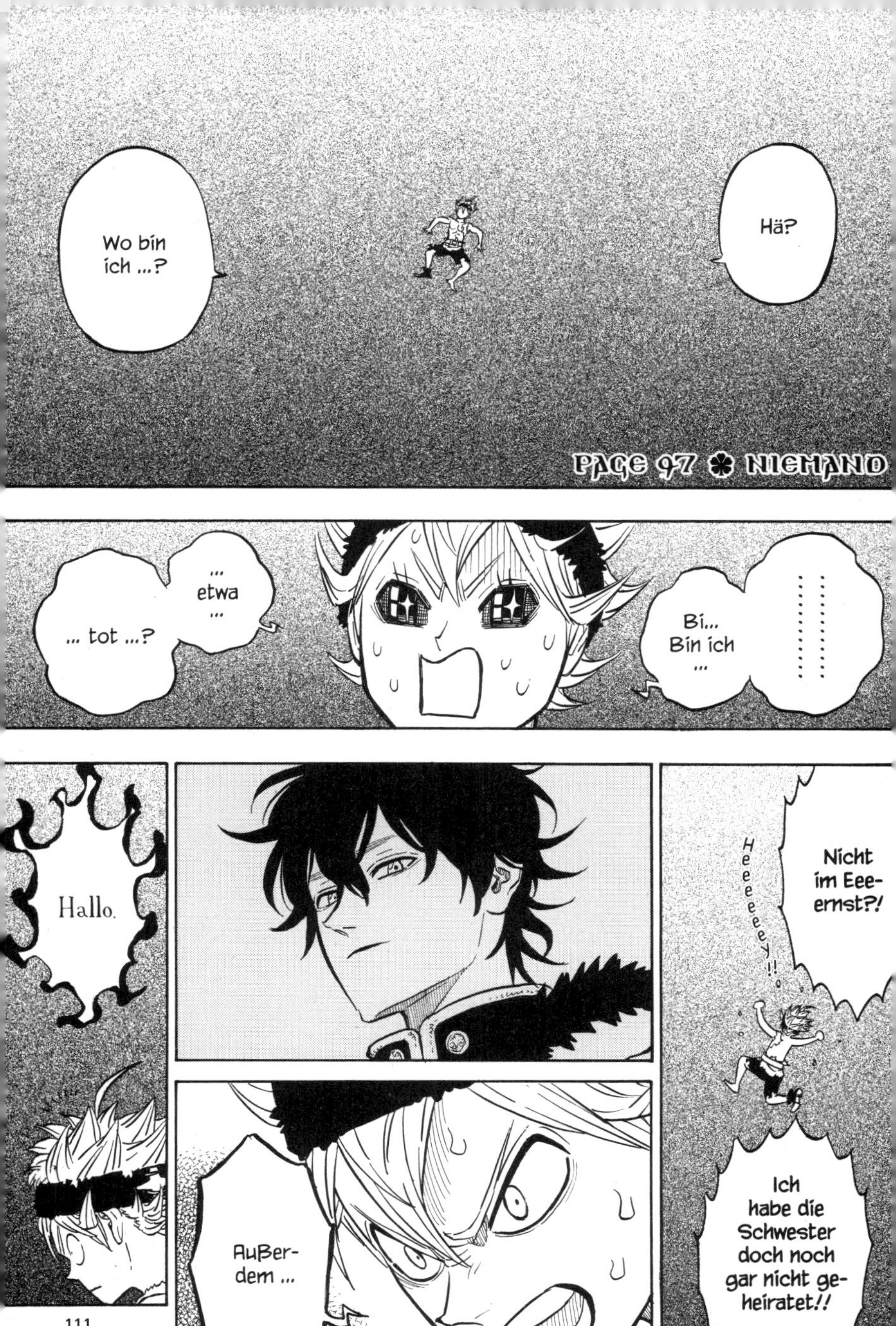
Hä?
Wo bin ich ...?
PAGE 97 ✿ NIEMAND
....
Bi... Bin ich ...
... etwa ...
... tot ...?
Nicht im Eee-ernst?!
Heeeeeey!!
Ich habe die Schwester doch noch gar nicht geheiratet!!
Hallo.
Außerdem ...

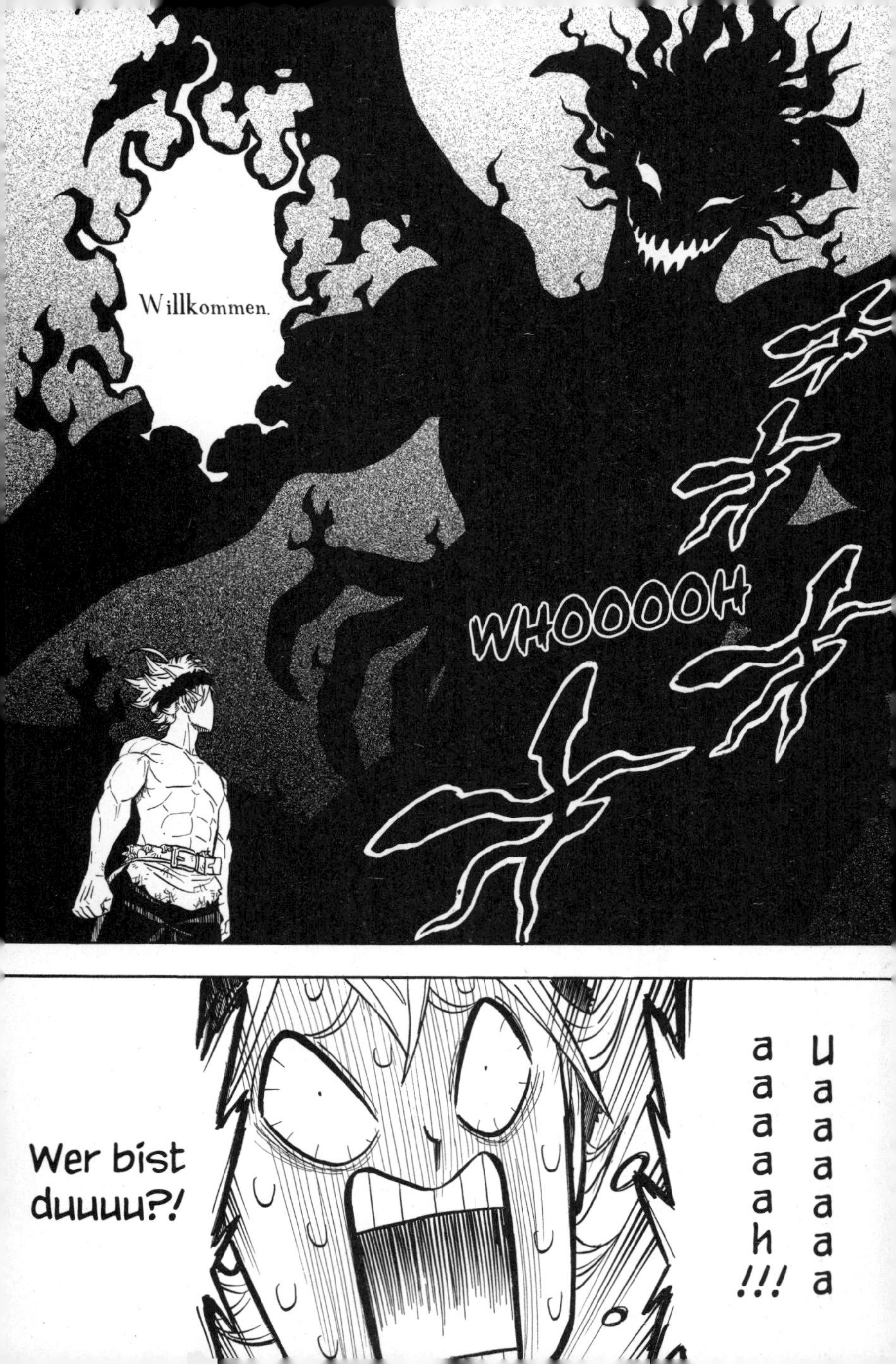
Willkommen.
WHOOOOH
Uaaaaaaaaaaaaaah!!!
Wer bist duuuu?!

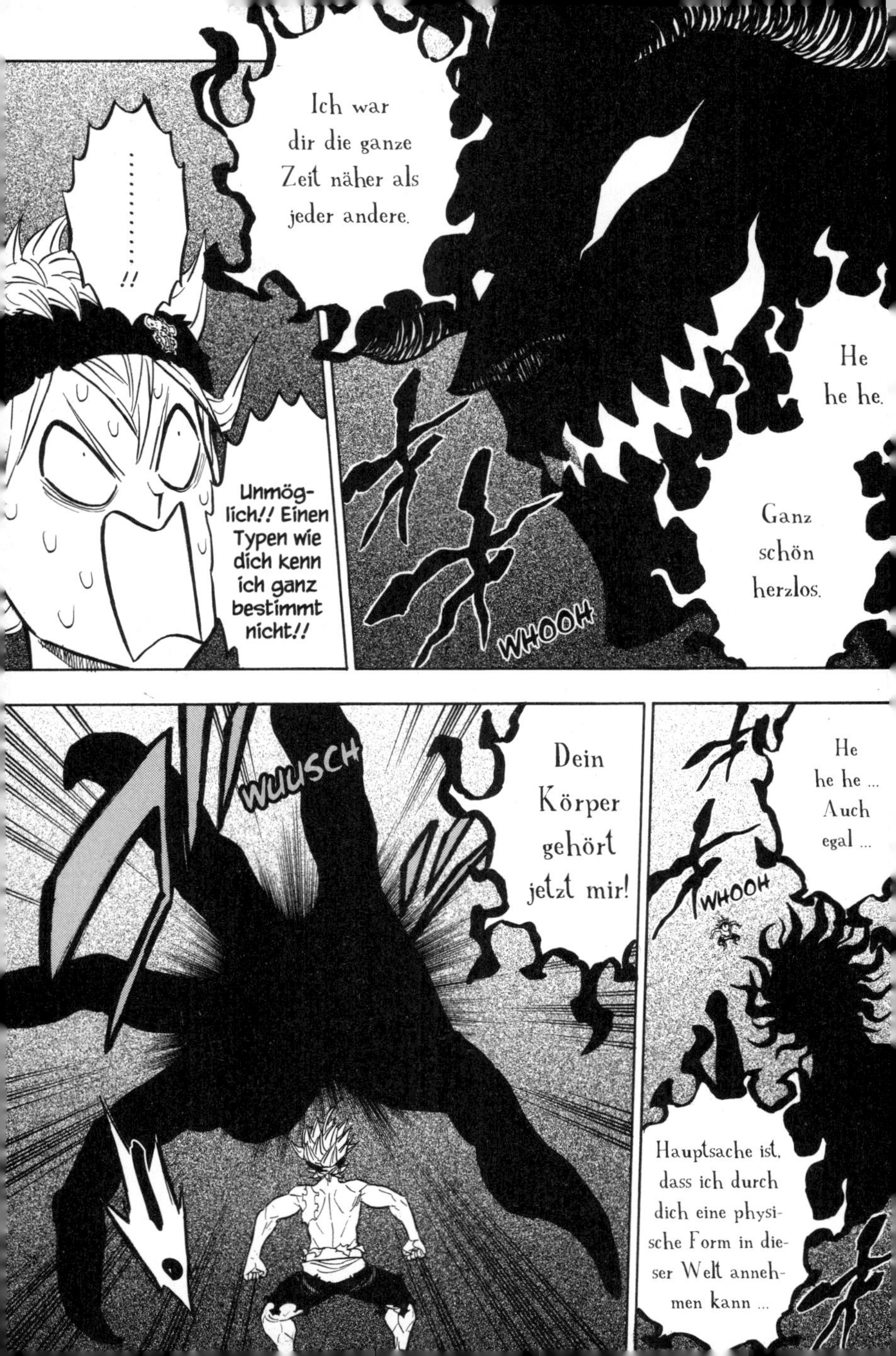
Ich war dir die ganze Zeit näher als jeder andere.
......!!
Unmög-lich!! Einen Typen wie dich kenn ich ganz bestimmt nicht!!
He he he.
Ganz schön herzlos.
WHOOH
He he he ... Auch egal ...
WHOOH
Hauptsache ist, dass ich durch dich eine physi-sche Form in die-ser Welt anneh-men kann ...
Dein Körper gehört jetzt mir!
WUUSCH

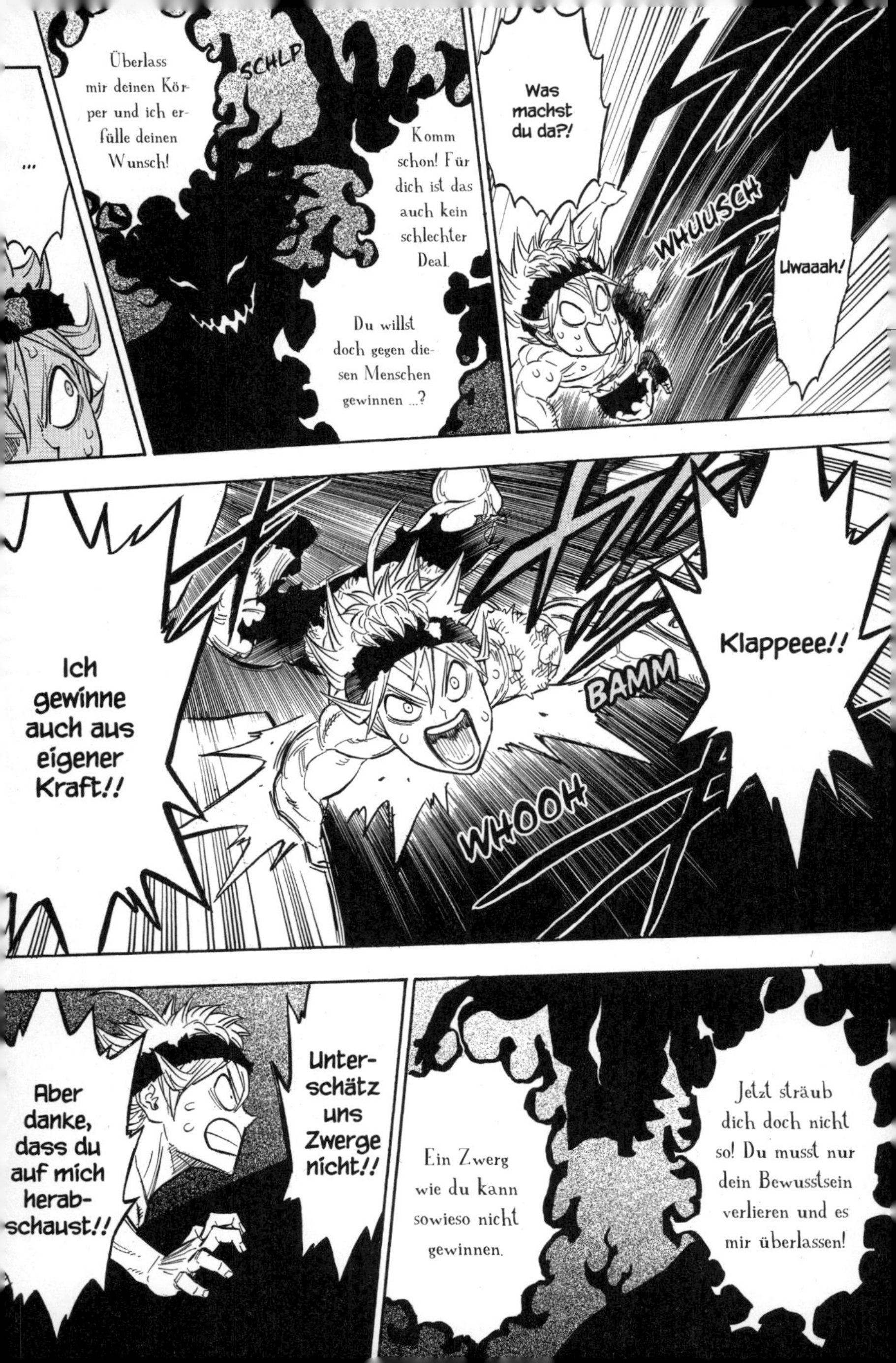

Uwaaah!
WHUUSCH
Was machst du da?!
Komm schon! Für dich ist das auch kein schlechter Deal.
Du willst doch gegen diesen Menschen gewinnen ...?
SCHLP
Überlass mir deinen Körper und ich erfülle deinen Wunsch!
...
Klappeee!!
BAMM
WHOOH
Ich gewinne auch aus eigener Kraft!!
Jetzt sträub dich doch nicht so! Du musst nur dein Bewusstsein verlieren und es mir überlassen!
Ein Zwerg wie du kann sowieso nicht gewinnen.
Unterschätz uns Zwerge nicht!!
Aber danke, dass du auf mich herabschaust!!

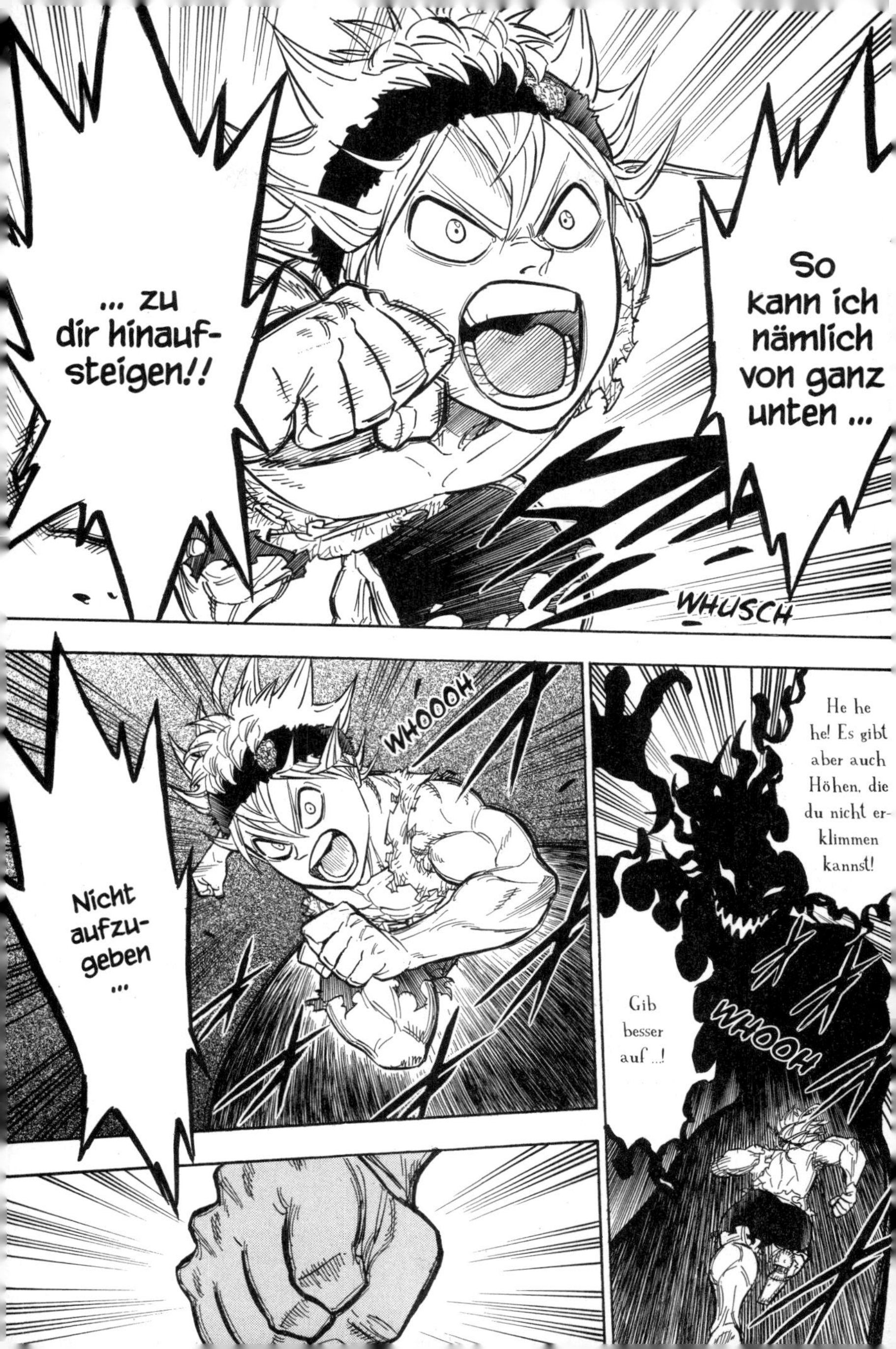
So kann ich nämlich von ganz unten ...
... zu dir hinauf-steigen!!
WHUSCH
He he he! Es gibt aber auch Höhen, die du nicht er-klimmen kannst!
Gib besser auf ...!
WHOOOH
WHOOOH
Nicht aufzu-geben ...

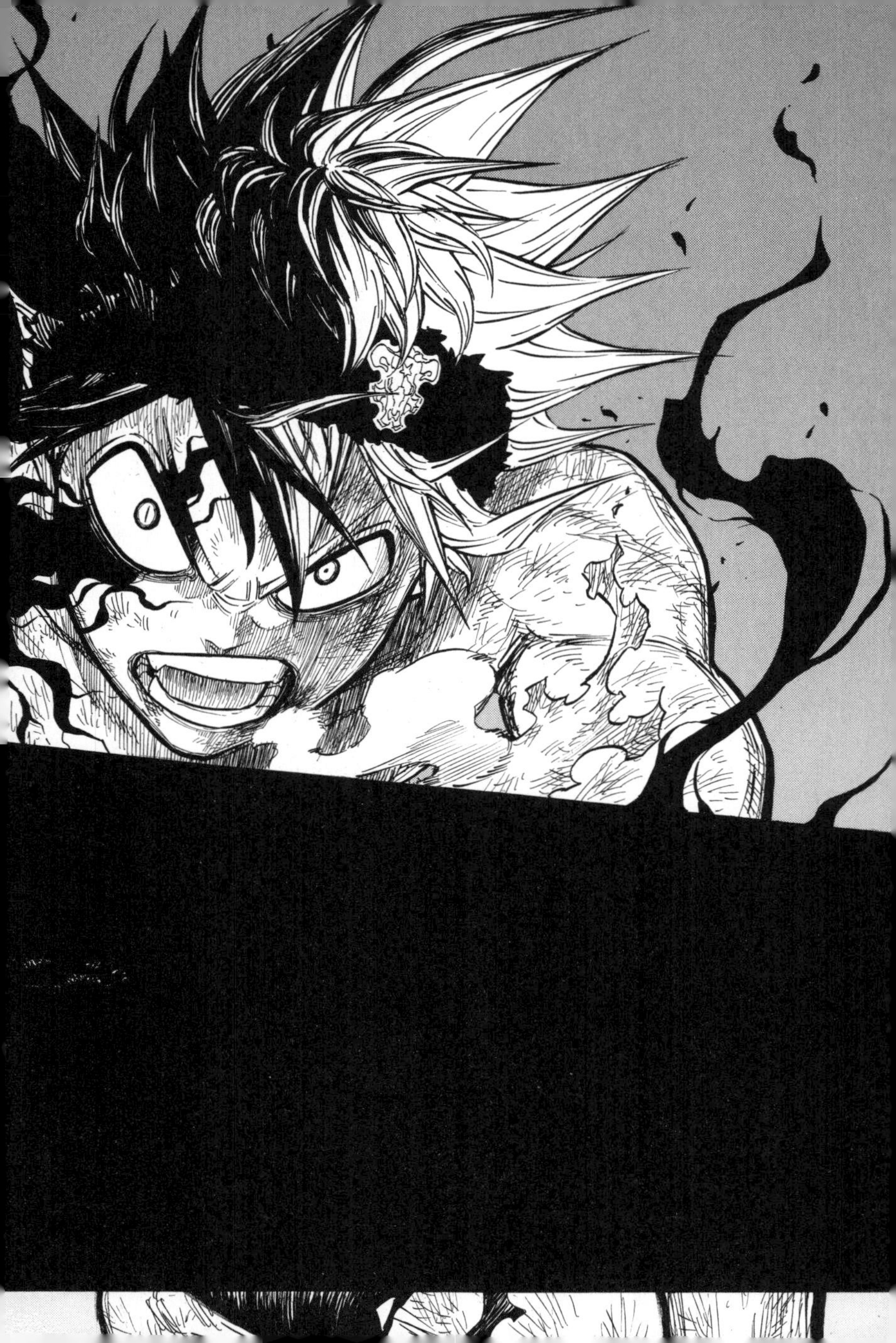

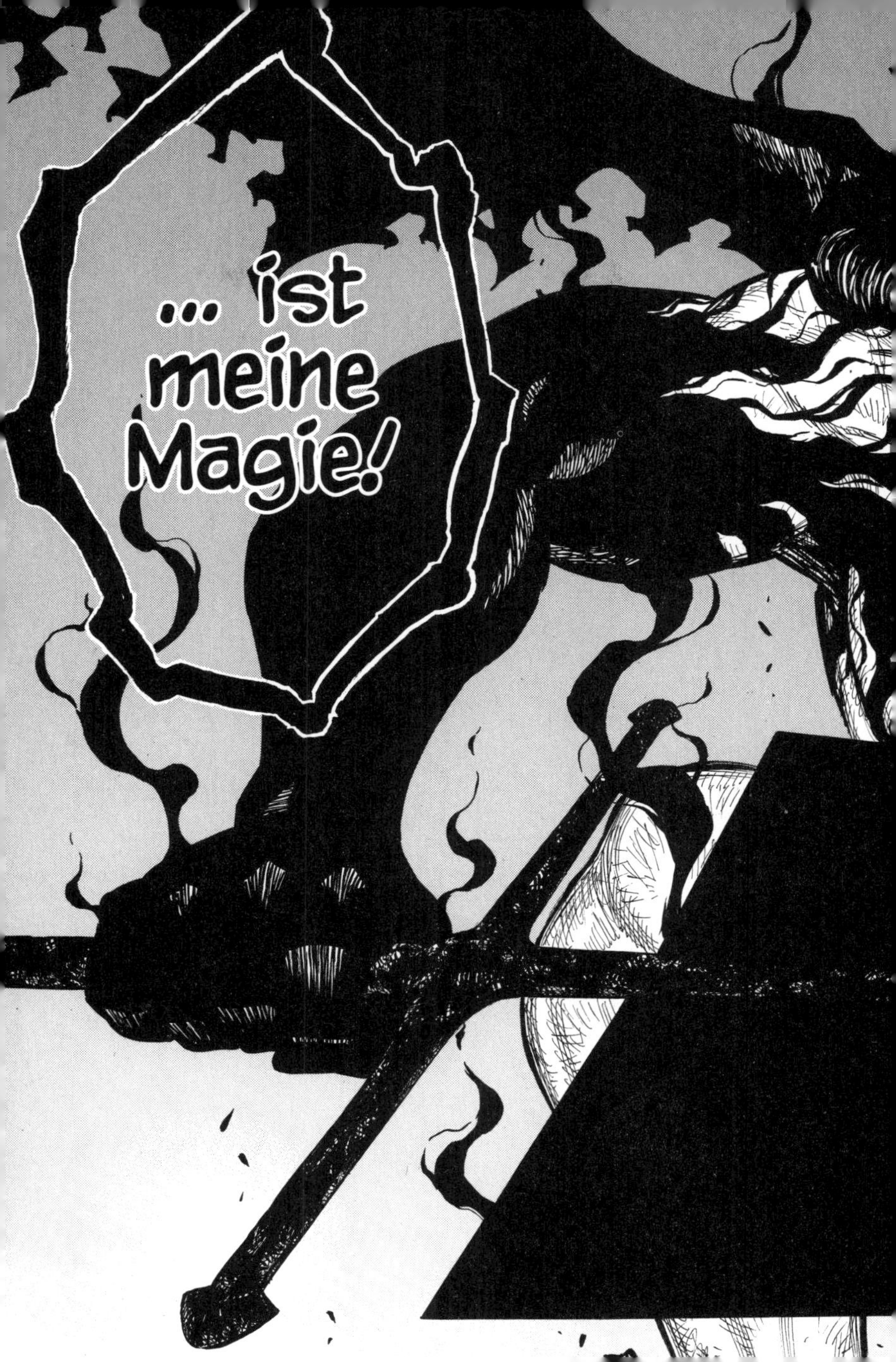
... ist meine Magie!

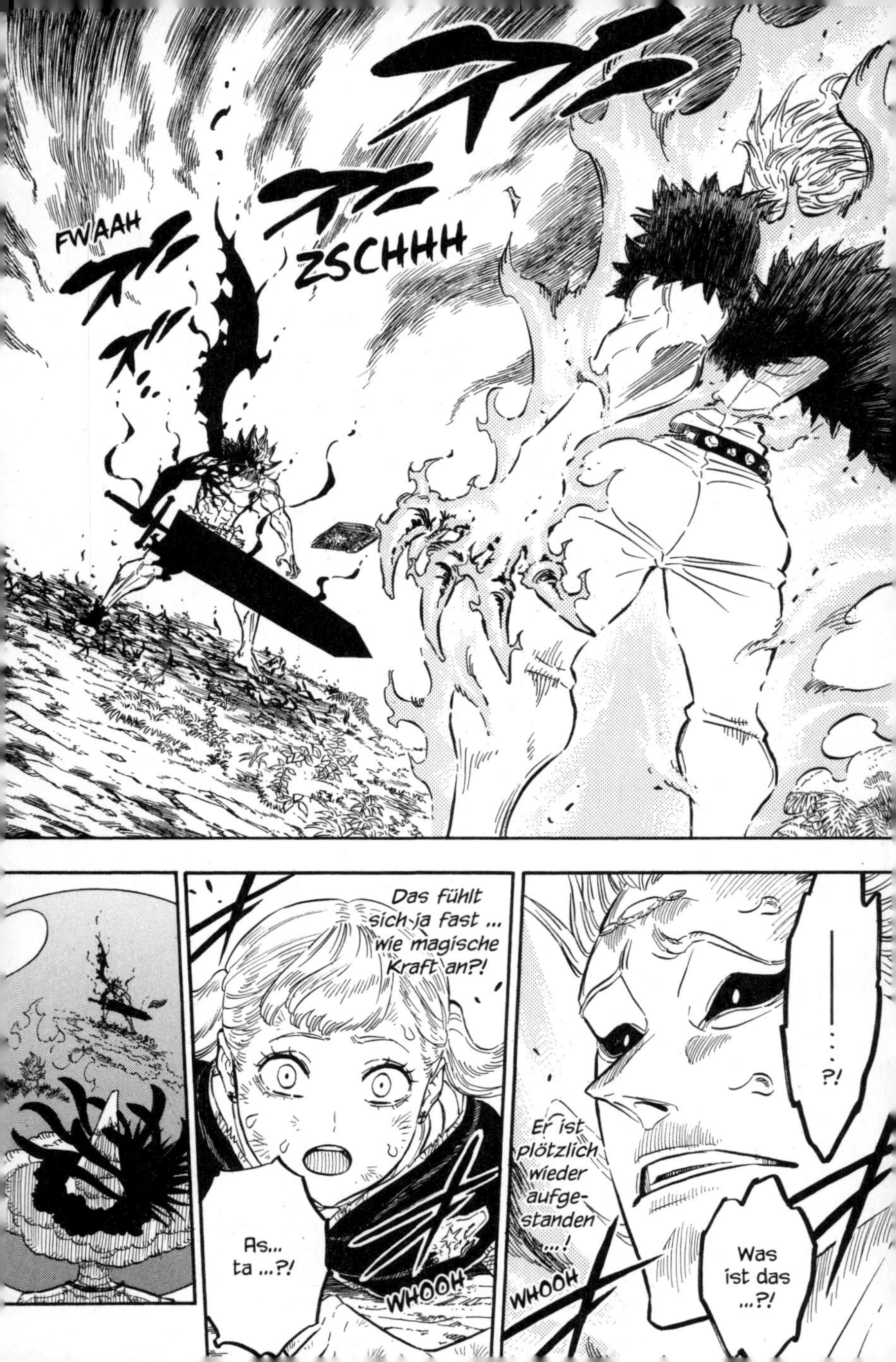
ZSCHHH
FWAAH
Was ist das ...?!
Er ist plötzlich wieder aufgestanden ...!
...?!
WHOOH
Das fühlt sich ja fast ... wie magische Kraft an?!
As... ta ...?!
WHOOH

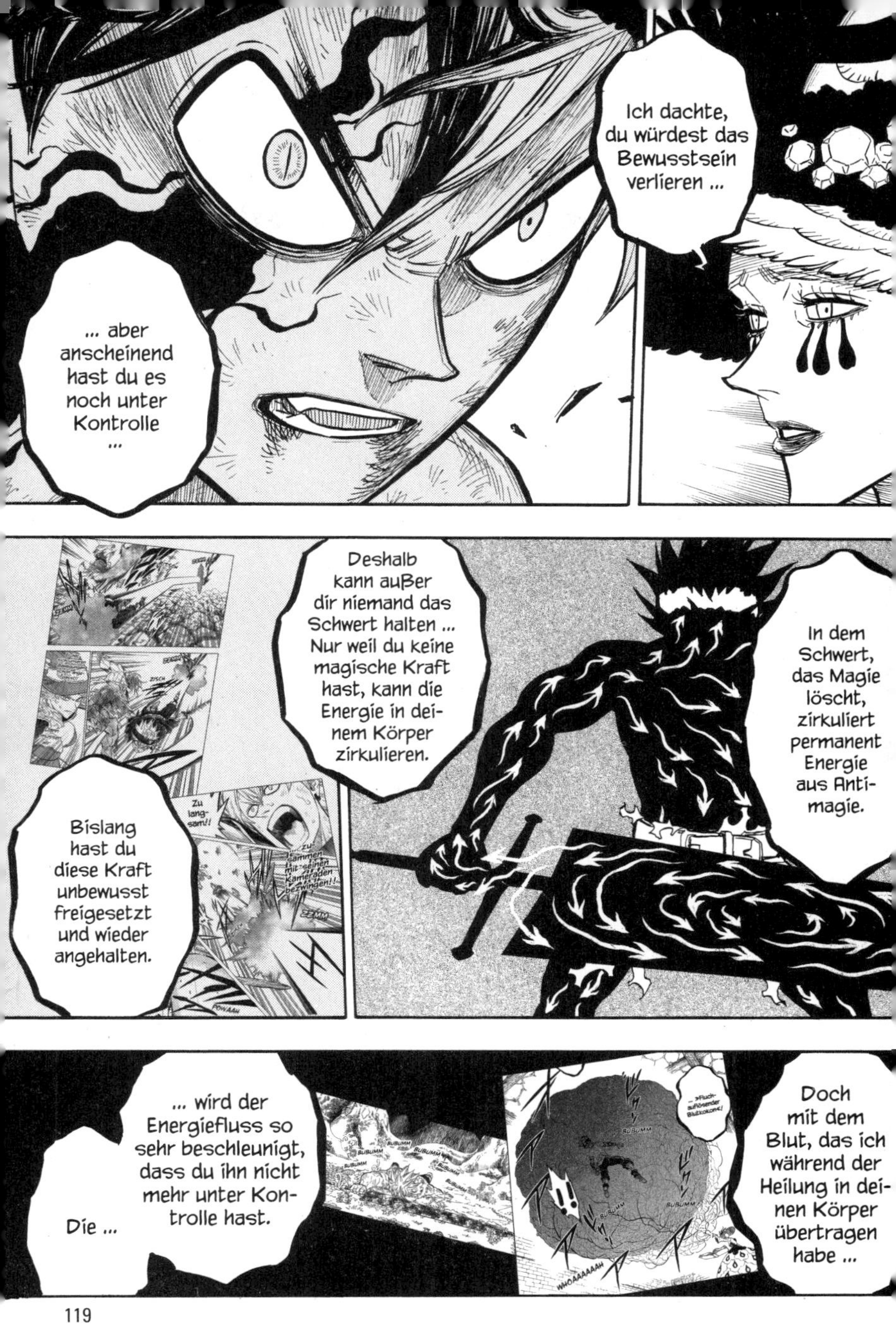

Ich dachte, du würdest das Bewusstsein verlieren ...
... aber anscheinend hast du es noch unter Kontrolle ...
In dem Schwert, das Magie löscht, zirkuliert permanent Energie aus Anti-magie.
Deshalb kann außer dir niemand das Schwert halten ... Nur weil du keine magische Kraft hast, kann die Energie in dei-nem Körper zirkulieren.
Bislang hast du diese Kraft unbewusst freigesetzt und wieder angehalten.
Zu lang-sam!!
Doch mit dem Blut, das ich während der Heilung in dei-nen Körper übertragen habe ...
... wird der Energiefluss so sehr beschleunigt, dass du ihn nicht mehr unter Kon-trolle hast.
Die ...

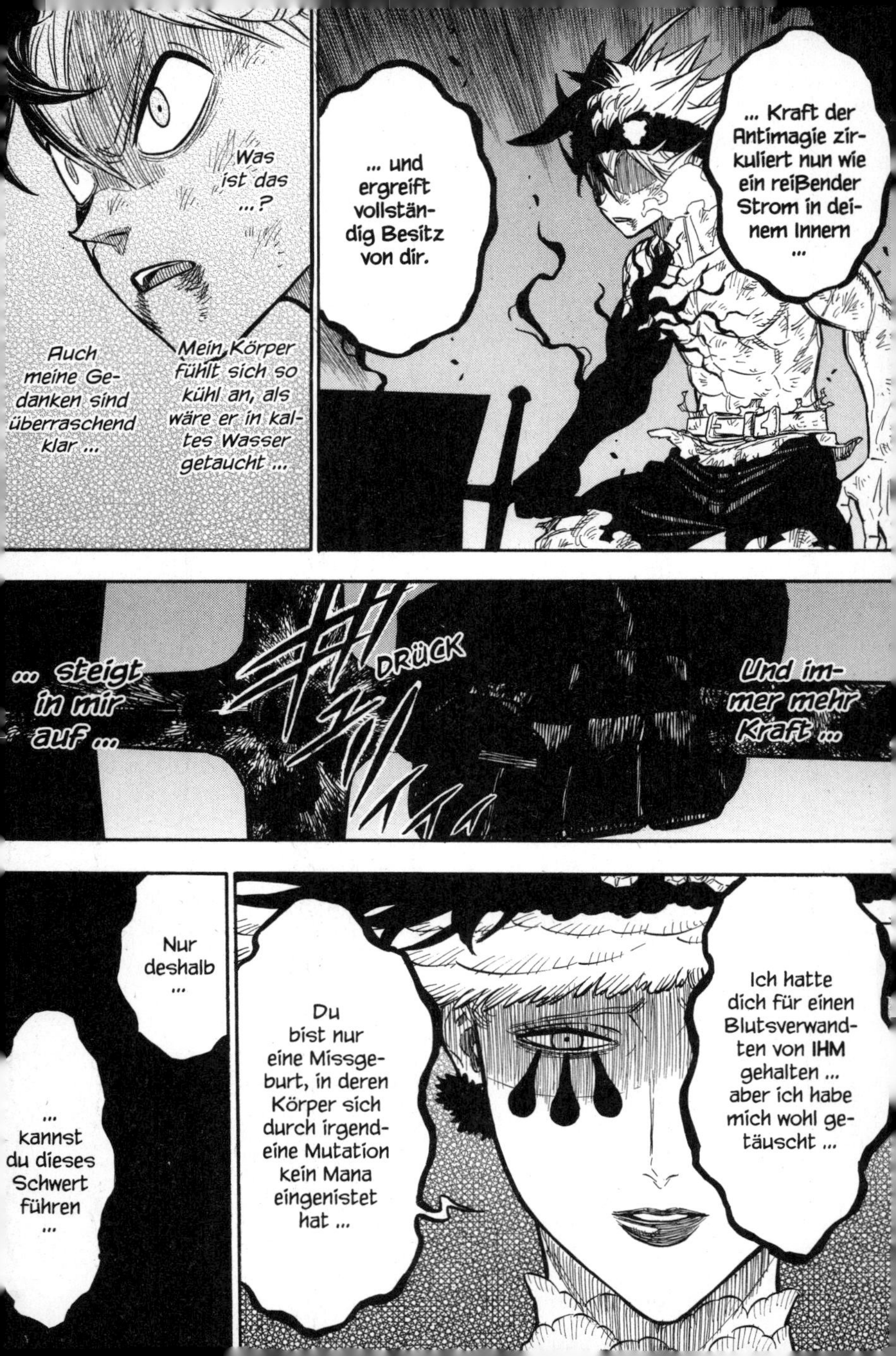

... Kraft der Antimagie zirkuliert nun wie ein reißender Strom in deinem Innern ...
... und ergreift vollständig Besitz von dir.
Was ist das ...?
Mein Körper fühlt sich so kühl an, als wäre er in kaltes Wasser getaucht ...
Auch meine Gedanken sind überraschend klar ...
Und immer mehr Kraft ...
DRÜCK
... steigt in mir auf ...
Ich hatte dich für einen Blutsverwandten von IHM gehalten ... aber ich habe mich wohl getäuscht ...
Du bist nur eine Missgeburt, in deren Körper sich durch irgendeine Mutation kein Mana eingenistet hat ...
Nur deshalb ...
... kannst du dieses Schwert führen ...

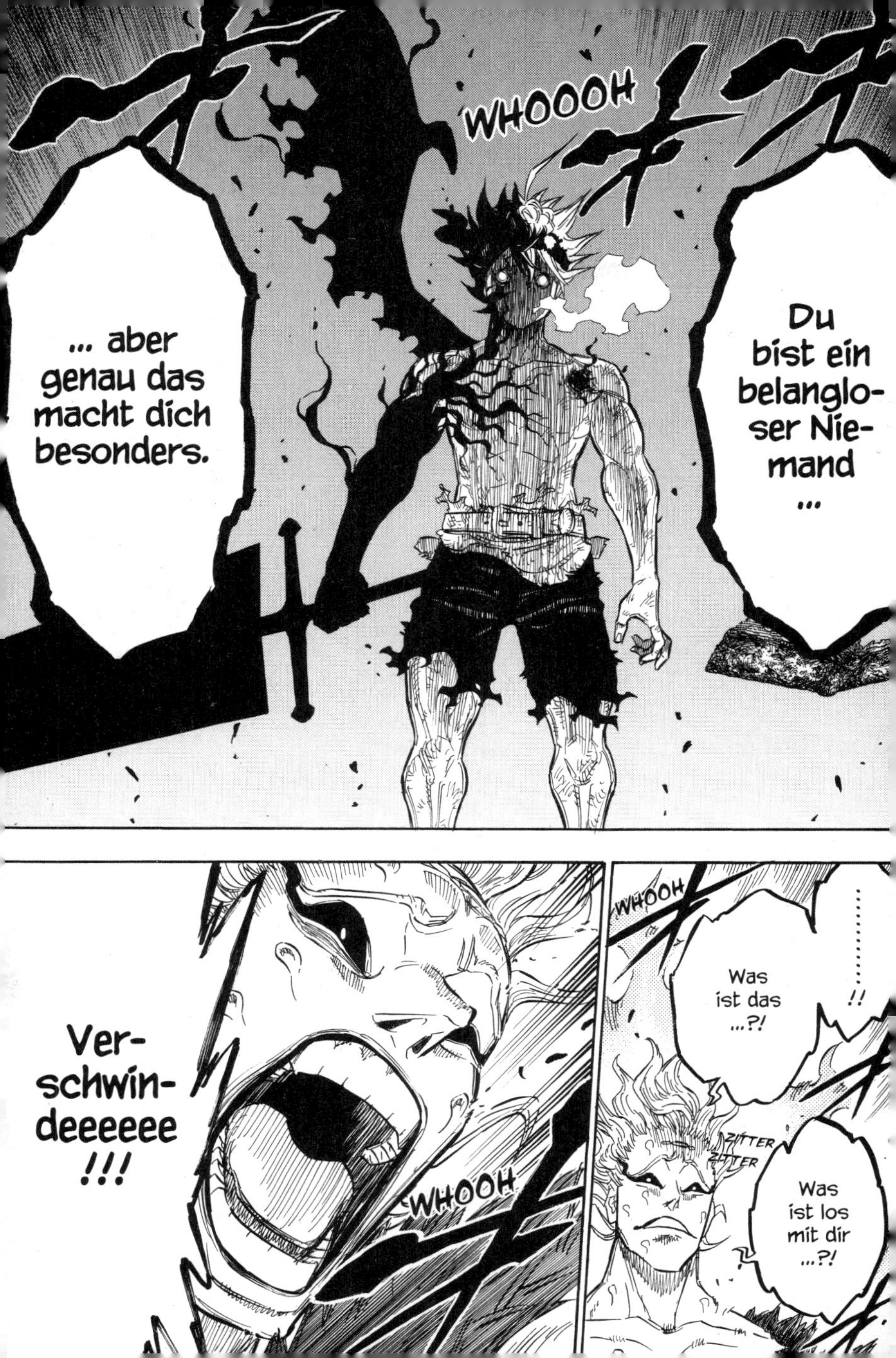
WHOOOH
Du bist ein belanglo-ser Nie-mand ...
... aber genau das macht dich besonders.
WHOOH
......!!
Was ist das ...?!
ZITTER ZITTER
Was ist los mit dir ...?!
Ver-schwin-deeeeeee !!!
WHOOH

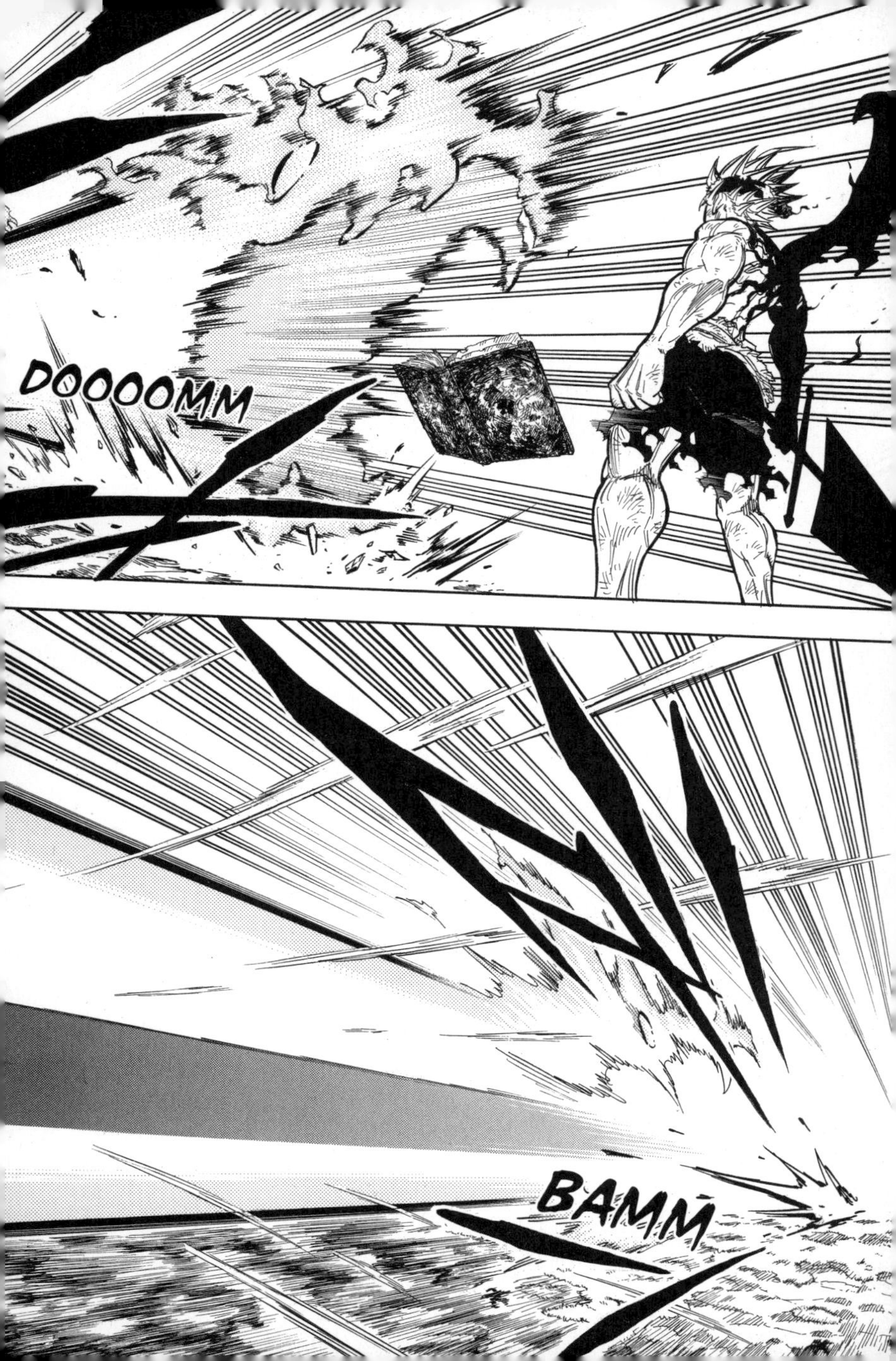
DOOOOMM
BAMM

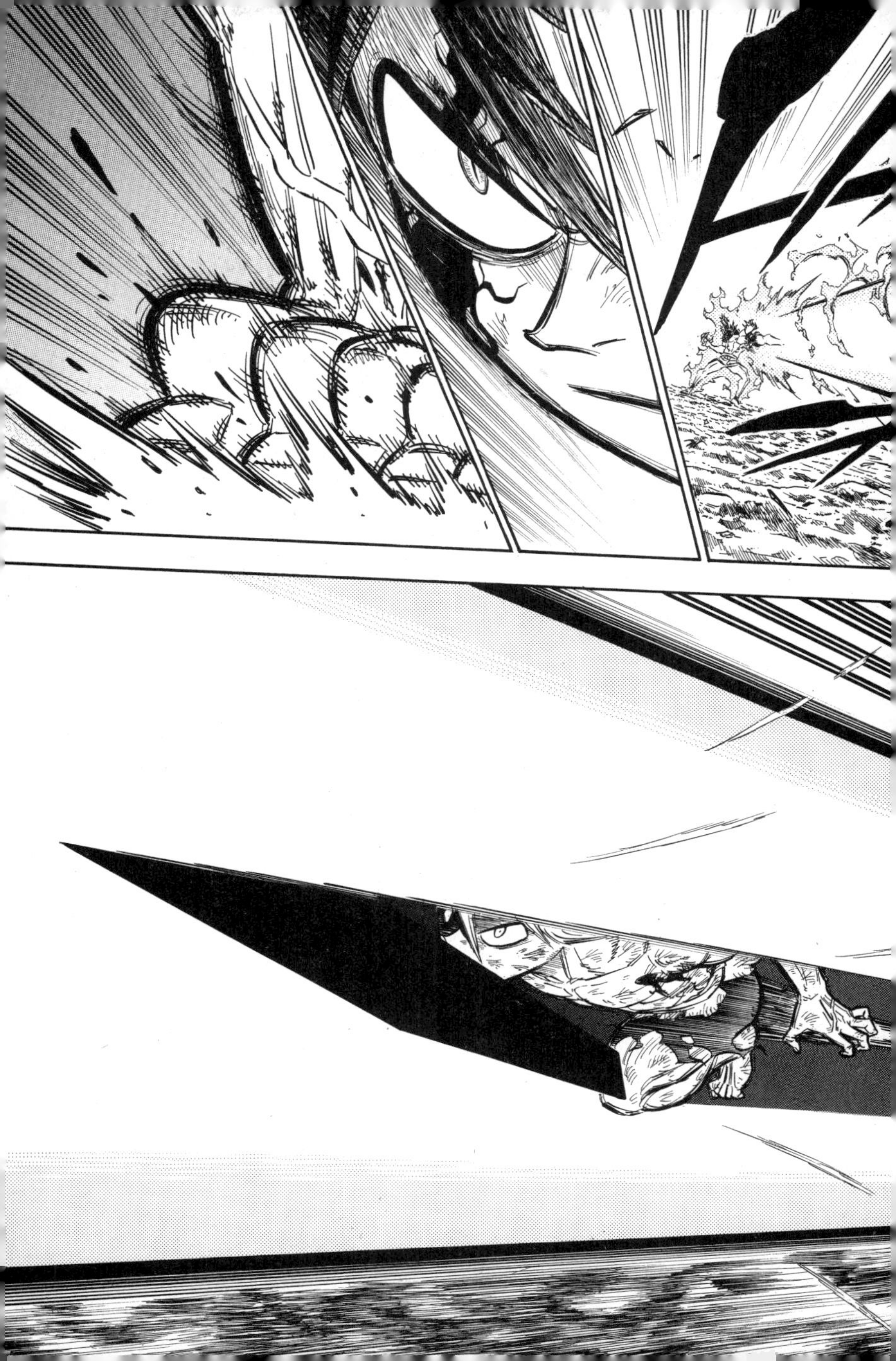

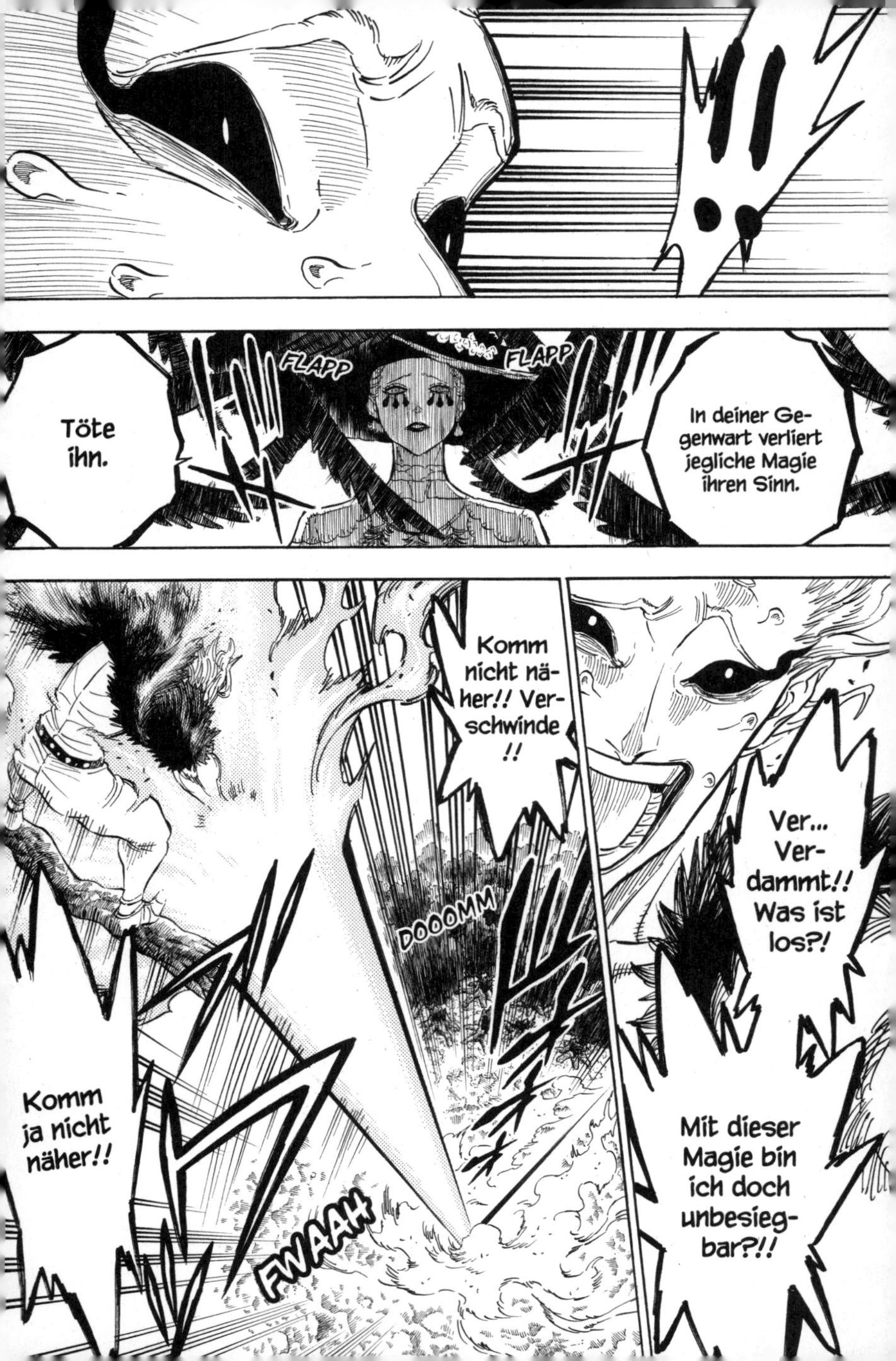
FLAPP
FLAPP
In deiner Gegenwart verliert jegliche Magie ihren Sinn.
Töte ihn.
Ver... Verdammt!! Was ist los?!
Mit dieser Magie bin ich doch unbesiegbar?!!
Komm nicht näher!! Verschwinde!!
DOOOMM
Komm ja nicht näher!!
FWAAH

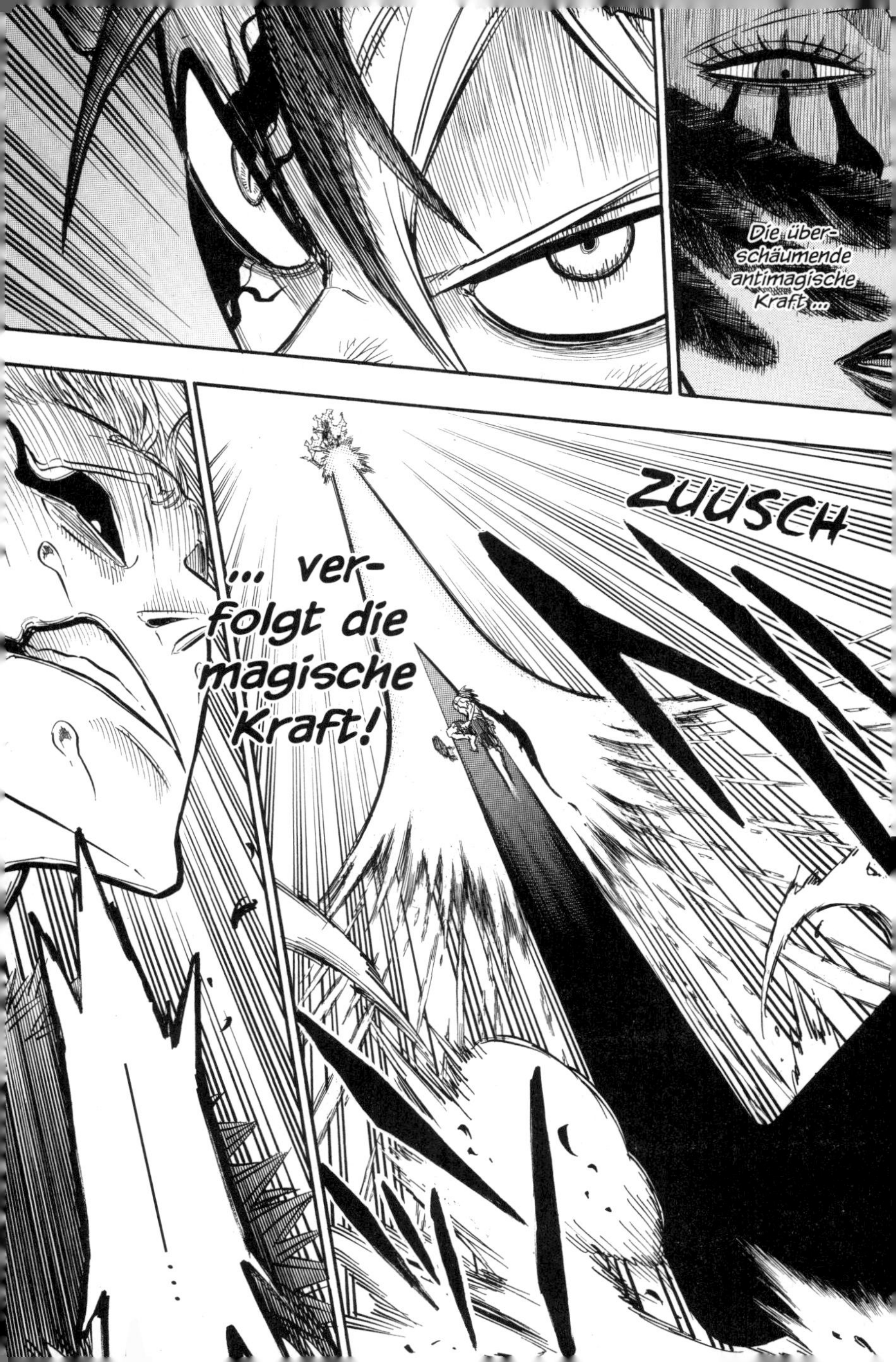
Die über-
schäumende
antimagische
Kraft ...
... ver-
folgt die
magische
Kraft!
ZUUSCH

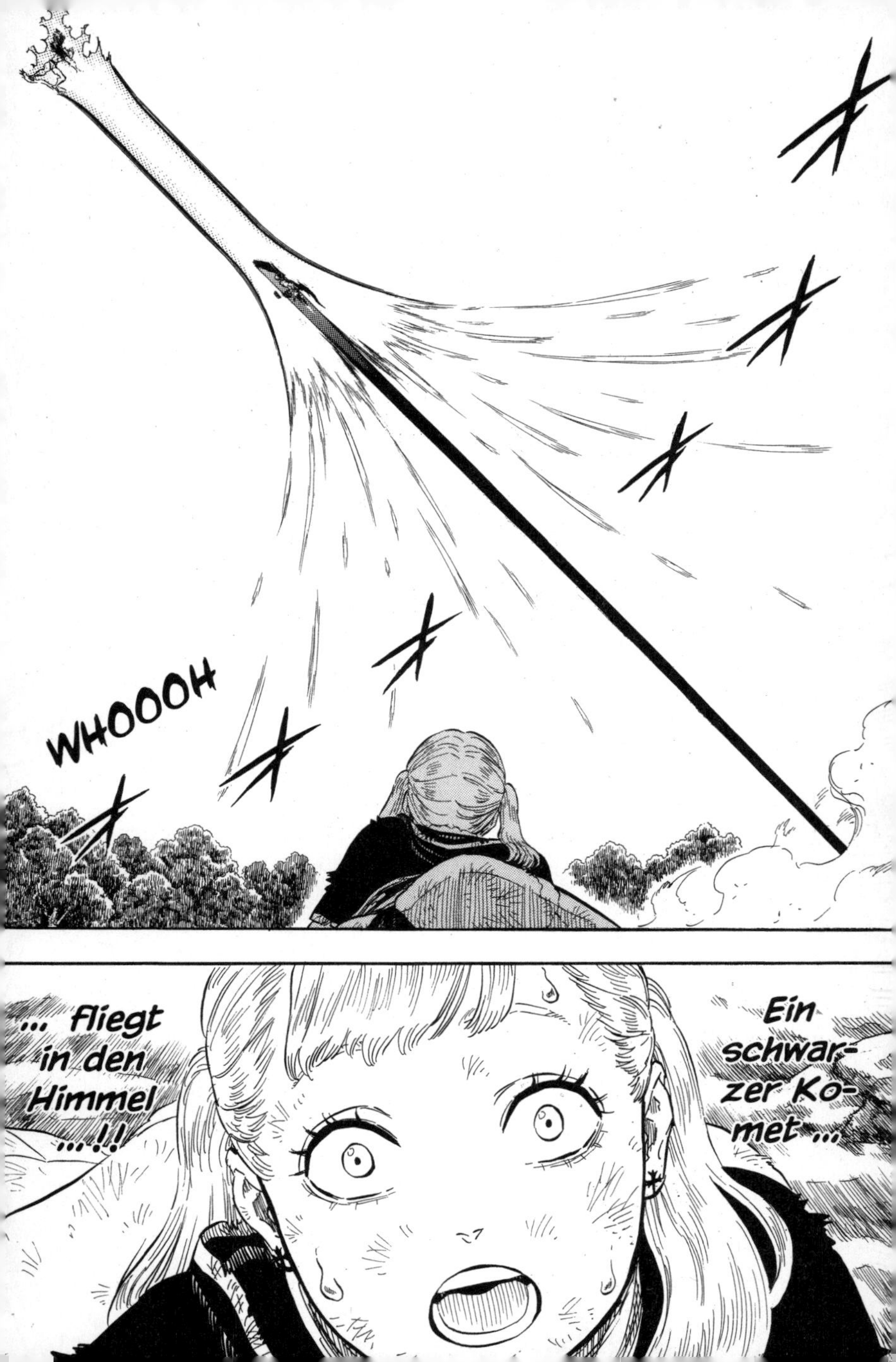
WHOOOH
Ein schwar-zer Ko-met ...
... fliegt in den Himmel ...!!

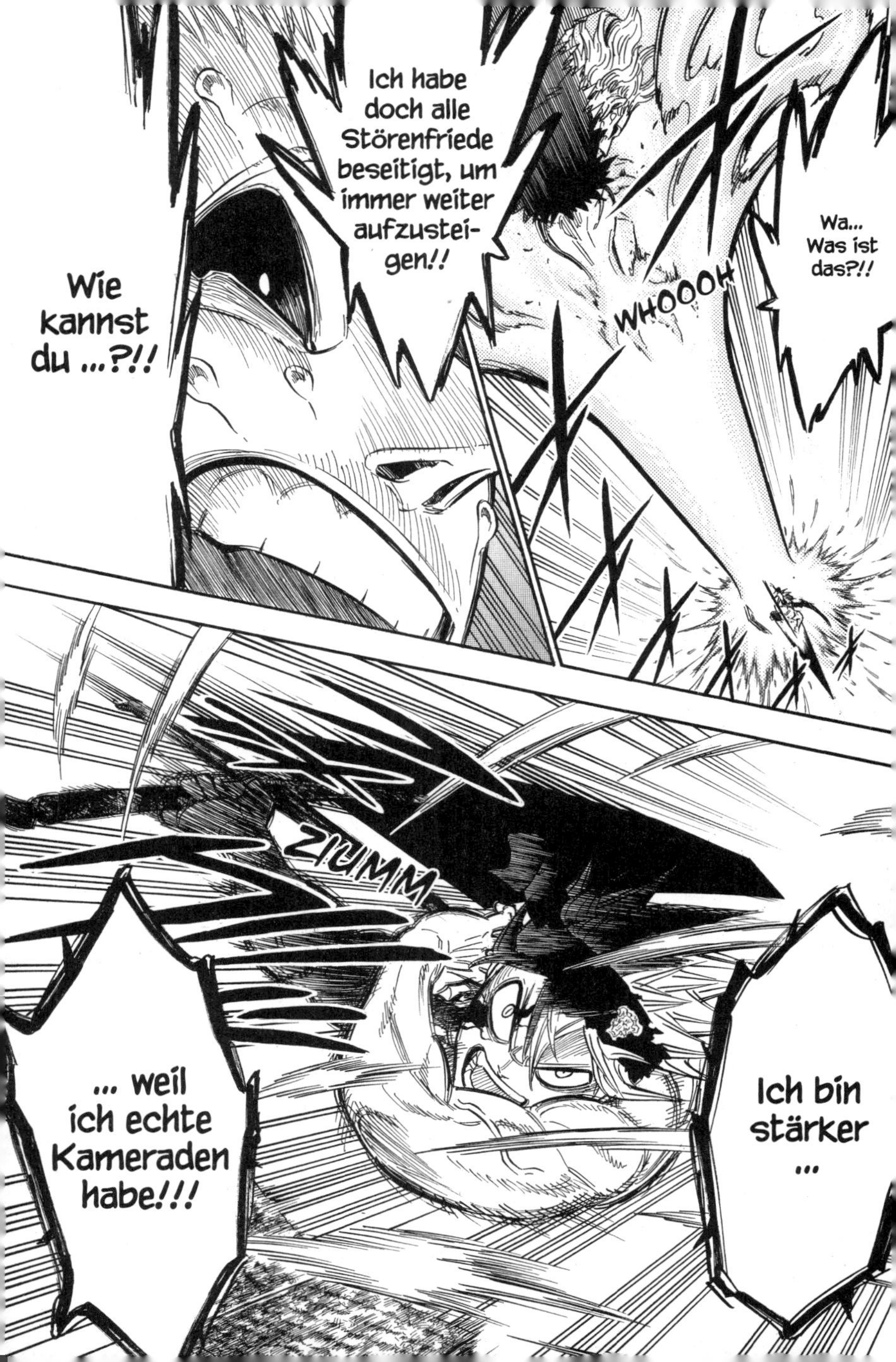
Wa... Was ist das?!!
WHOOOH
Ich habe doch alle Störenfriede beseitigt, um immer weiter aufzusteigen!!
Wie kannst du ...?!!
ZIUMM
Ich bin stärker ...
... weil ich echte Kameraden habe!!!

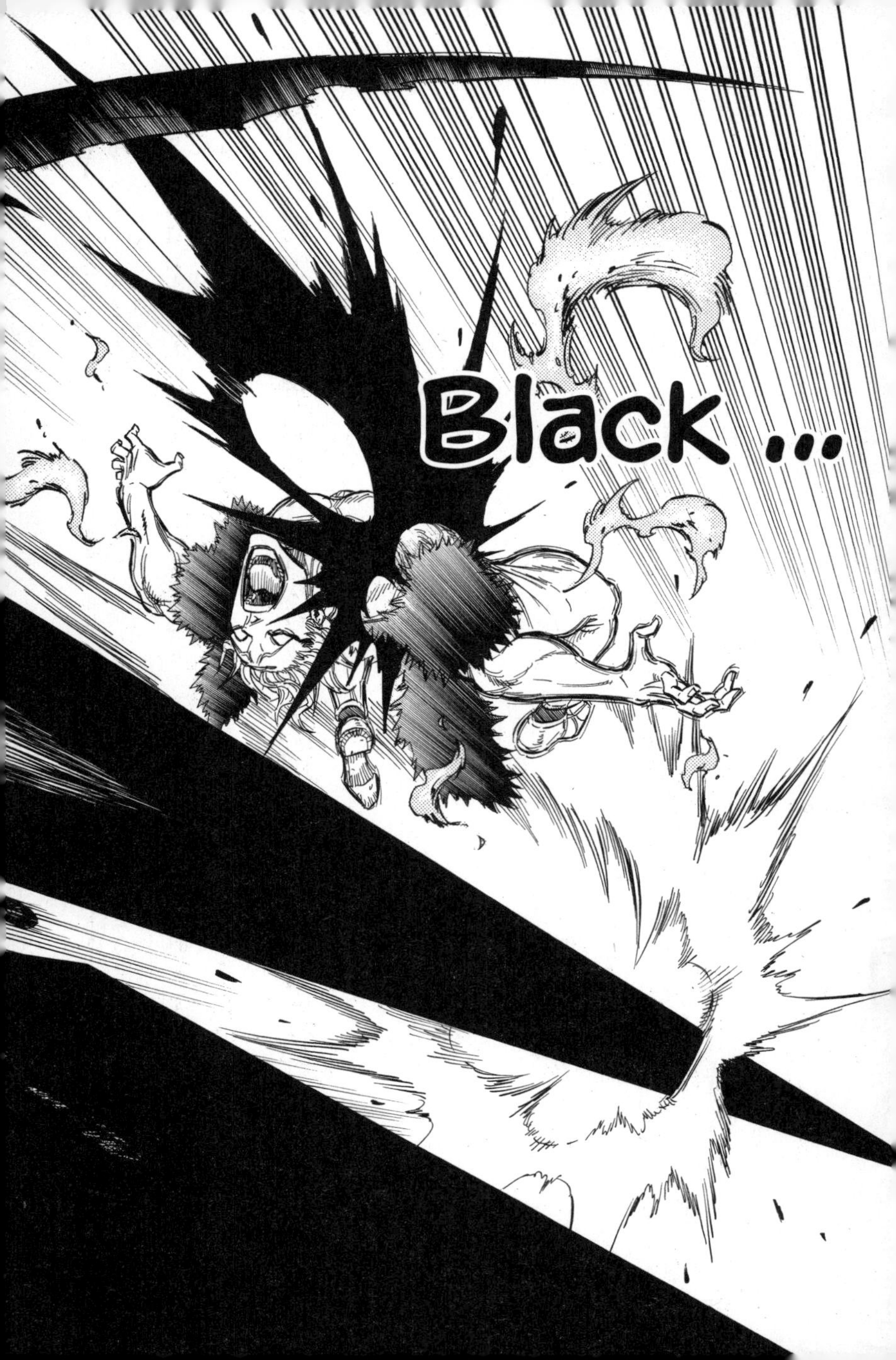
Black ...

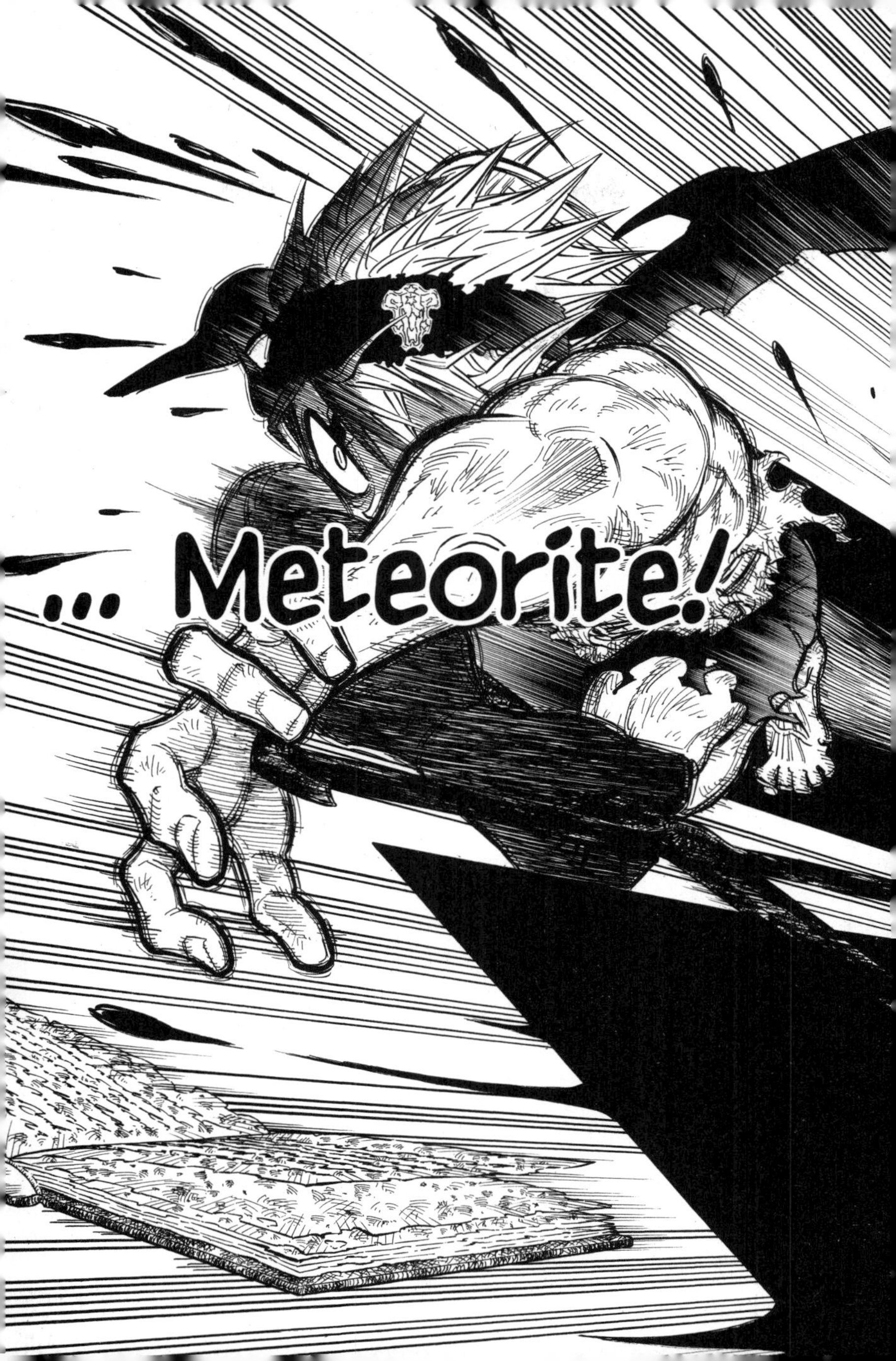
... Meteorite!

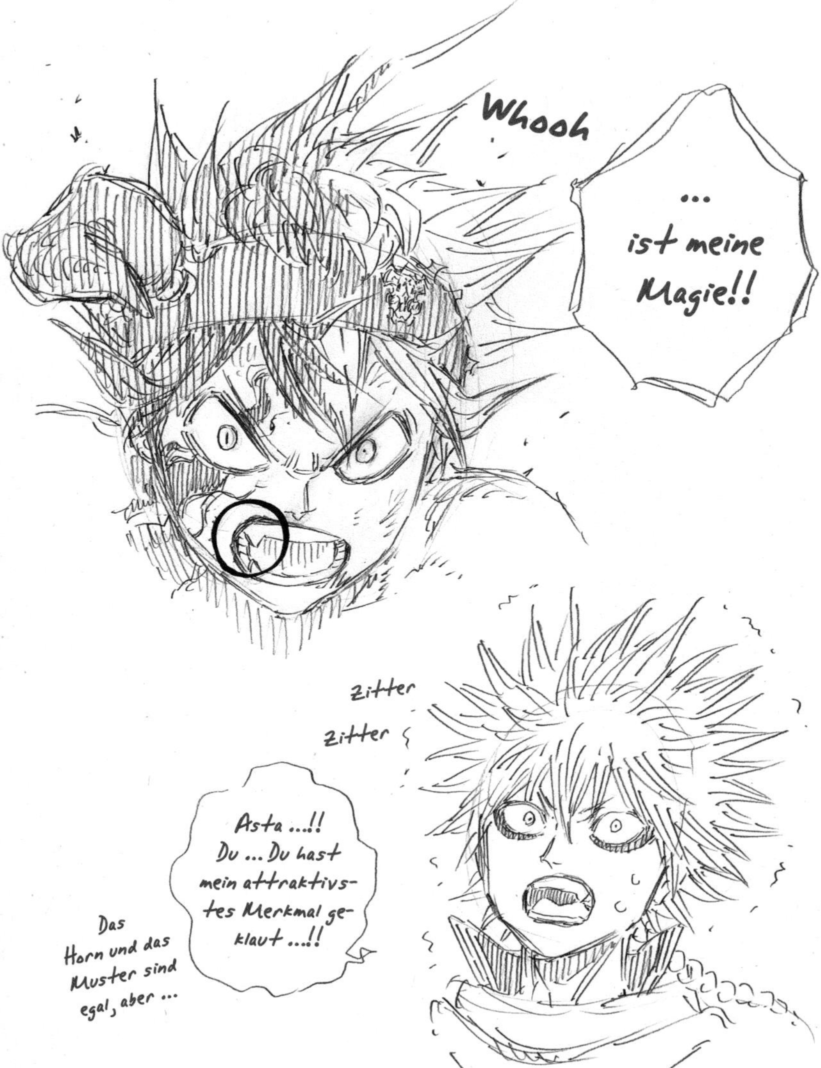
Whooh
... ist meine Magie!!
Zitter
Zitter
Asta ...!! Du ... Du hast mein attraktivstes Merkmal geklaut ...!!
Das Horn und das Muster sind egal, aber ...

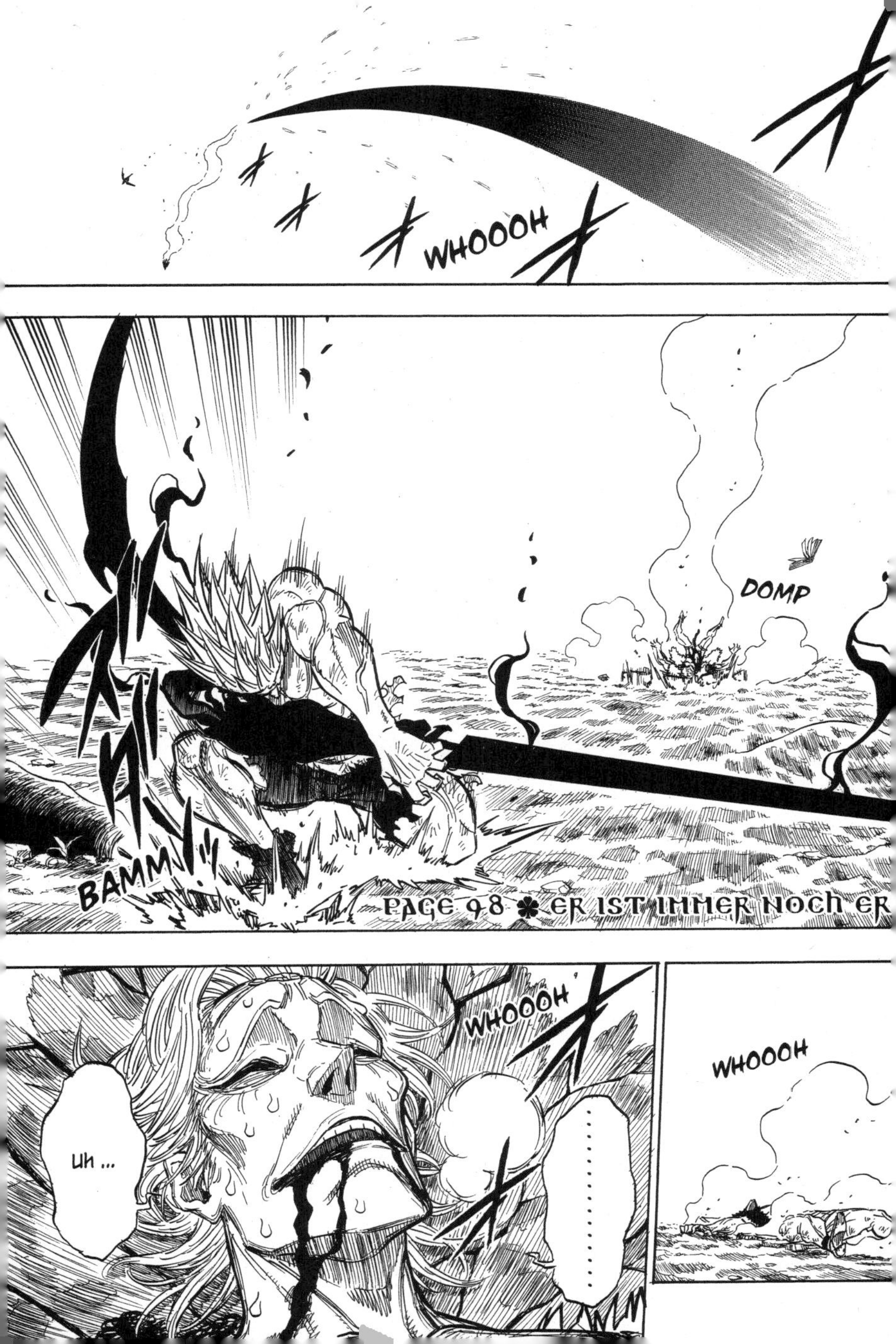
WHOOOH
DOMP
BAMM!!
PAGE 98 ✽ ER IST IMMER NOCH ER
WHOOOH
WHOOOH
...
Uh ...

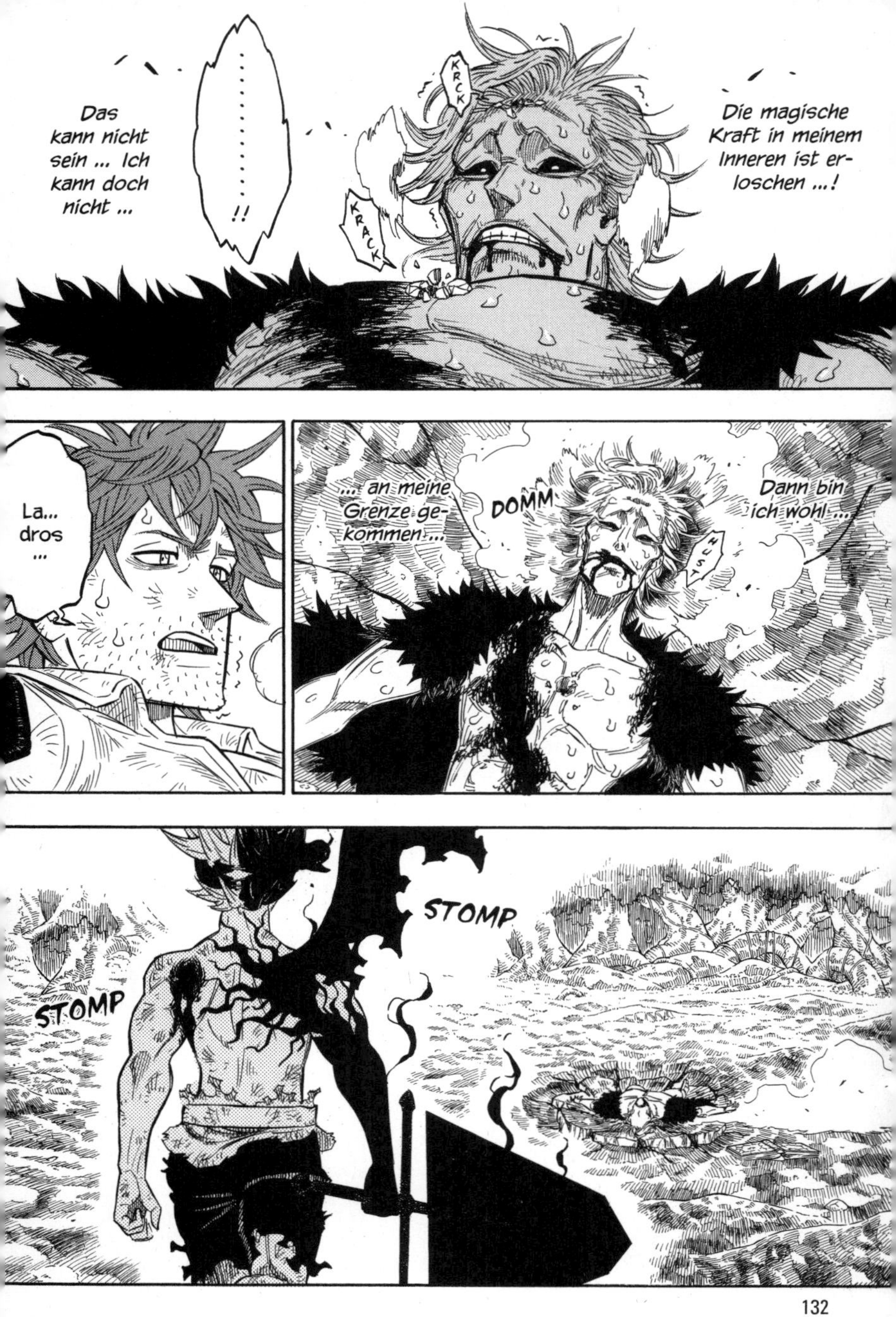
Die magische Kraft in meinem Inneren ist erloschen ...!
KRCK
KRACK
..........!!
Das kann nicht sein ... Ich kann doch nicht ...
Dann bin ich wohl ...
HUST
DOMM
... an meine Grenze gekommen ...
La... dros ...
STOMP
STOMP

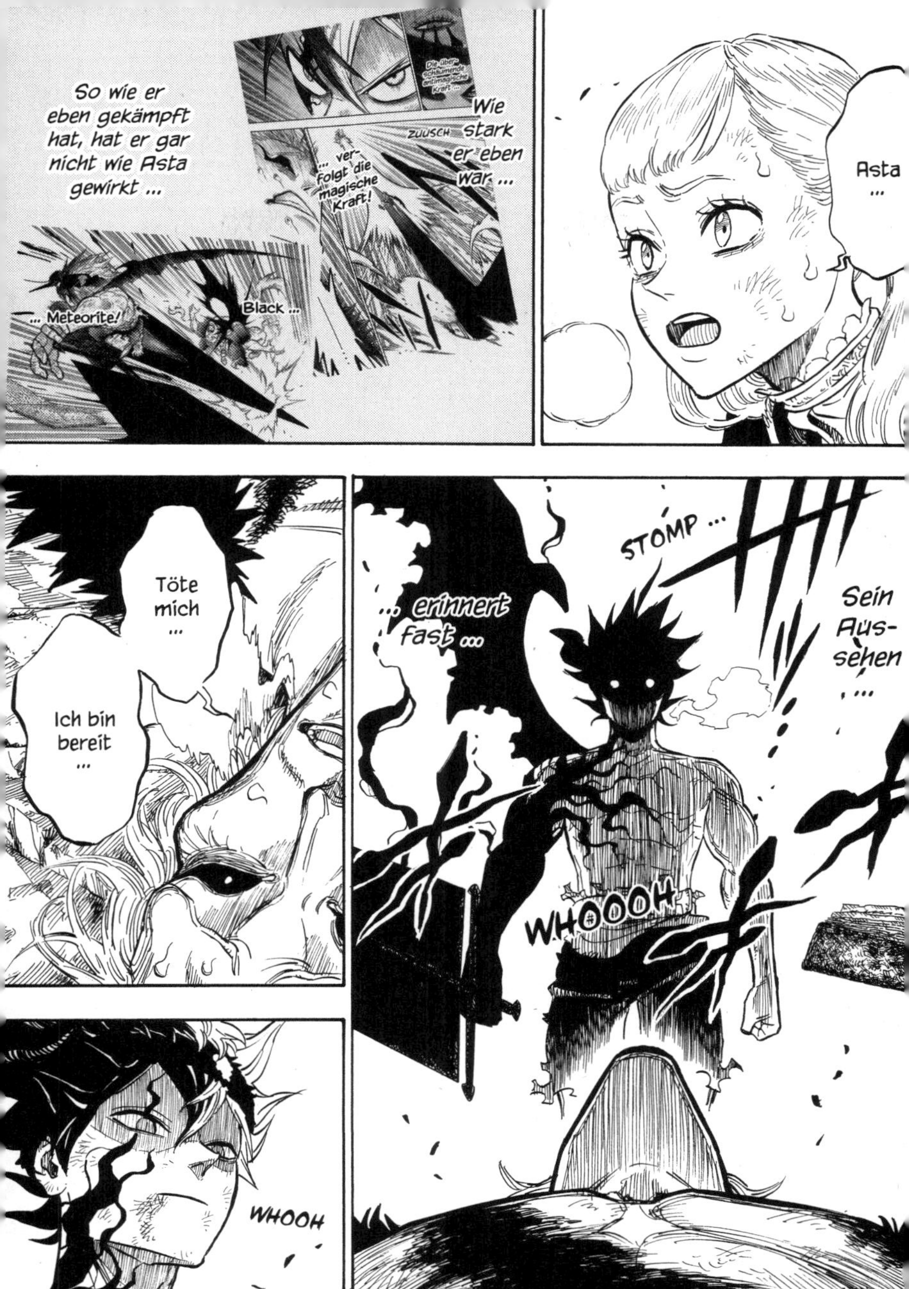
Asta ...
So wie er eben gekämpft hat, hat er gar nicht wie Asta gewirkt ...
Die überschäumende antimagische Kraft ...
Wie stark er eben war ...
ZUUSCH
... verfolgt die magische Kraft!
Black ...
... Meteorite!
STOMP ...
Sein Aussehen ...
... erinnert fast ...
WHOOOH
Töte mich ...
Ich bin bereit ...
WHOOH

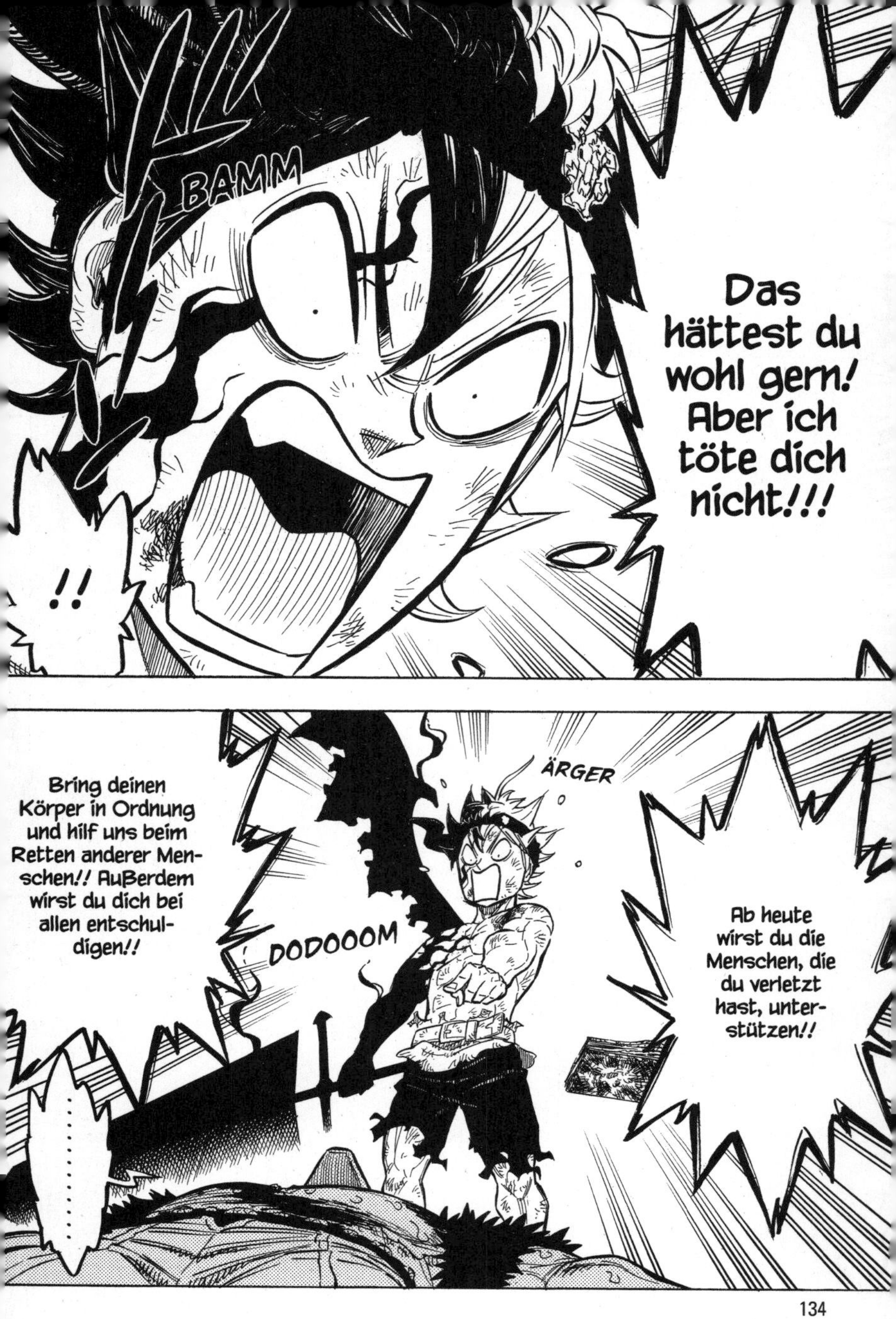
BAMM
Das hättest du wohl gern! Aber ich töte dich nicht!!!
!!
ÄRGER
Ab heute wirst du die Menschen, die du verletzt hast, unter-stützen!!
DODOOOM
Bring deinen Körper in Ordnung und hilf uns beim Retten anderer Men-schen!! Außerdem wirst du dich bei allen entschul-digen!!
......

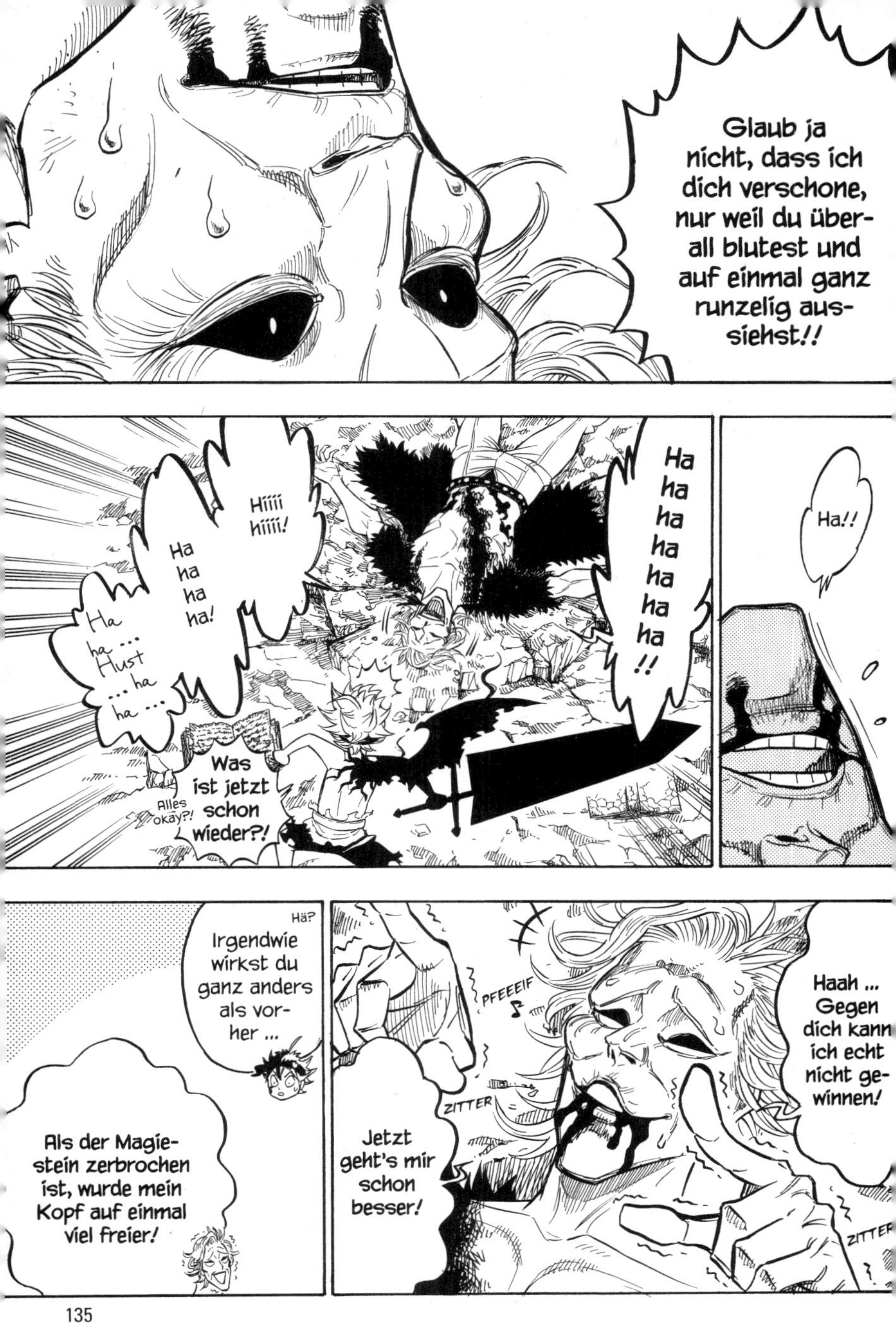
Glaub ja nicht, dass ich dich verschone, nur weil du überall blutest und auf einmal ganz runzelig aussiehst!!
Ha!!
Ha ha ha ha ha ha ha!!
Hiiii hiiii!
Ha ha ha ha!
Ha ha ... Hust ... ha ha ...
Was ist jetzt schon wieder?!
Alles okay?!
Haah ... Gegen dich kann ich echt nicht gewinnen!
PFEEEIF
ZITTER
Jetzt geht's mir schon besser!
ZITTER
Hä?
Irgendwie wirkst du ganz anders als vorher ...
Als der Magiestein zerbrochen ist, wurde mein Kopf auf einmal viel freier!

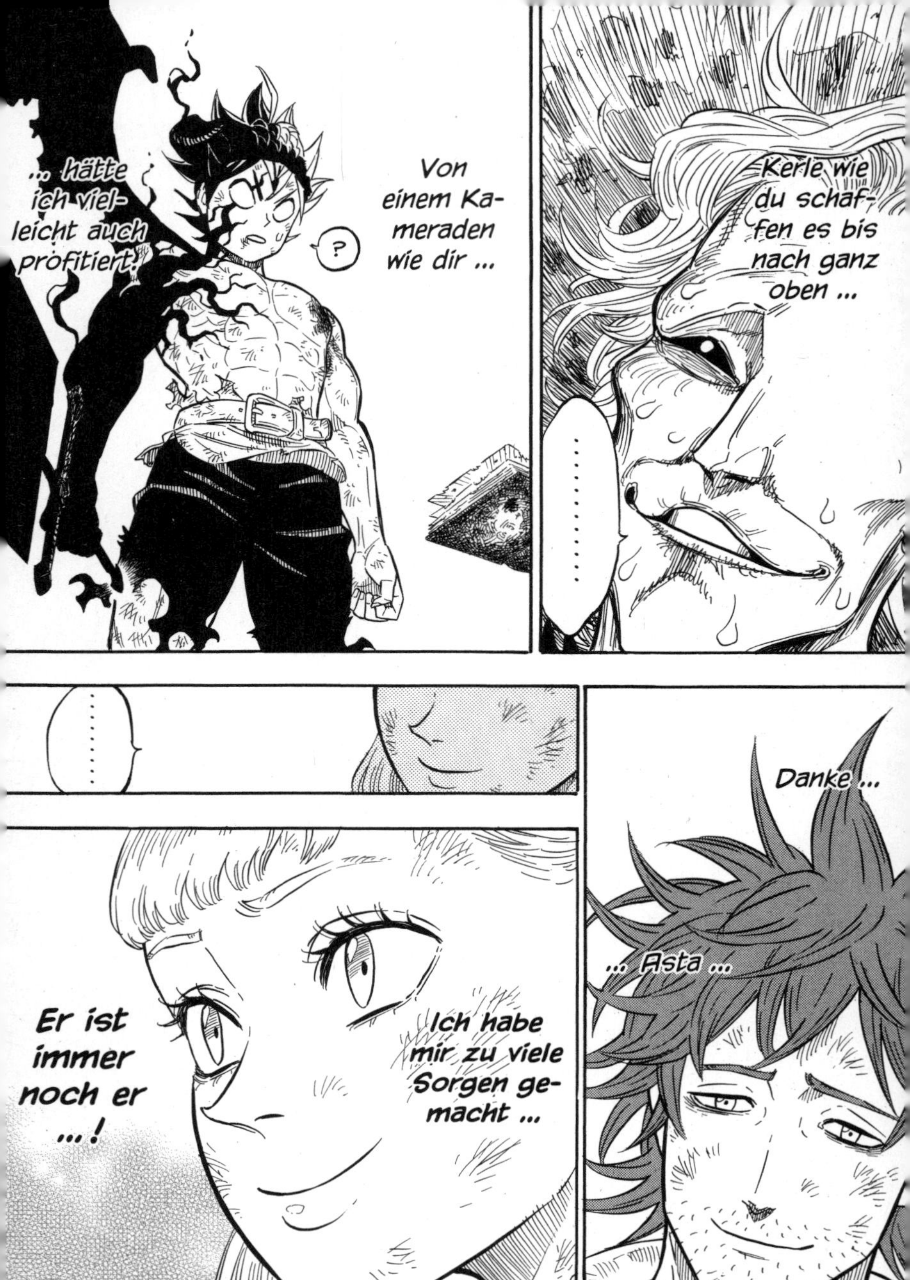
Kerle wie du schaffen es bis nach ganz oben ...
......
Von einem Kameraden wie dir ...
?
... hätte ich vielleicht auch profitiert!
Danke ...
... Asta ...
......
Ich habe mir zu viele Sorgen gemacht ...
Er ist immer noch er ...!

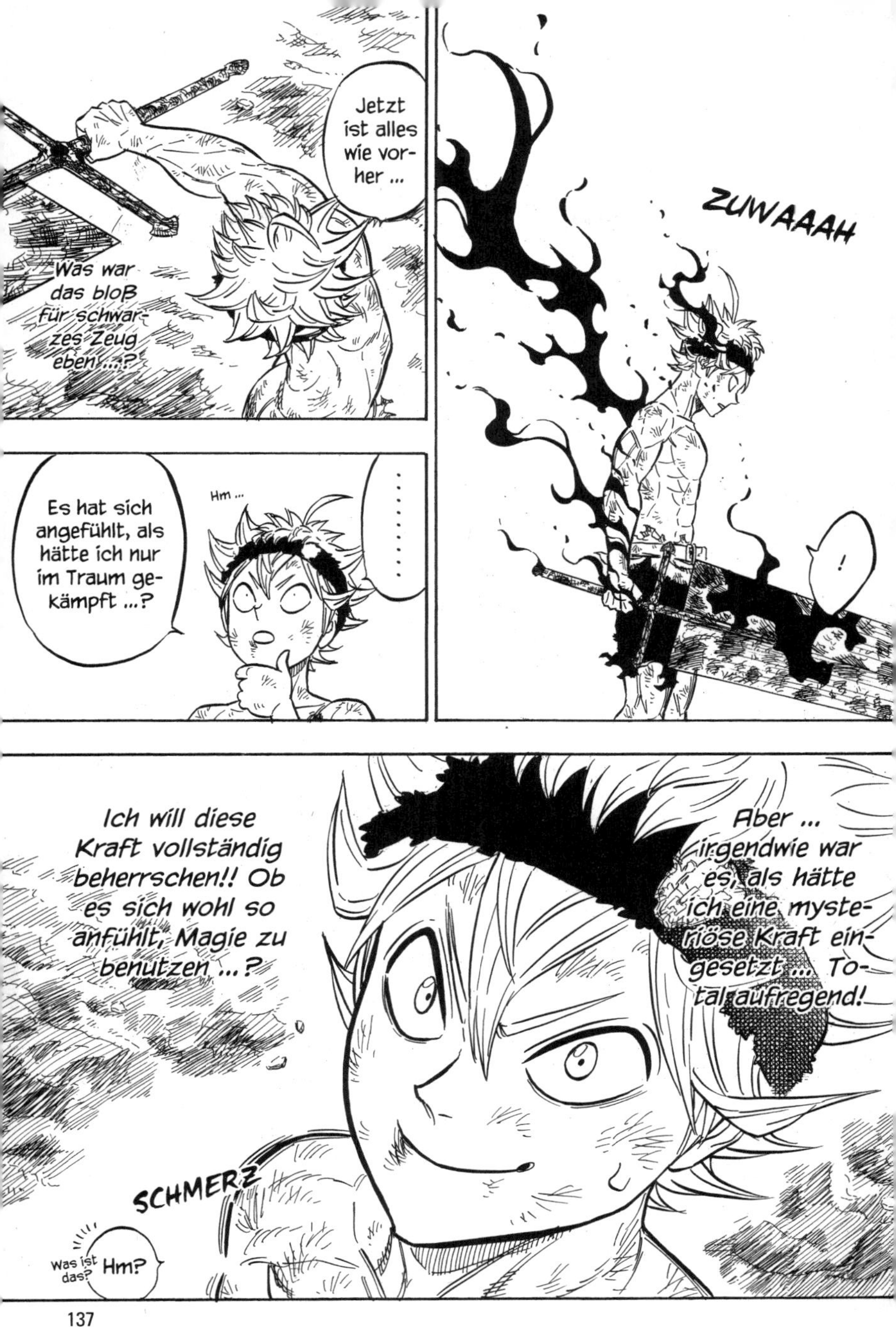
ZUWAAAH
!
Jetzt ist alles wie vorher ...
Was war das bloß für schwarzes Zeug eben ...?
......
Hm ...
Es hat sich angefühlt, als hätte ich nur im Traum gekämpft ...?
Aber ... irgendwie war es, als hätte ich eine mysteriöse Kraft eingesetzt ... Total aufregend!
Ich will diese Kraft vollständig beherrschen!! Ob es sich wohl so anfühlt, Magie zu benutzen ...?
SCHMERZ
Hm?
Was ist das?

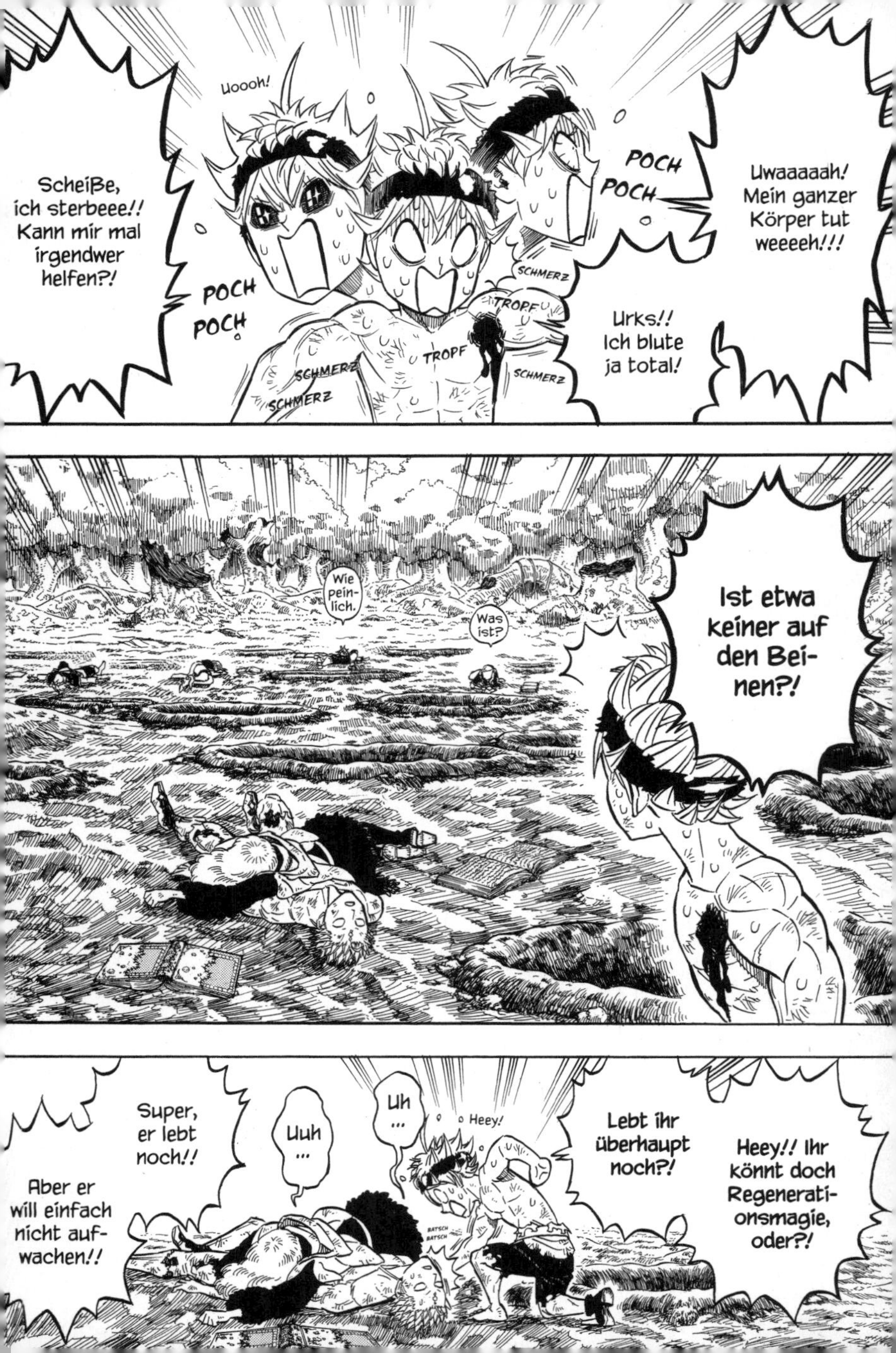
Uwaaaaah! Mein ganzer Körper tut weeeeh!!!
POCH POCH
Urks!! Ich blute ja total!
SCHMERZ
TROPF
TROPF
SCHMERZ
Uoooh!
Scheiße, ich sterbeee!! Kann mir mal irgendwer helfen?!
POCH POCH
SCHMERZ
SCHMERZ
Ist etwa keiner auf den Beinen?!
Was ist?
Wie peinlich.
Heey!! Ihr könnt doch Regenerationsmagie, oder?!
Lebt ihr überhaupt noch?!
Heey!
BATSCH BATSCH
Uh ...
Uuh ...
Super, er lebt noch!!
Aber er will einfach nicht aufwachen!!

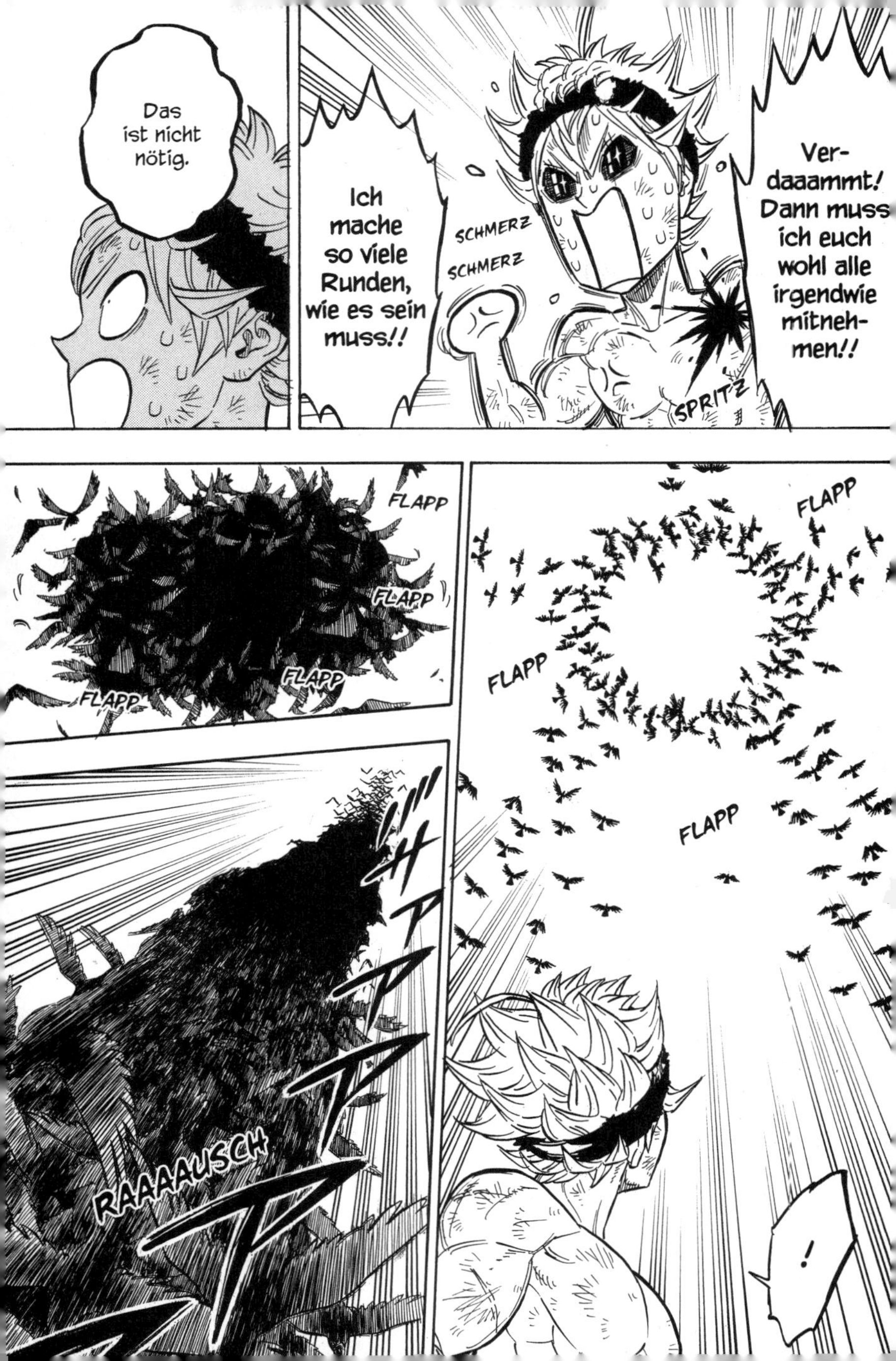
Verdaaammt! Dann muss ich euch wohl alle irgendwie mitnehmen!!
SPRITZ
SCHMERZ
SCHMERZ
Ich mache so viele Runden, wie es sein muss!!
Das ist nicht nötig.
FLAPP
FLAPP
FLAPP
!
FLAPP
FLAPP
FLAPP
FLAPP
RAAAAUSCH

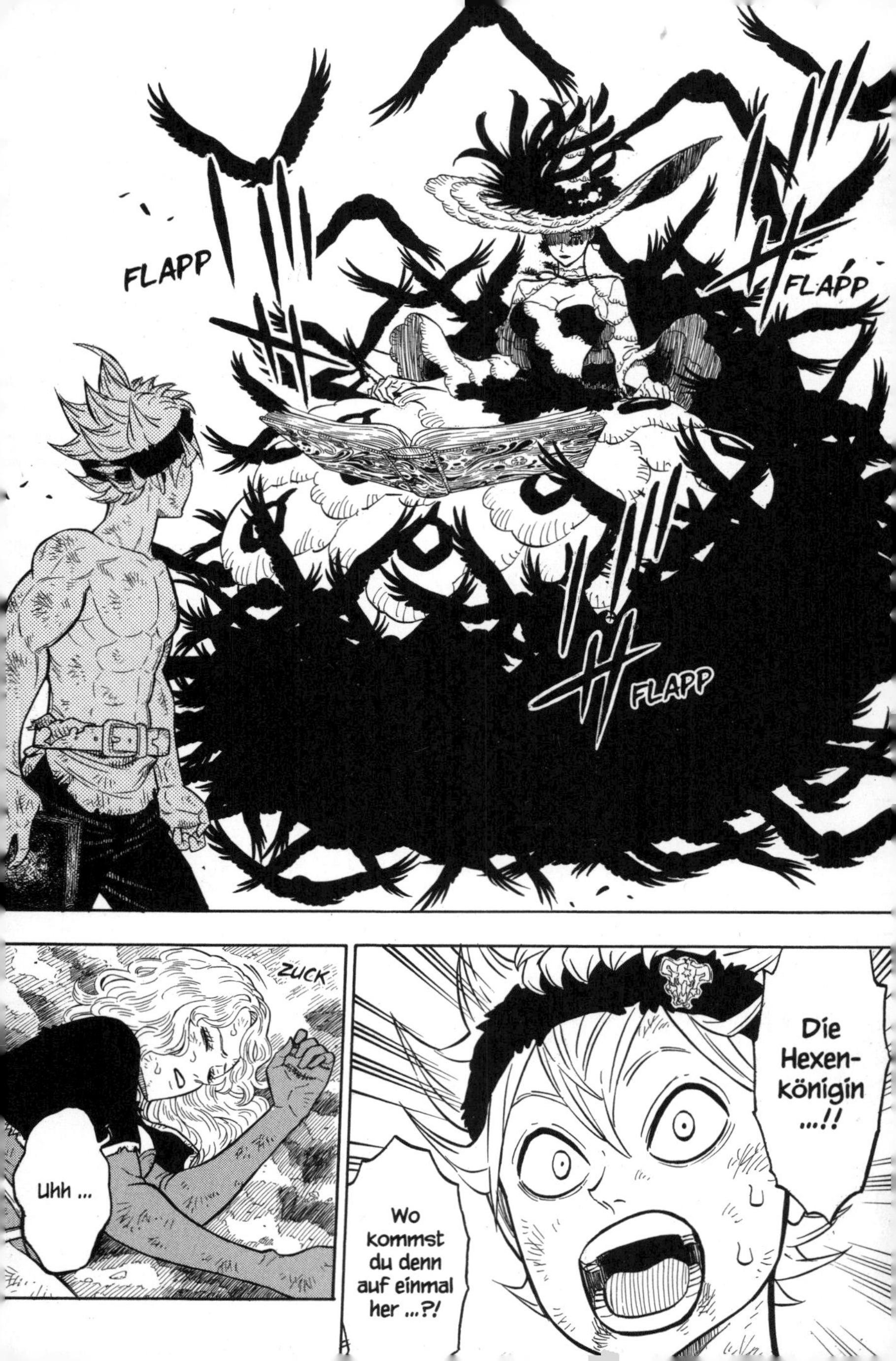
FLAPP
FLAPP
FLAPP
Die Hexenkönigin ...!!
Wo kommst du denn auf einmal her ...?!
ZUCK
Uhh ...

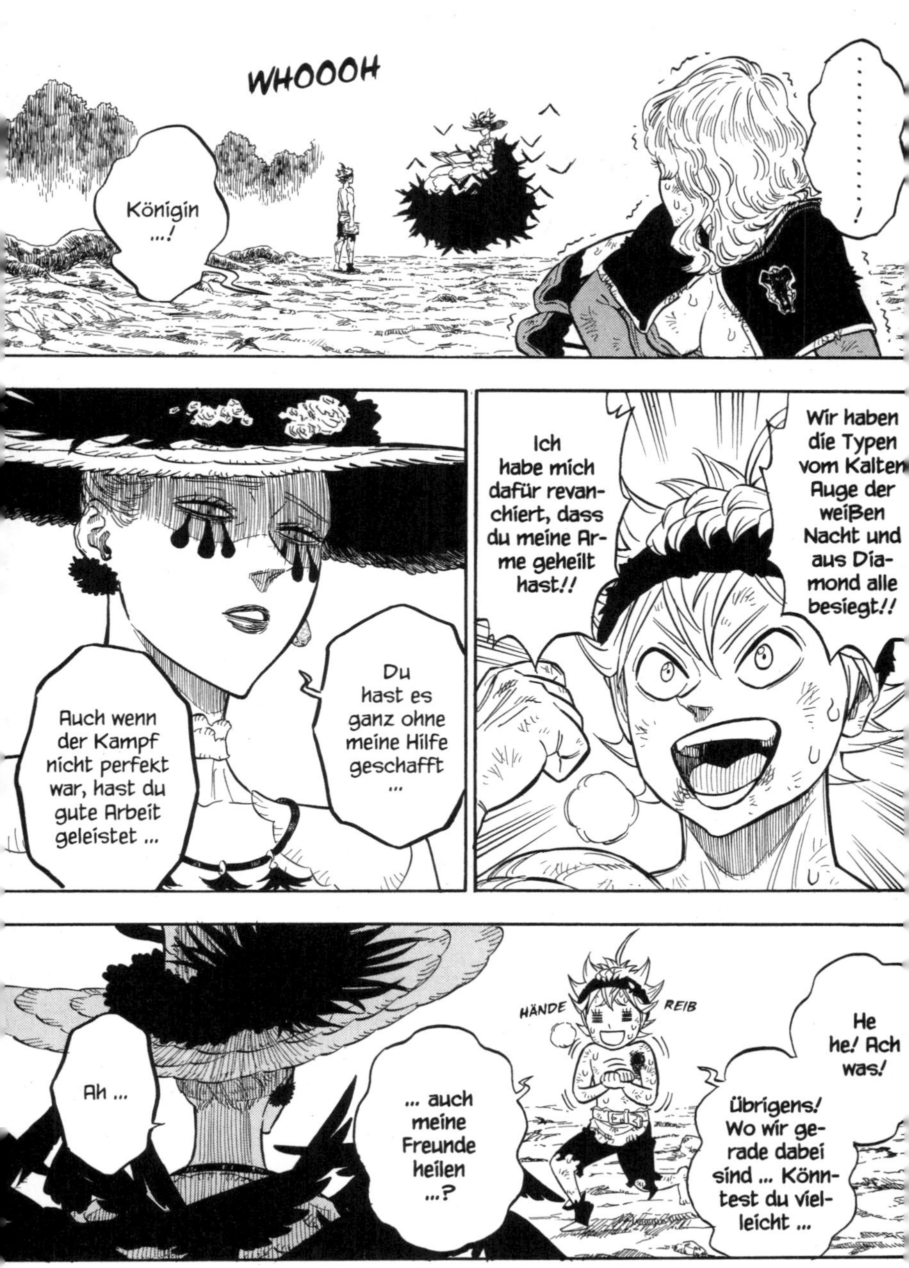
WHOOOH
...!
Königin ...!
Wir haben die Typen vom Kalten Auge der weißen Nacht und aus Diamond alle besiegt!!
Ich habe mich dafür revanchiert, dass du meine Arme geheilt hast!!
Du hast es ganz ohne meine Hilfe geschafft ...
Auch wenn der Kampf nicht perfekt war, hast du gute Arbeit geleistet ...
He he! Ach was!
Übrigens! Wo wir gerade dabei sind ... Könntest du vielleicht ...
HÄNDE REIB
... auch meine Freunde heilen ...?
Ah ...

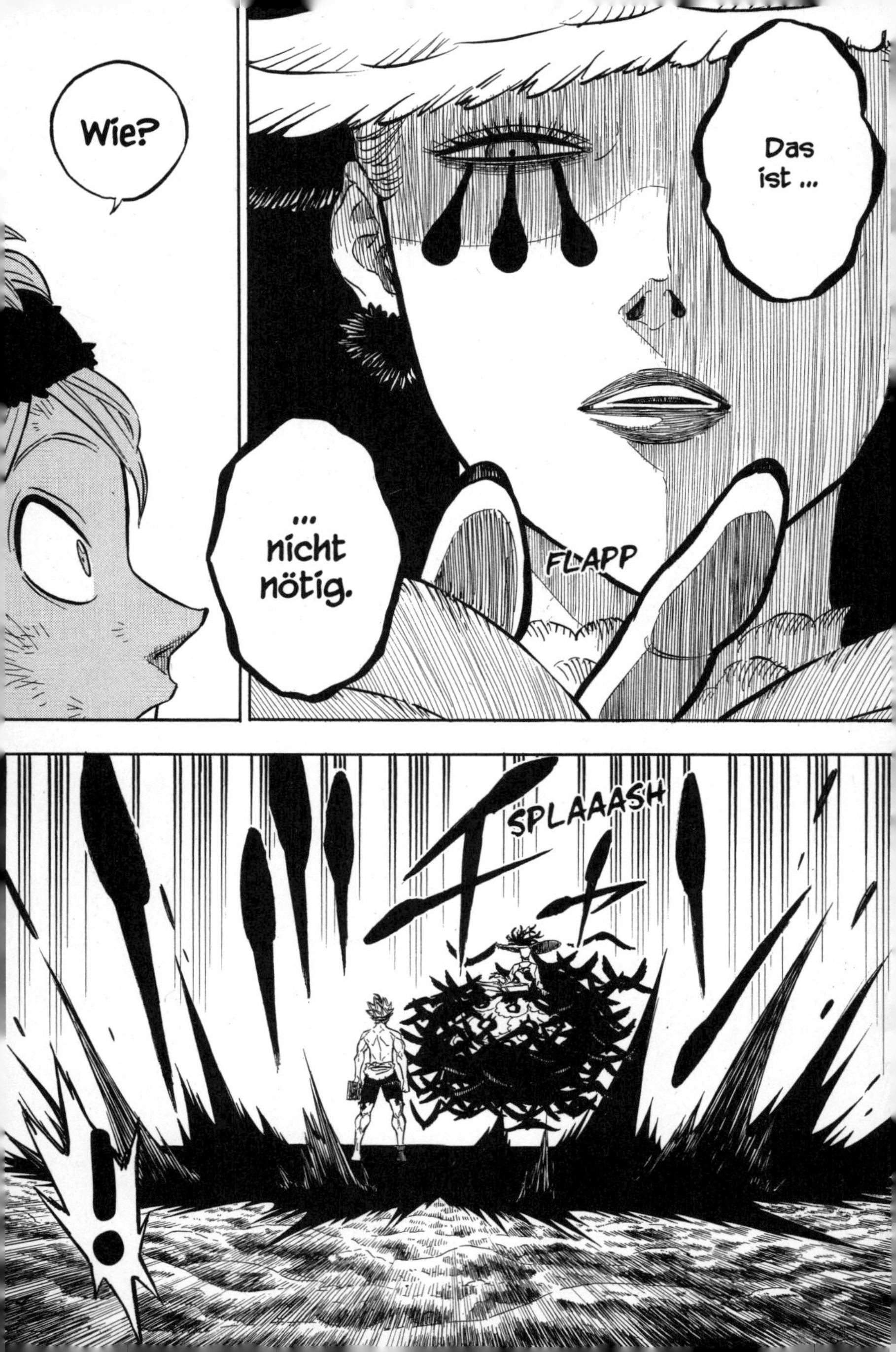
Das ist ...
Wie?
... nicht nötig.
FLAPP
SPLAAASH
!

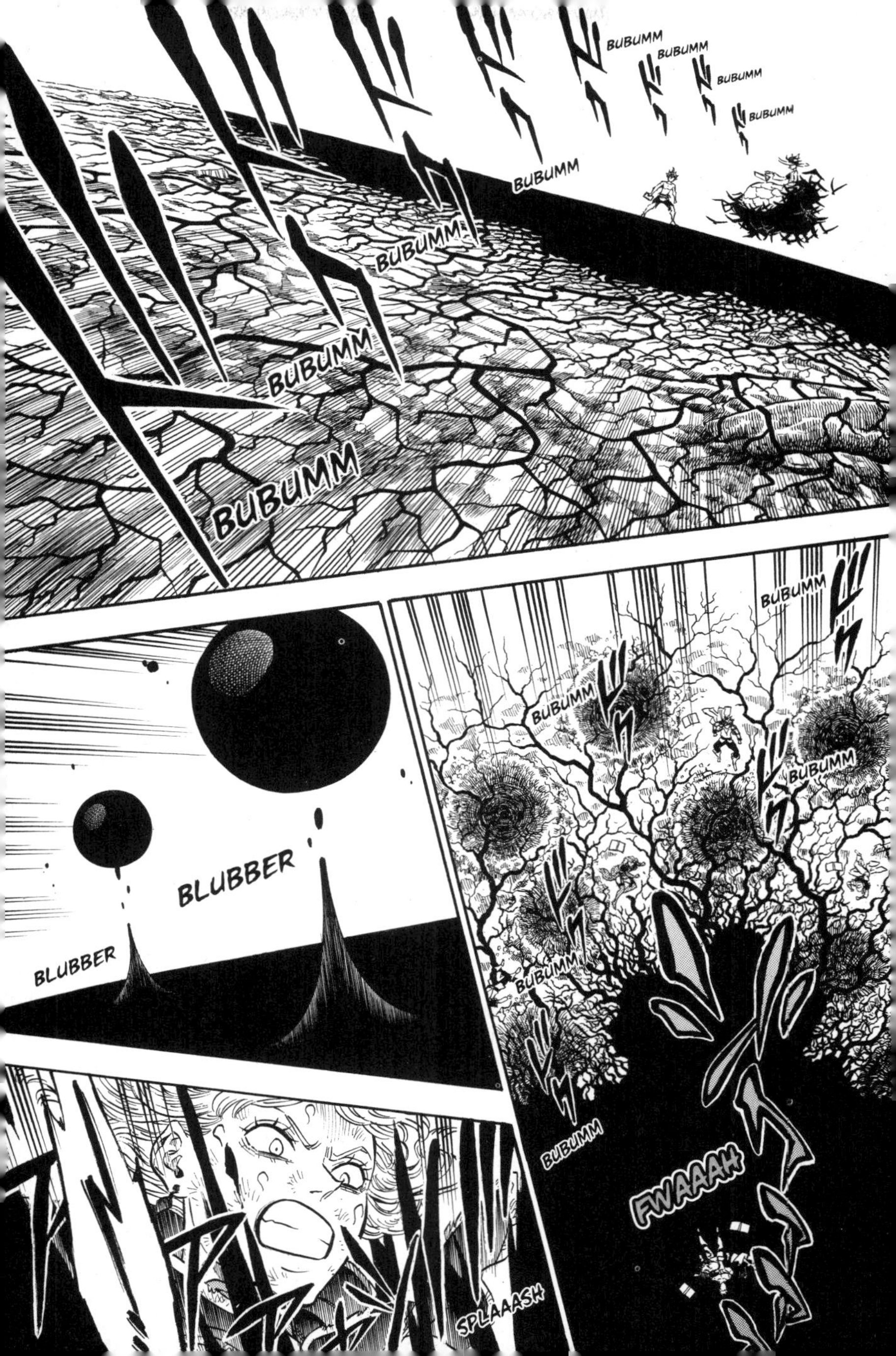

BUBUMM
BUBUMM
BUBUMM
BUBUMM
BUBUMM
BUBUMM
BUBUMM
BUBUMM
BUBUMM
BUBUMM
BUBUMM
BUBUMM
BUBUMM
FWAAAH
BLUBBER
BLUBBER
SPLAAASH

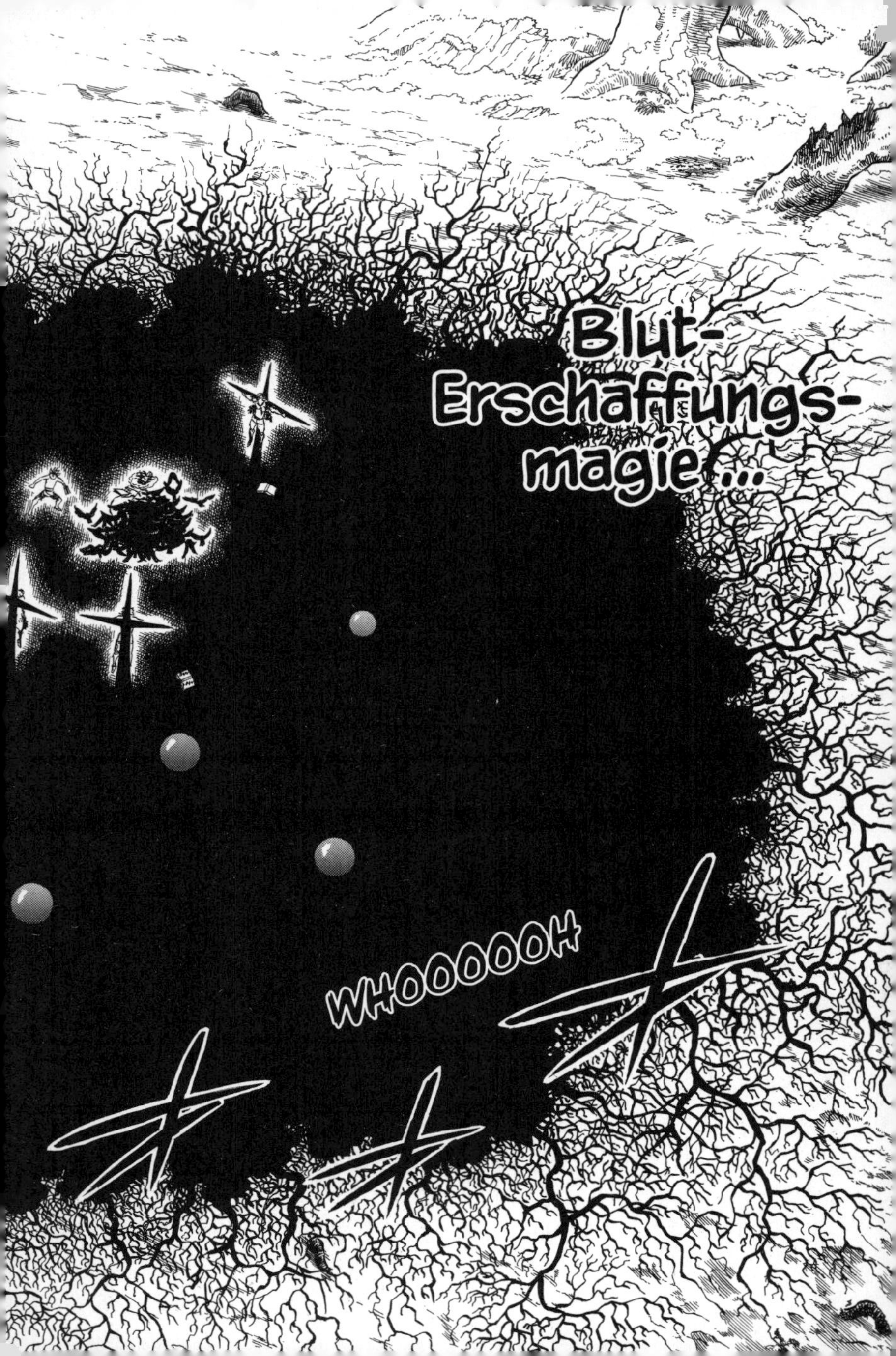
Blut-Erschaffungs-magie ...
WHOOOOOOH

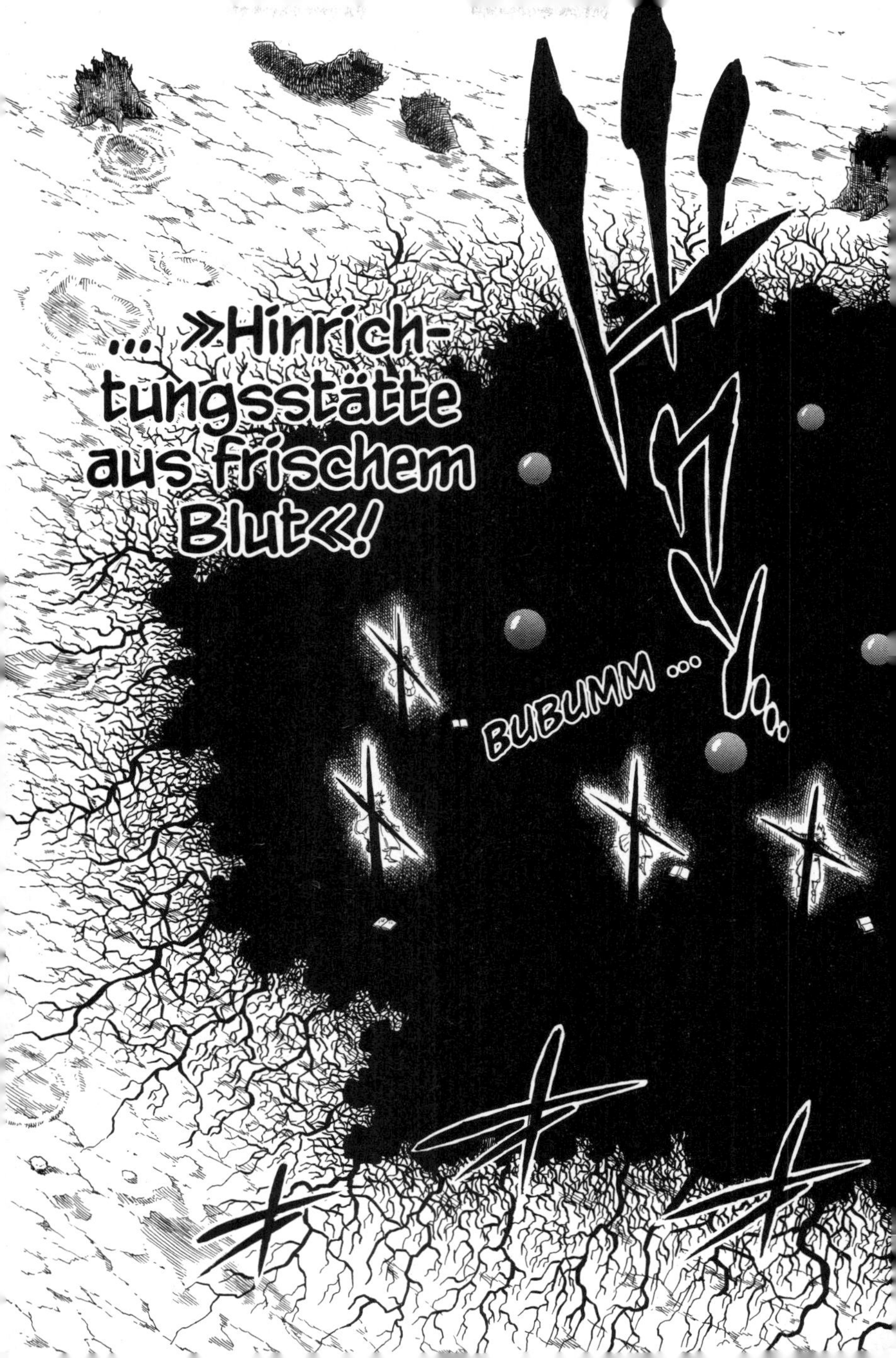
... »Hinrichtungsstätte aus frischem Blut«!
BUBUMM ...

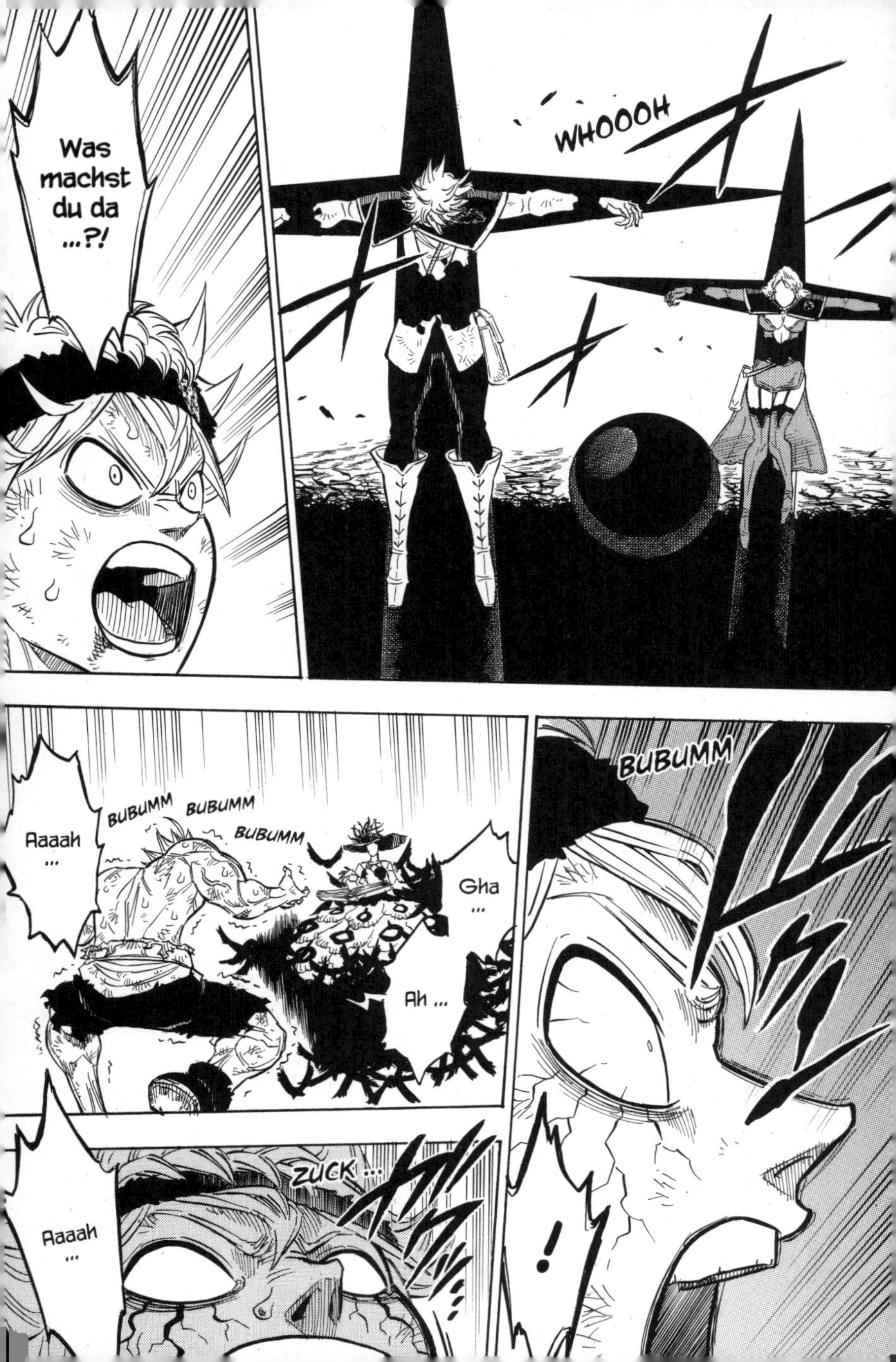
WHOOOH
Was machst du da ...?!
BUBUMM
BUBUMM
BUBUMM
BUBUMM
Gha ...
Ah ...
Aaaah ...
ZUCK ...
!
Aaaah ...

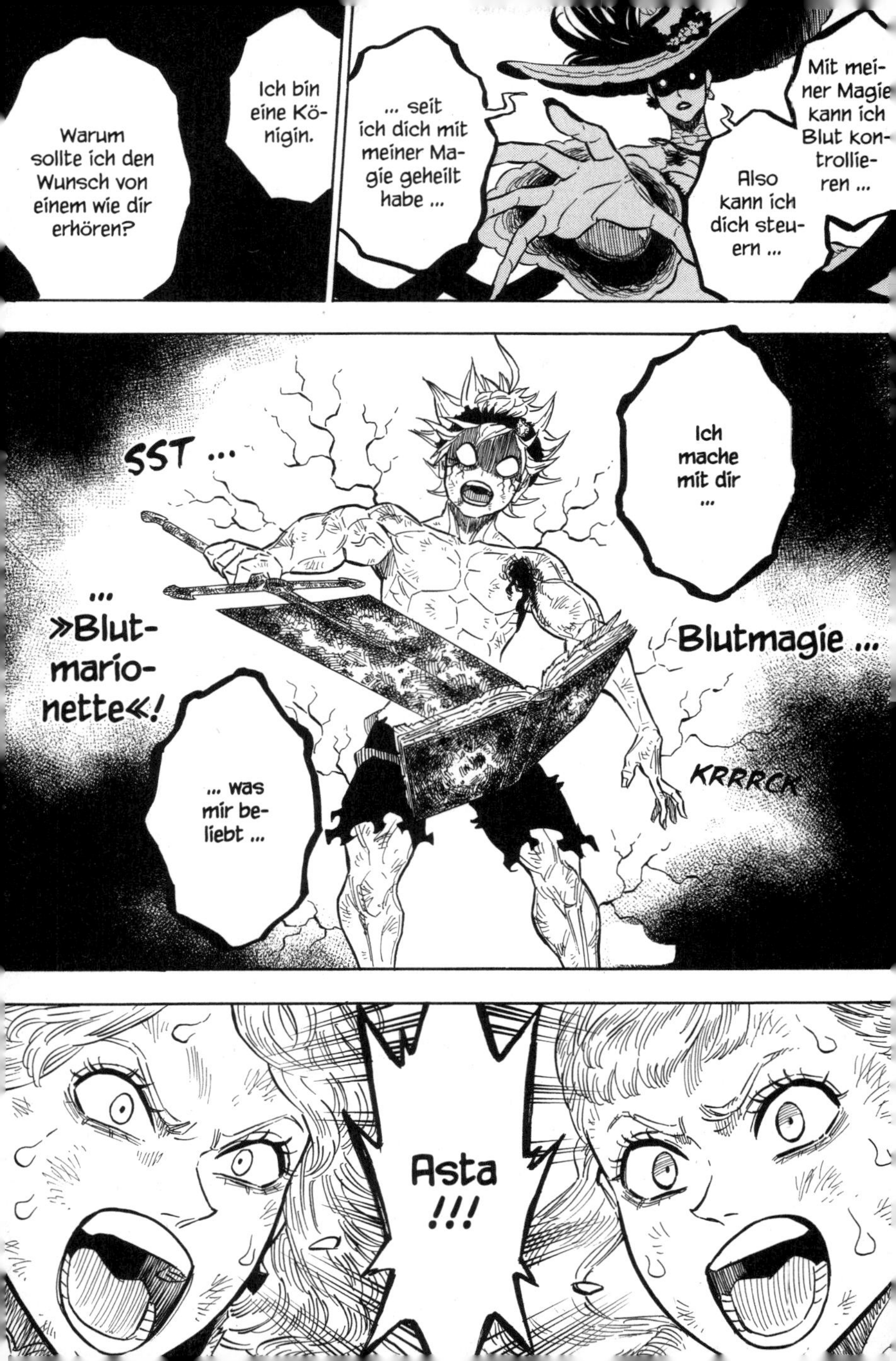

Mit meiner Magie kann ich Blut kontrollieren ...
Also kann ich dich steuern ...
... seit ich dich mit meiner Magie geheilt habe ...
Ich bin eine Königin.
Warum sollte ich den Wunsch von einem wie dir erhören?
Ich mache mit dir ...
Blutmagie ...
KRRRCK
SST ...
... »Blutmarionette«!
... was mir beliebt ...
Asta !!!

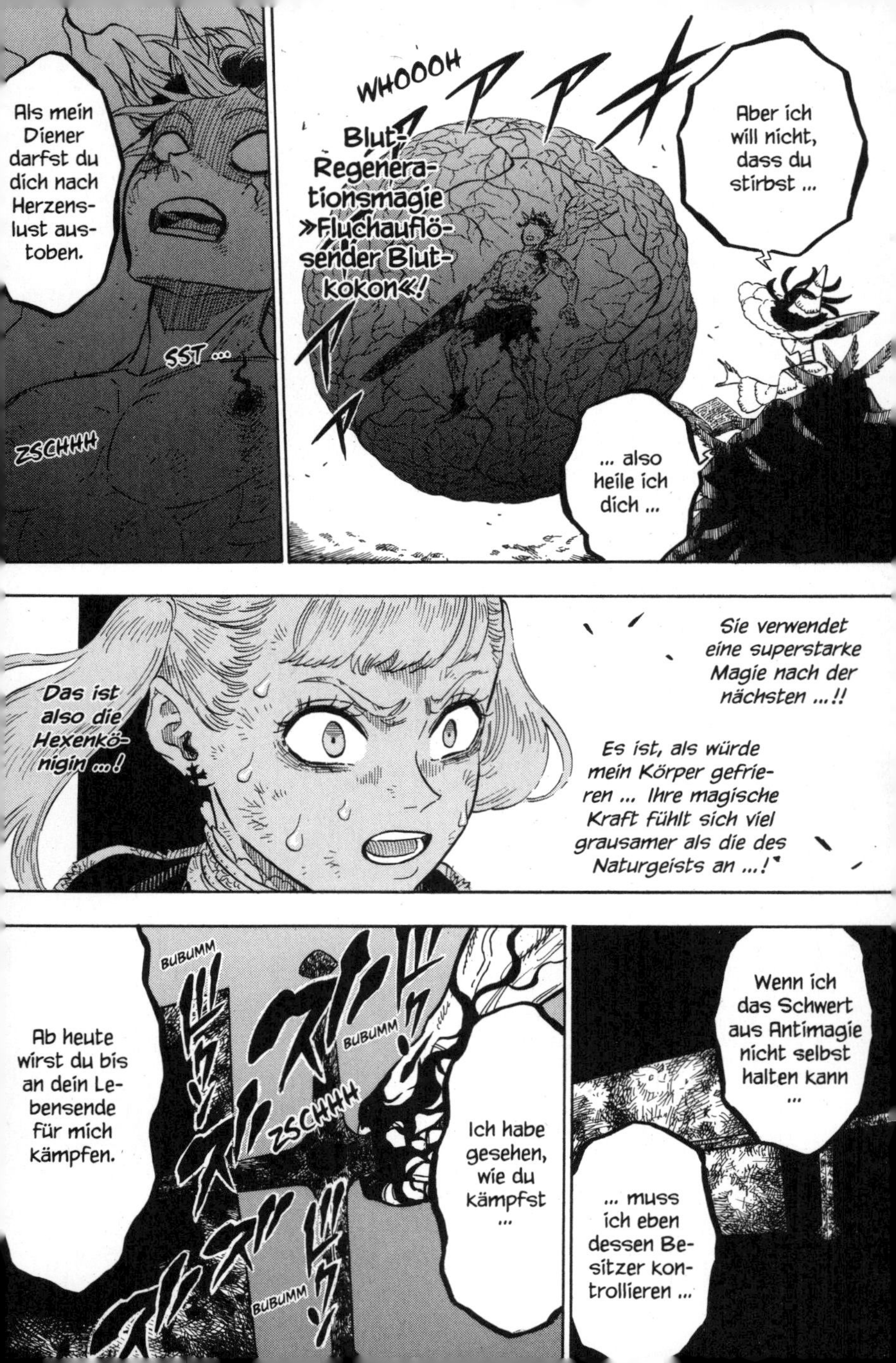
Aber ich will nicht, dass du stirbst ...
... also heile ich dich ...
WHOOOH
Blut-Regenerationsmagie »Fluchauflösender Blutkokon«!
Als mein Diener darfst du dich nach Herzenslust austoben.
SST ...
ZSCHHH
Sie verwendet eine superstarke Magie nach der nächsten ...!!
Es ist, als würde mein Körper gefrieren ... Ihre magische Kraft fühlt sich viel grausamer als die des Naturgeists an ...!
Das ist also die Hexenkönigin ...!
Wenn ich das Schwert aus Antimagie nicht selbst halten kann ...
... muss ich eben dessen Besitzer kontrollieren ...
Ich habe gesehen, wie du kämpfst ...
BUBUMM
BUBUMM
BUBUMM
ZSCHHH
Ab heute wirst du bis an dein Lebensende für mich kämpfen.

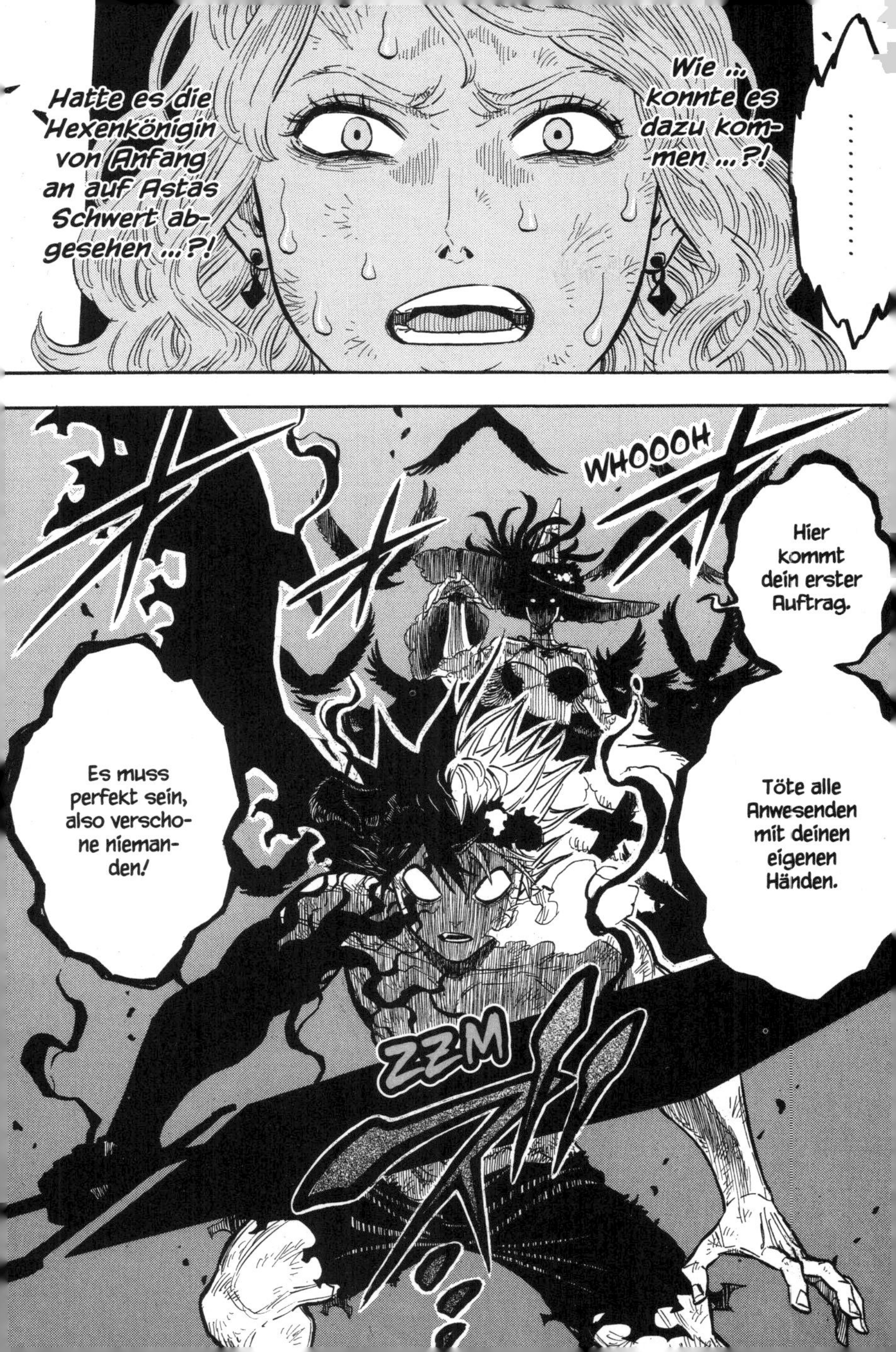
Wie ... konnte es dazu kommen ...?!
Hatte es die Hexenkönigin von Anfang an auf Astas Schwert abgesehen ...?!
WHOOOH
Hier kommt dein erster Auftrag.
Töte alle Anwesenden mit deinen eigenen Händen.
Es muss perfekt sein, also verschone niemanden!
ZZM

Ladros

Alter: 20 Jahre
Größe: 180 cm
Geburtstag: 4. Juli
Sternzeichen: Krebs
Blutgruppe: 0
Mag: Rot, Fleischsoße

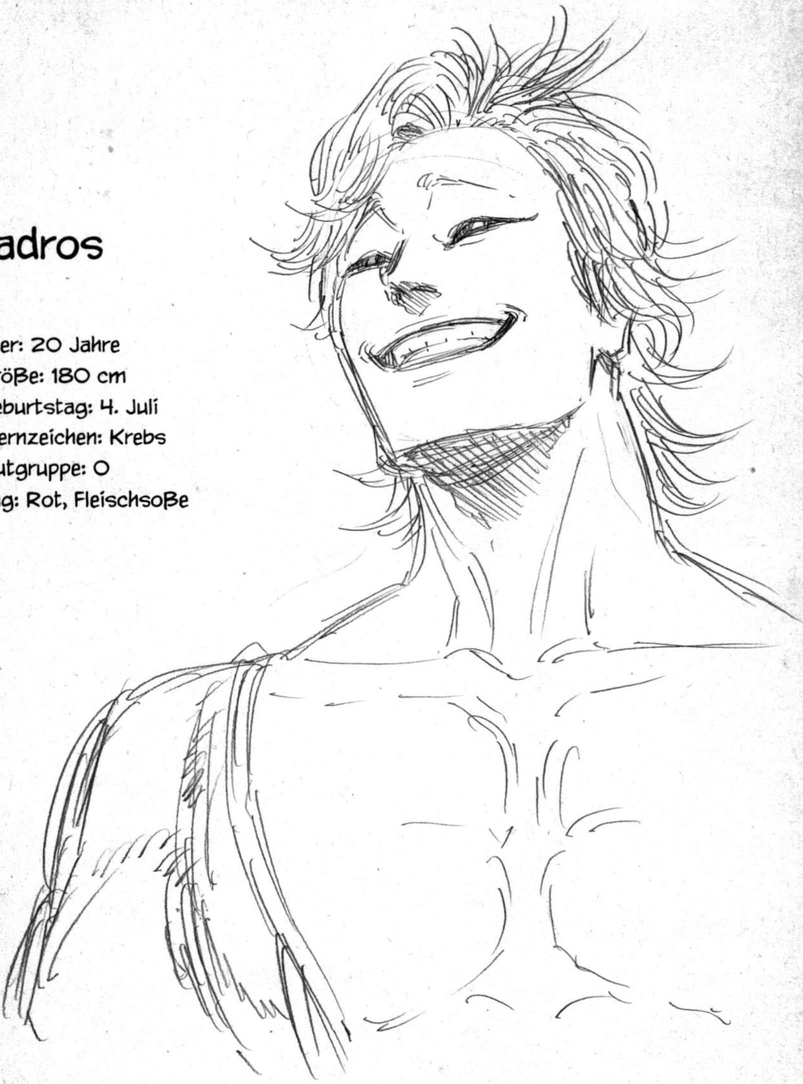

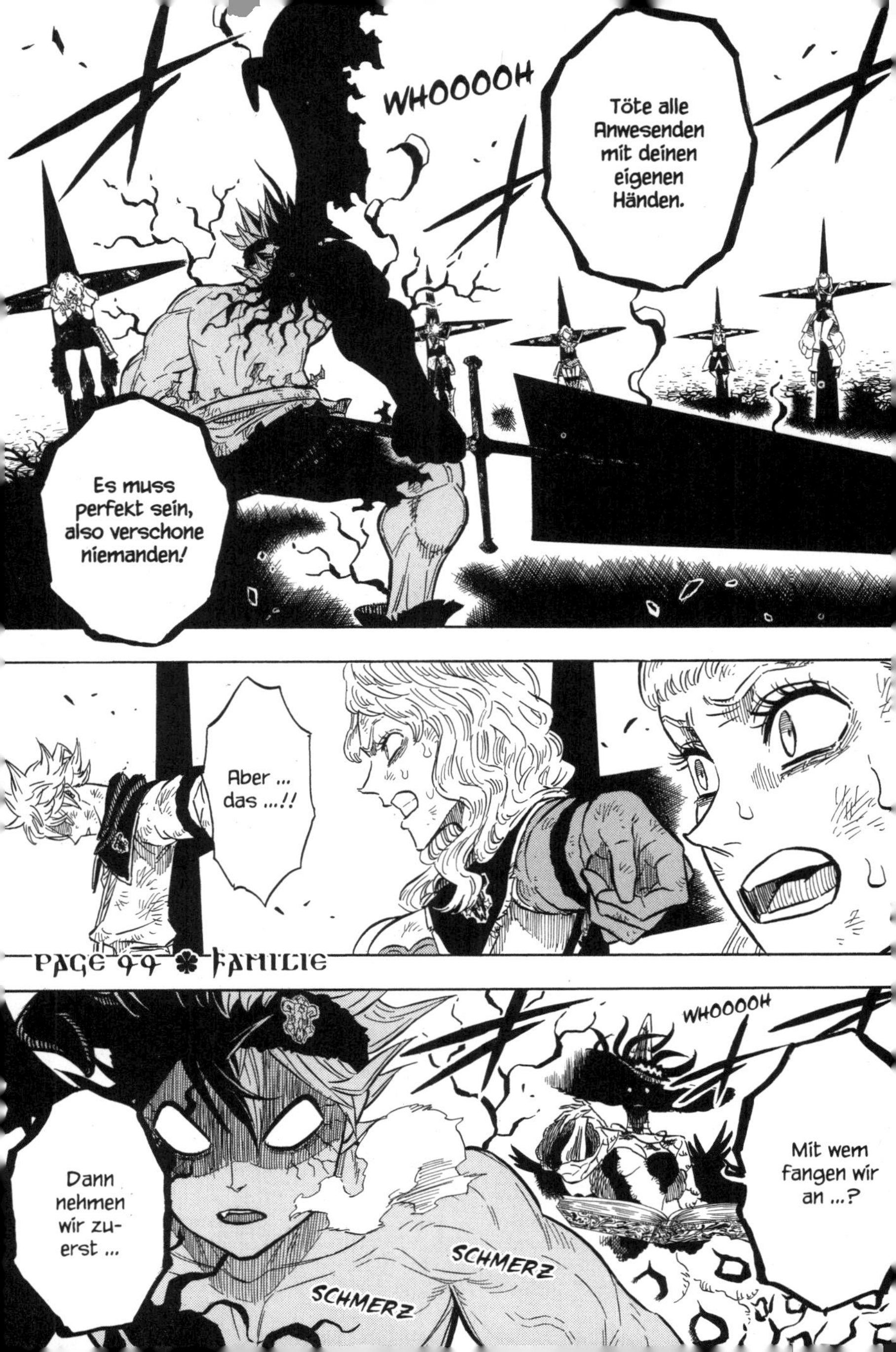
WHOOOOH
Töte alle Anwesenden mit deinen eigenen Händen.
Es muss perfekt sein, also verschone niemanden!
Aber ... das ...!!
PAGE 99 ✿ FAMILIE
WHOOOOH
Mit wem fangen wir an ...?
Dann nehmen wir zu-erst ...
SCHMERZ
SCHMERZ

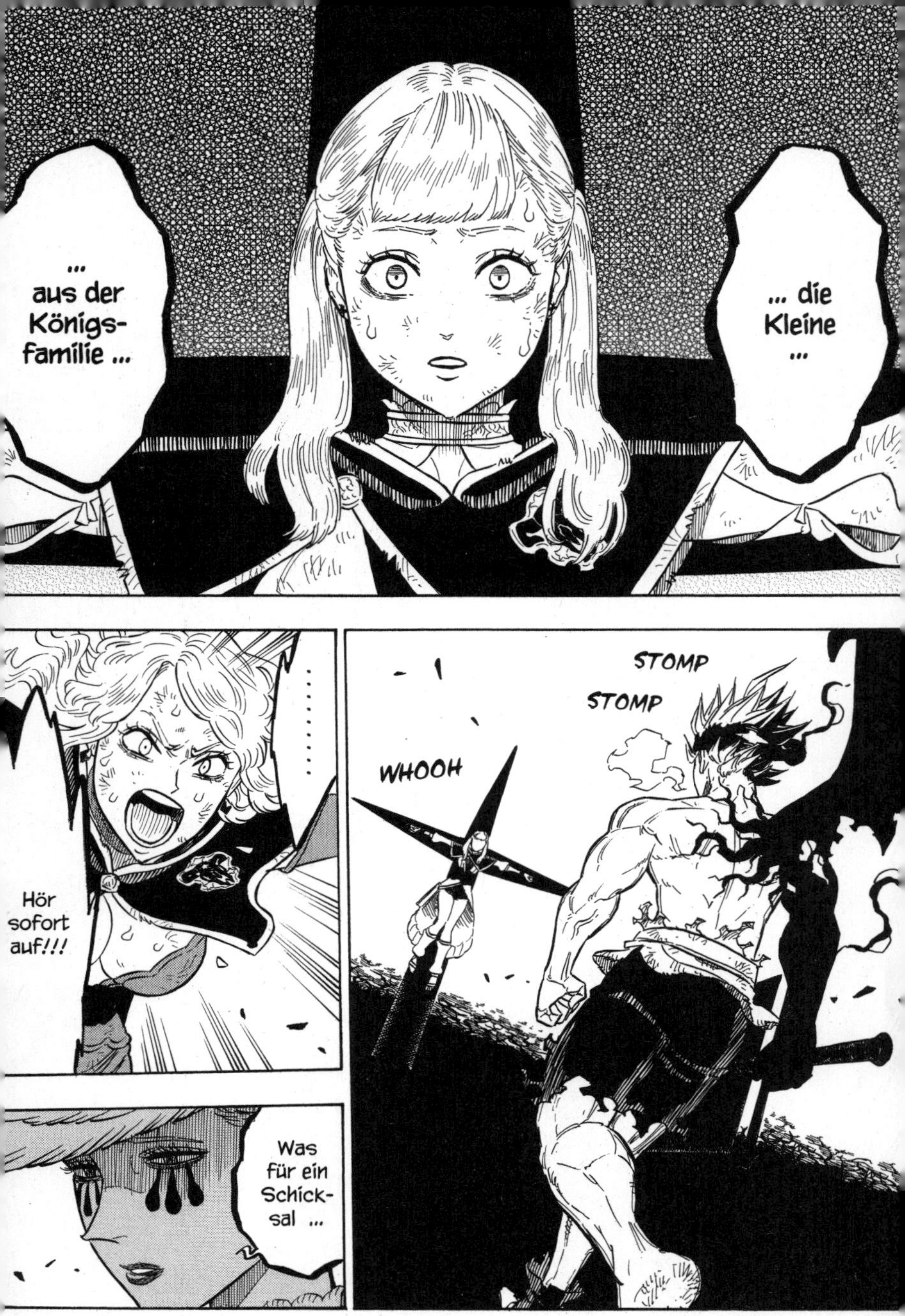

... aus der Königs-familie ...
... die Kleine ...
Hör sofort auf!!!
STOMP
STOMP
WHOOH
Was für ein Schick-sal ...

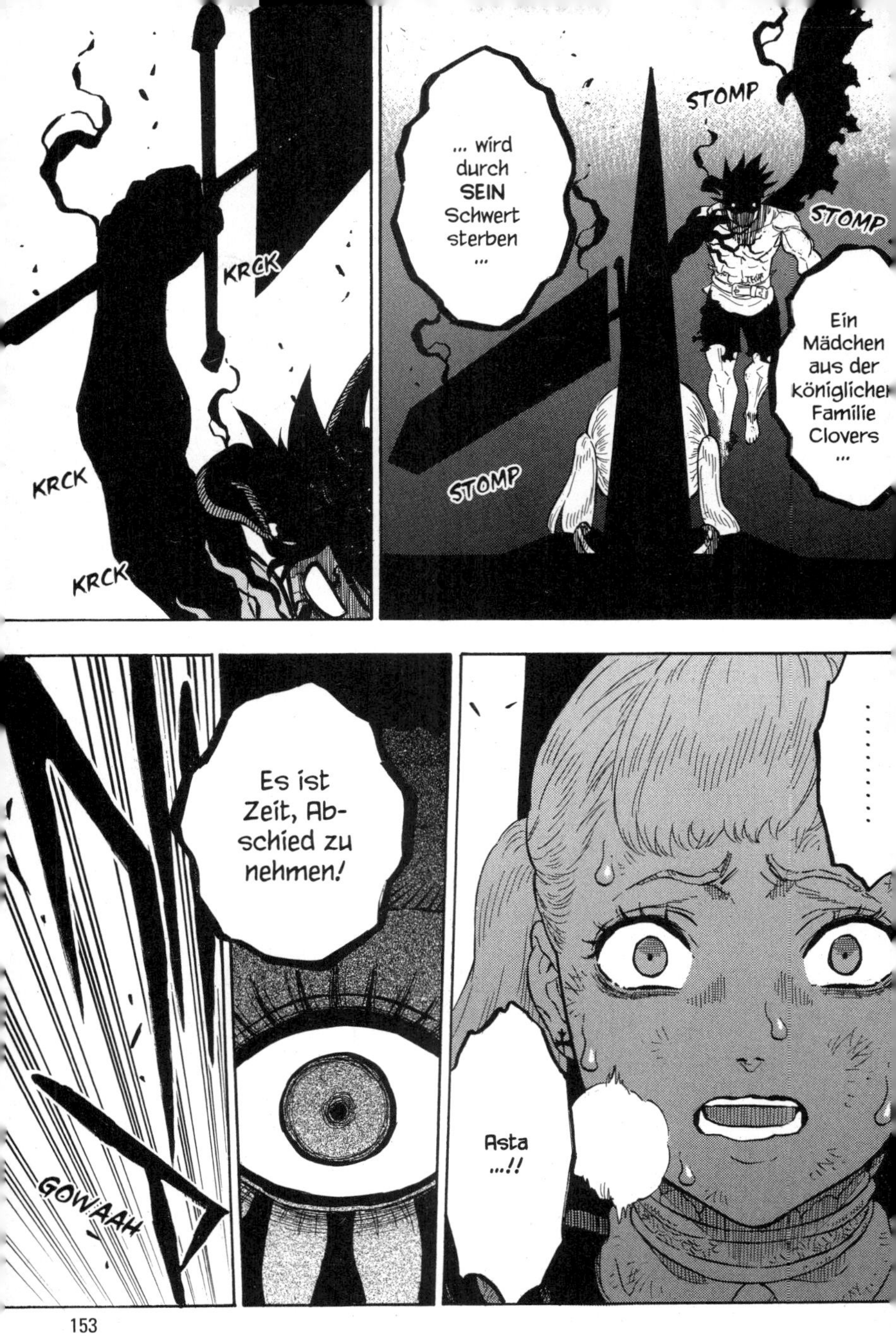
STOMP
STOMP
Ein Mädchen aus der königlichen Familie Clovers ...
... wird durch SEIN Schwert sterben ...
STOMP
KRCK
KRCK
KRCK
......
Asta ...!!
Es ist Zeit, Abschied zu nehmen!
GOWAAH

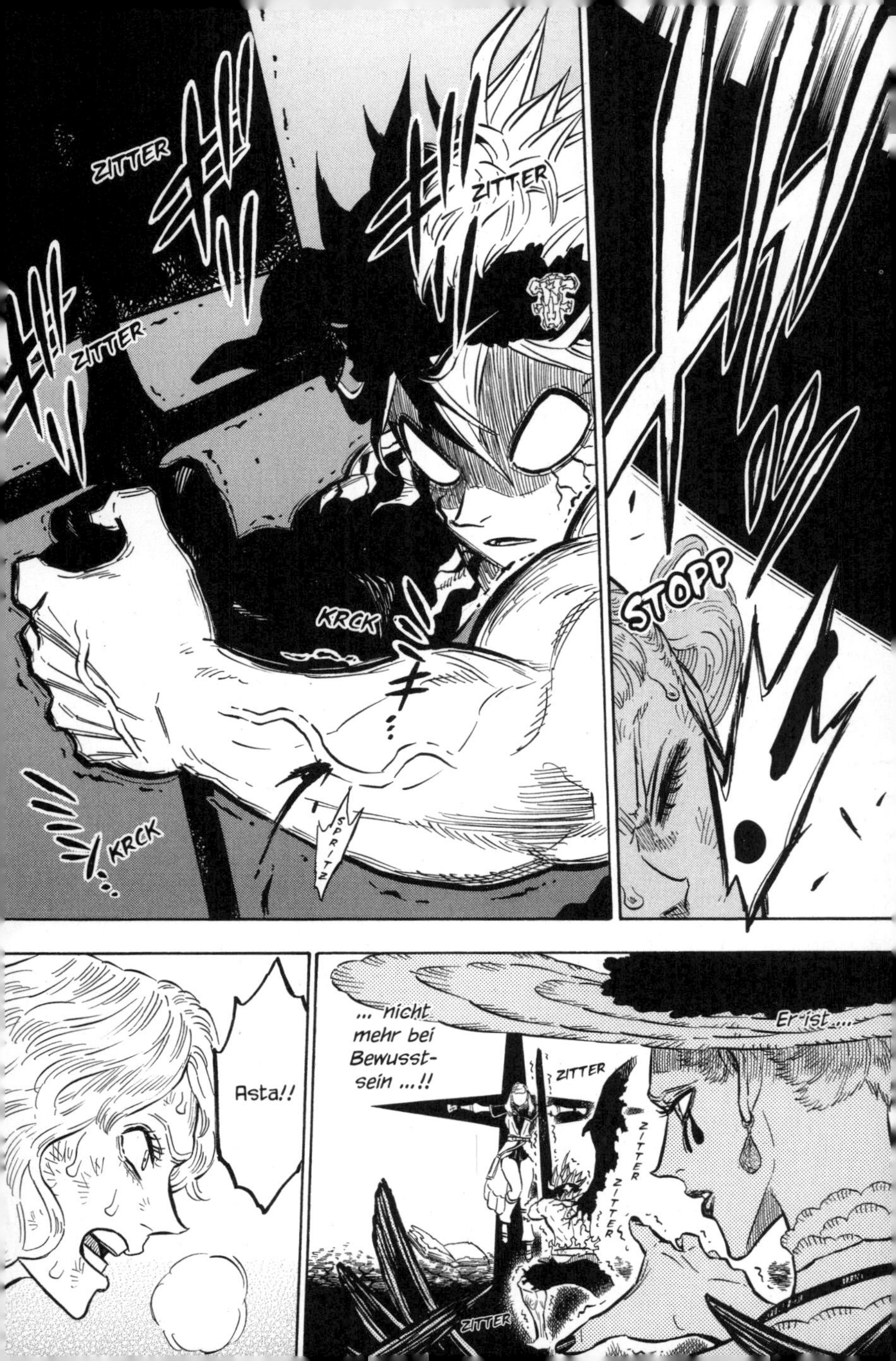

STOPP
ZITTER
ZITTER
ZITTER
KRCK
KRCK
SPRITZ
Er ist ...
... nicht mehr bei Bewusst-sein ...!!
ZITTER
ZITTER
ZITTER
ZITTER
Asta!!

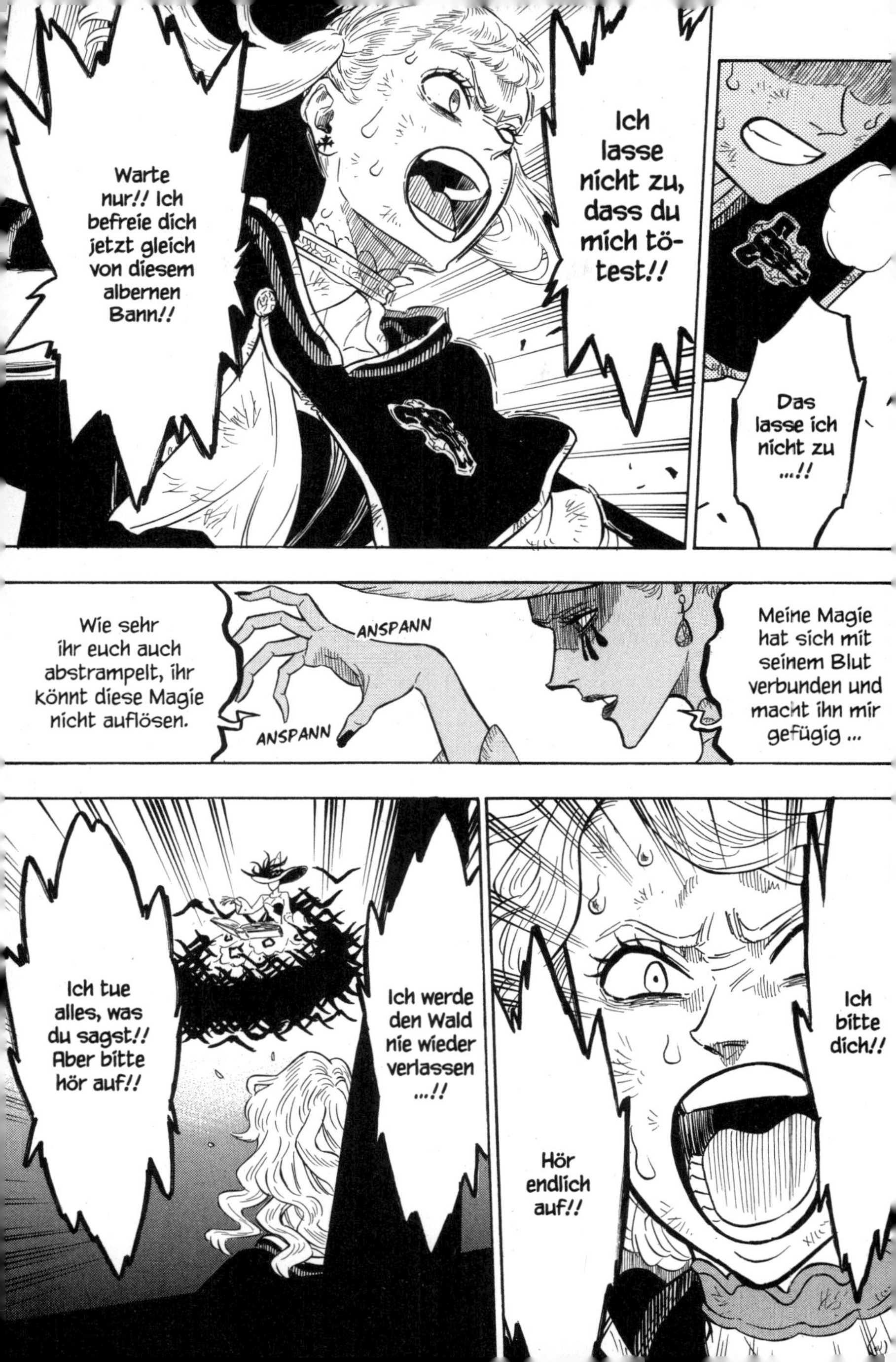
Das lasse ich nicht zu ...!!
Ich lasse nicht zu, dass du mich tö-test!!
Warte nur!! Ich befreie dich jetzt gleich von diesem albernen Bann!!
Meine Magie hat sich mit seinem Blut verbunden und macht ihn mir gefügig ...
ANSPANN
ANSPANN
Wie sehr ihr euch auch abstrampelt, ihr könnt diese Magie nicht auflösen.
Ich bitte dich!!
Hör endlich auf!!
Ich werde den Wald nie wieder verlassen ...!!
Ich tue alles, was du sagst!! Aber bitte hör auf!!

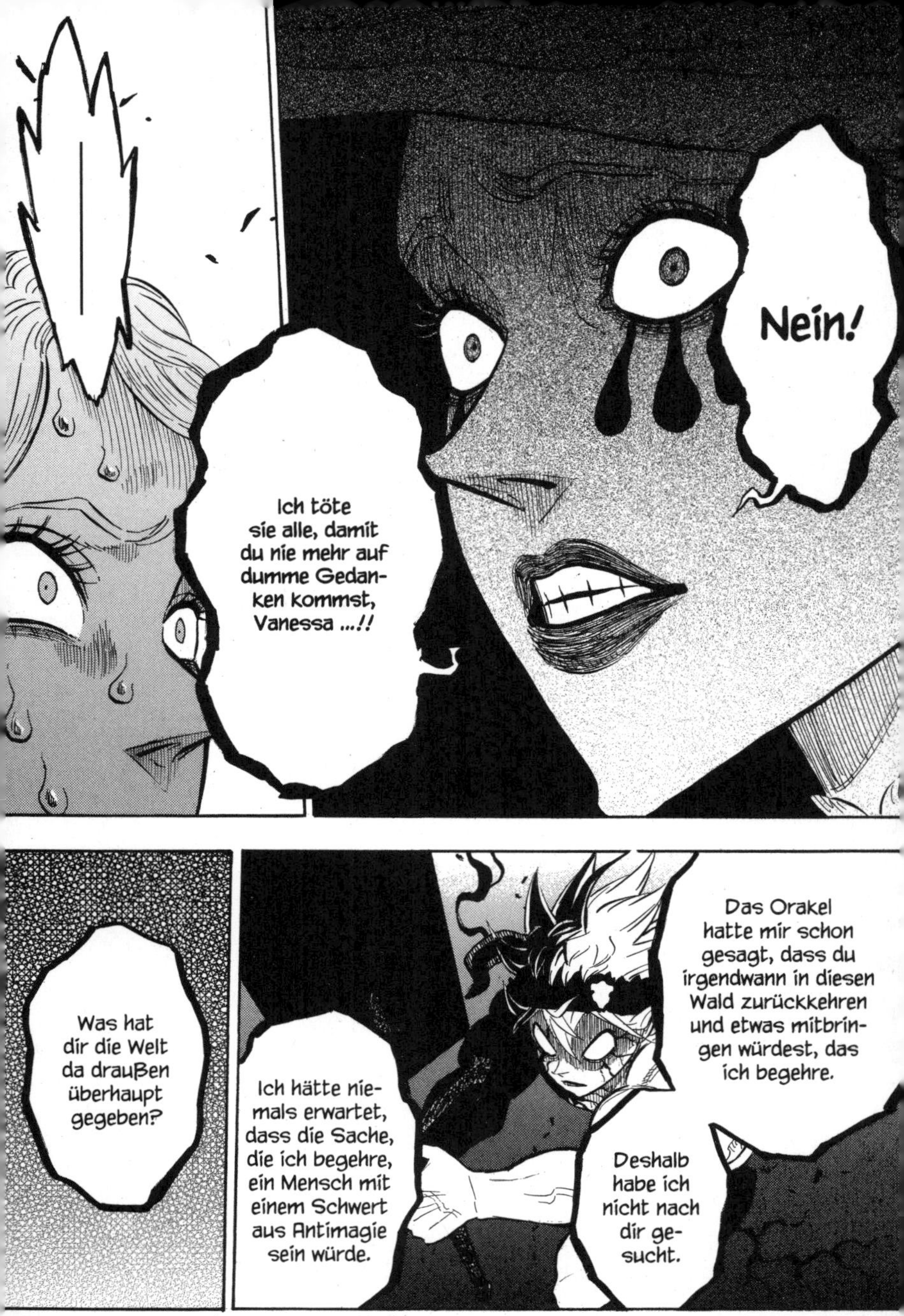
Nein!
Ich töte sie alle, damit du nie mehr auf dumme Gedanken kommst, Vanessa ...!!
Das Orakel hatte mir schon gesagt, dass du irgendwann in diesen Wald zurückkehren und etwas mitbringen würdest, das ich begehre.
Deshalb habe ich nicht nach dir gesucht.
Ich hätte niemals erwartet, dass die Sache, die ich begehre, ein Mensch mit einem Schwert aus Antimagie sein würde.
Was hat dir die Welt da draußen überhaupt gegeben?

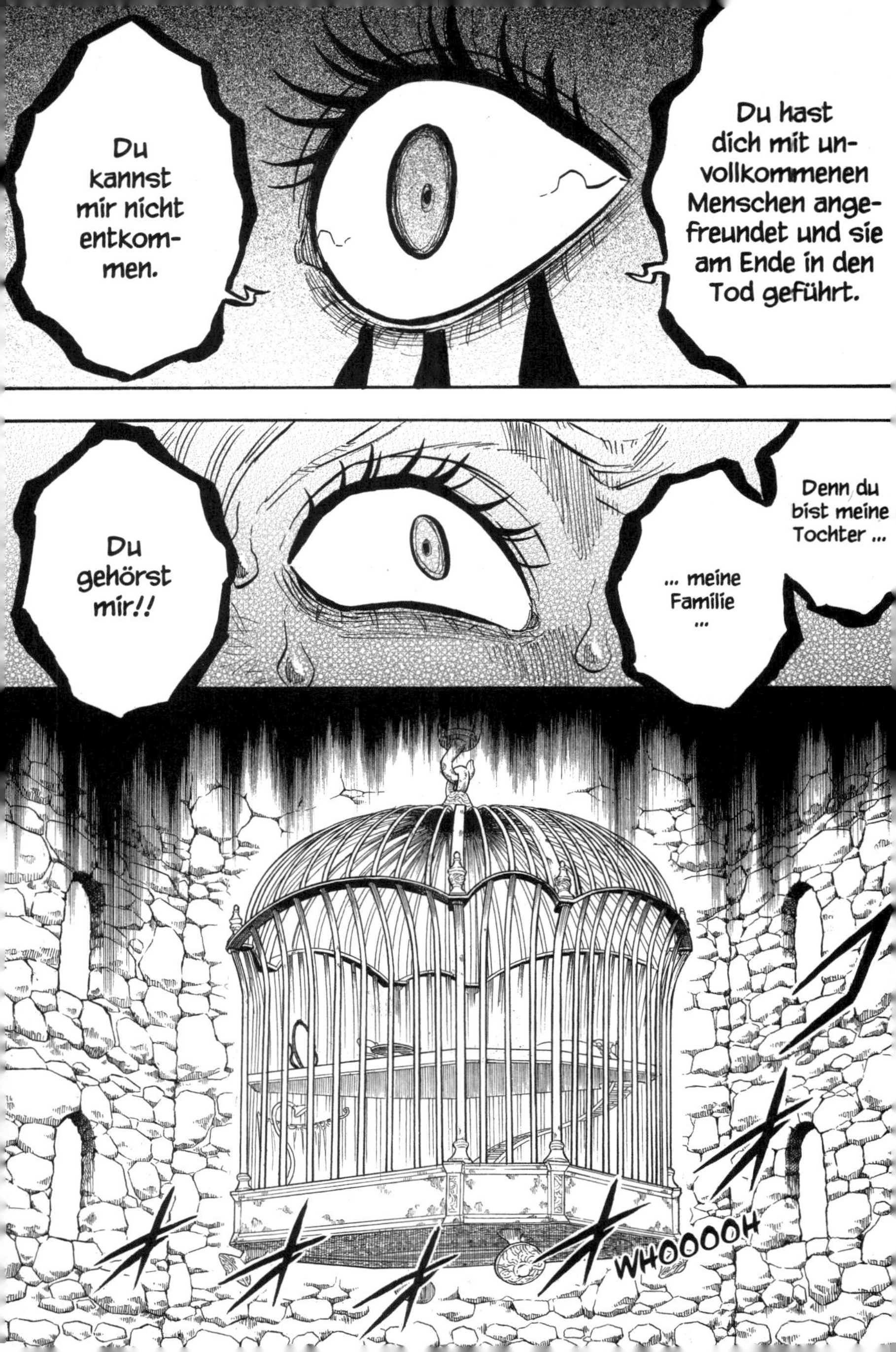
Du hast dich mit unvollkommenen Menschen angefreundet und sie am Ende in den Tod geführt.
Du kannst mir nicht entkommen.
Denn du bist meine Tochter ...
... meine Familie ...
Du gehörst mir!!
WHOOOOH

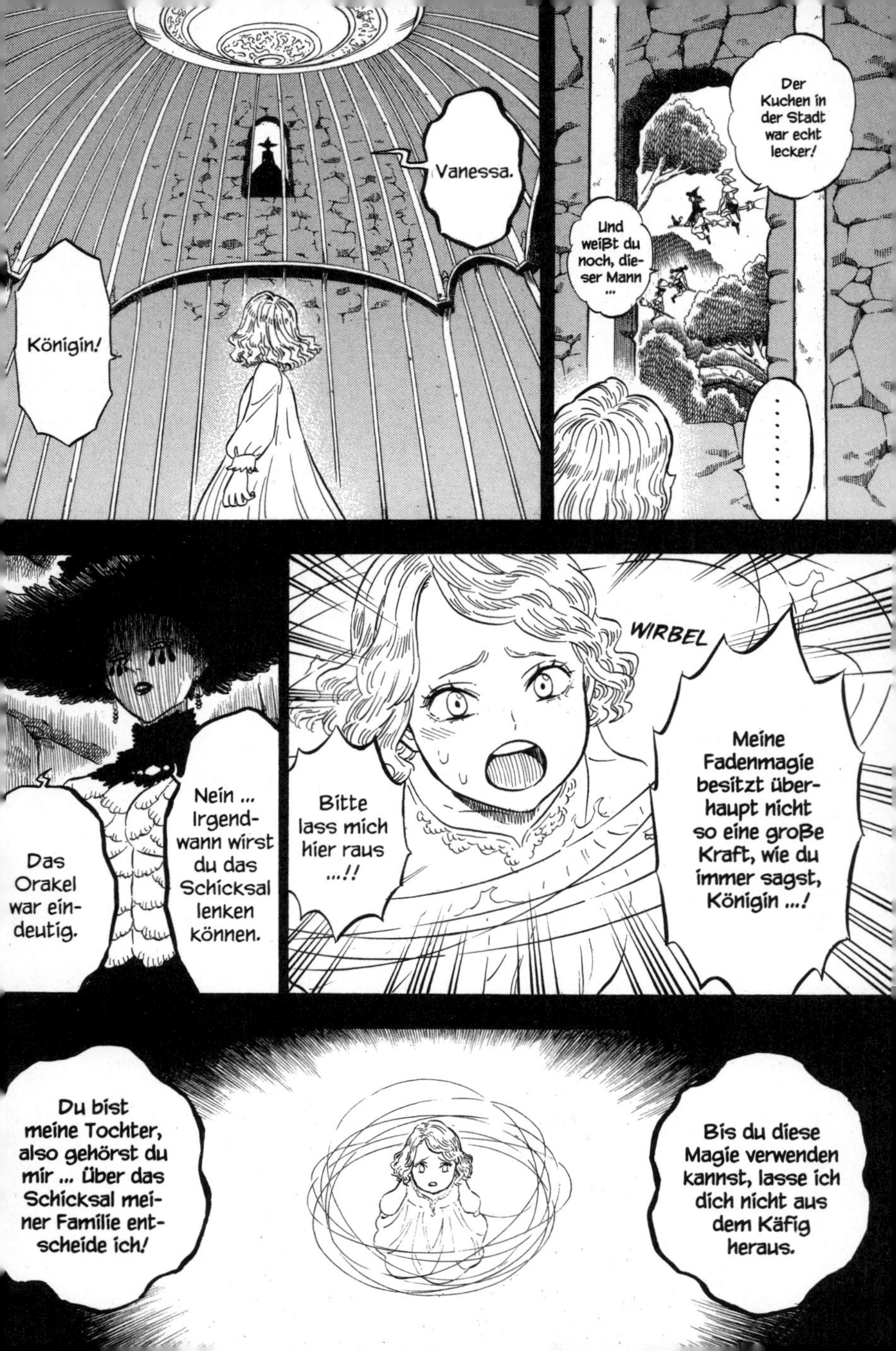
Der Kuchen in der Stadt war echt lecker!
Und weißt du noch, dieser Mann ...
......
Vanessa.
Königin!
WIRBEL
Meine Fadenmagie besitzt überhaupt nicht so eine große Kraft, wie du immer sagst, Königin ...!
Bitte lass mich hier raus ...!!
Nein ... Irgendwann wirst du das Schicksal lenken können.
Das Orakel war eindeutig.
Bis du diese Magie verwenden kannst, lasse ich dich nicht aus dem Käfig heraus.
Du bist meine Tochter, also gehörst du mir ... Über das Schicksal meiner Familie entscheide ich!

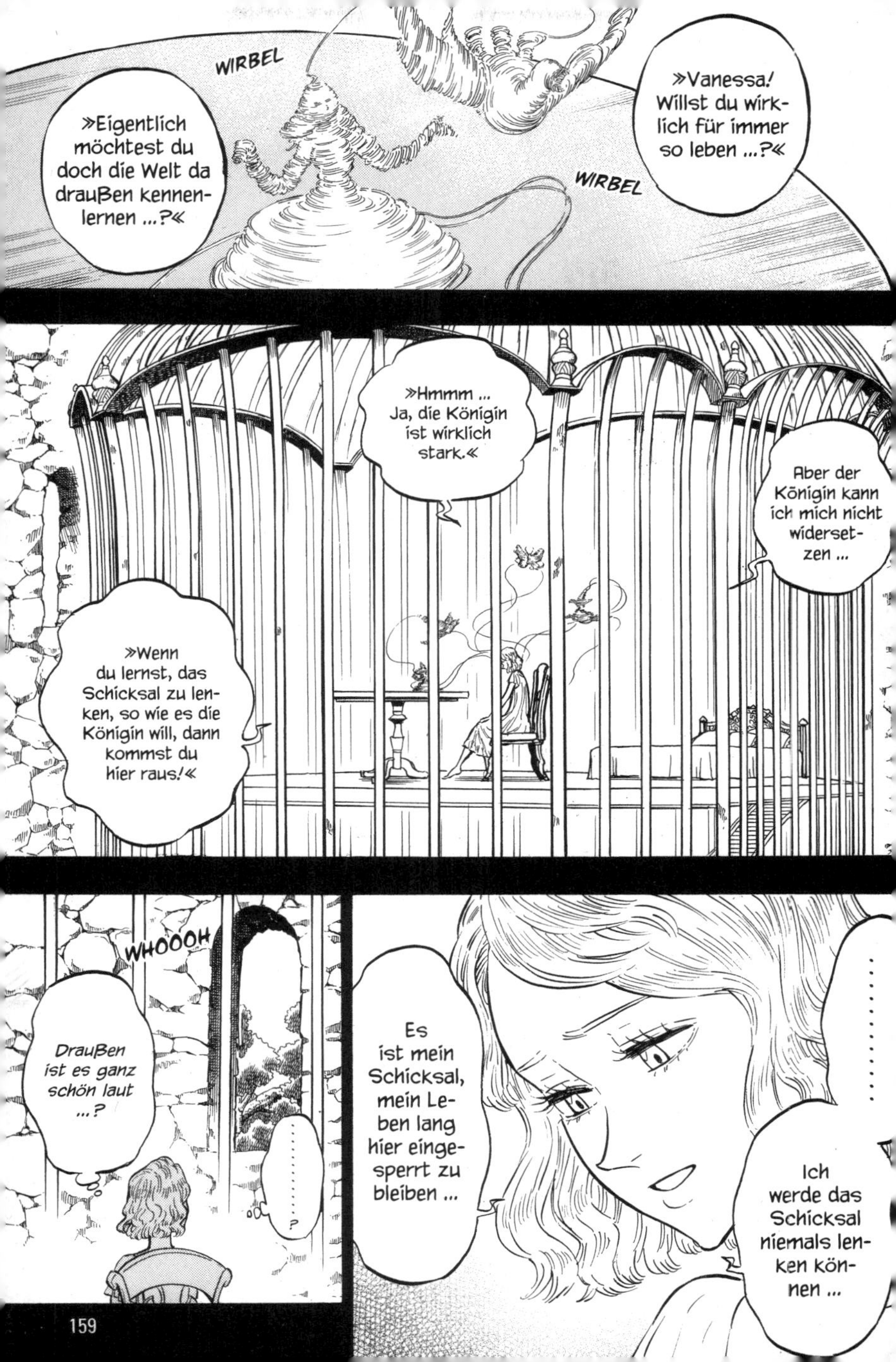

»Vanessa! Willst du wirklich für immer so leben ...?«
WIRBEL
»Eigentlich möchtest du doch die Welt da draußen kennenlernen ...?«
WIRBEL
»Hmmm ... Ja, die Königin ist wirklich stark.«
Aber der Königin kann ich mich nicht widersetzen ...
»Wenn du lernst, das Schicksal zu lenken, so wie es die Königin will, dann kommst du hier raus!«
......
Ich werde das Schicksal niemals lenken können ...
Es ist mein Schicksal, mein Leben lang hier eingesperrt zu bleiben ...
WHOOOH
Draußen ist es ganz schön laut ...?
.........?

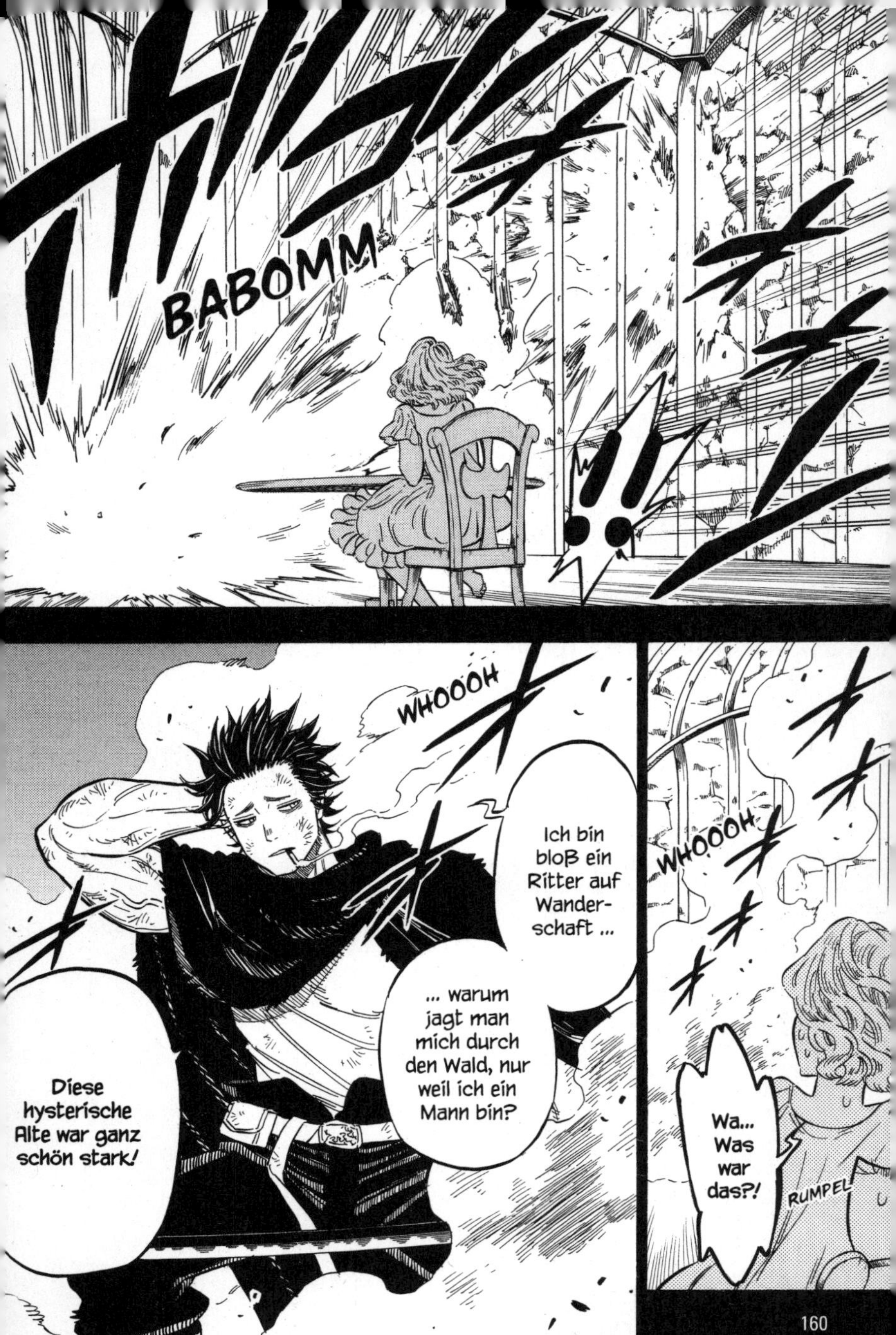
BABOMM
WHOOOH
Wa... Was war das?!
RUMPEL
WHOOOH
Ich bin bloß ein Ritter auf Wanderschaft ...
... warum jagt man mich durch den Wald, nur weil ich ein Mann bin?
Diese hysterische Alte war ganz schön stark!

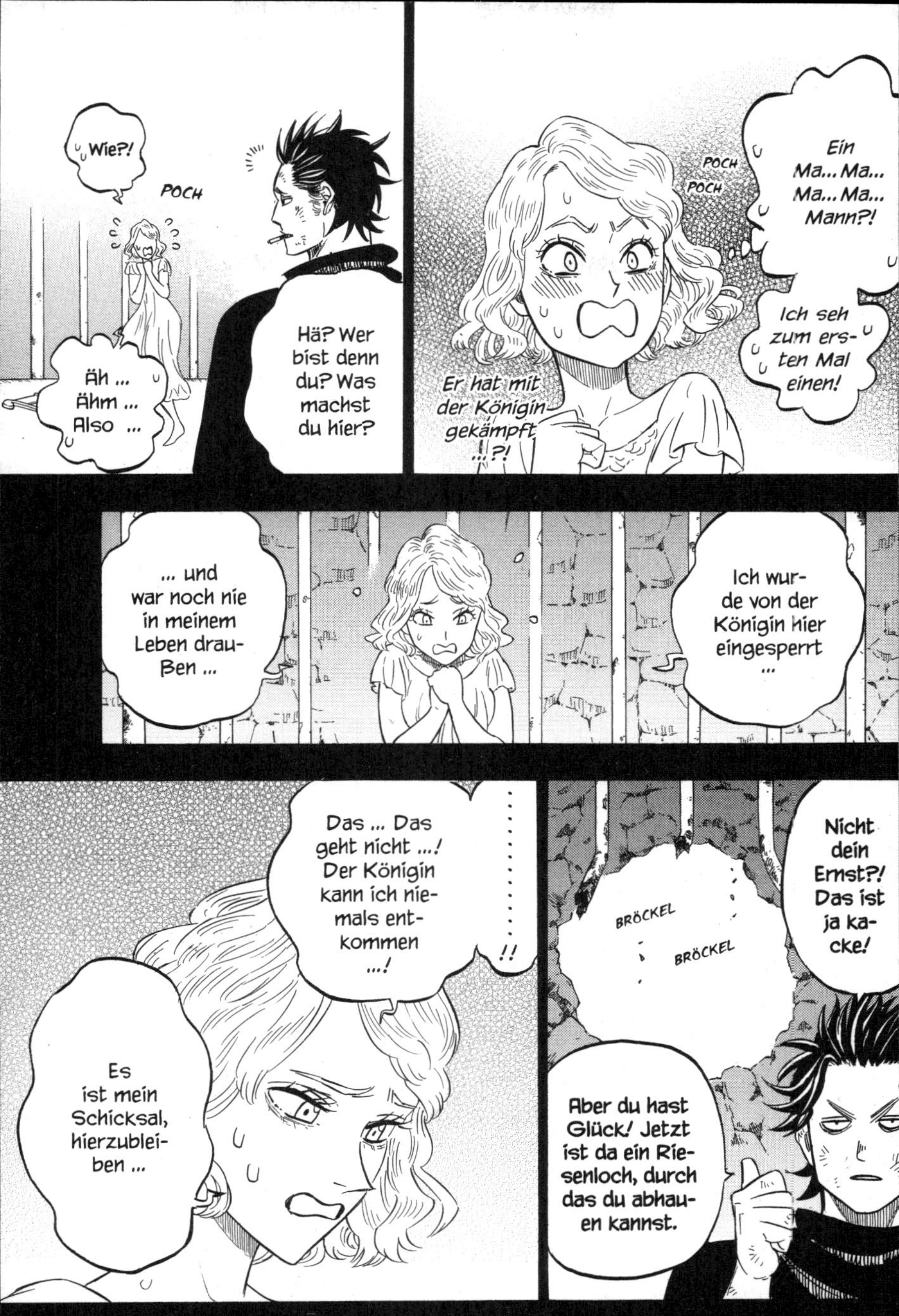
Ein Ma... Ma... Ma... Ma... Mann?!
Ich seh zum ersten Mal einen!
POCH
POCH
Er hat mit der Königin gekämpft ...?!
Hä? Wer bist denn du? Was machst du hier?
Äh ... Ähm ... Also ...
Wie?!
POCH
Ich wurde von der Königin hier eingesperrt ...
... und war noch nie in meinem Leben draußen ...
Nicht dein Ernst?! Das ist ja kacke!
BRÖCKEL
BRÖCKEL
Aber du hast Glück! Jetzt ist da ein Riesenloch, durch das du abhauen kannst.
......!!
Das ... Das geht nicht ...! Der Königin kann ich niemals entkommen ...!
Es ist mein Schicksal, hierzubleiben ...

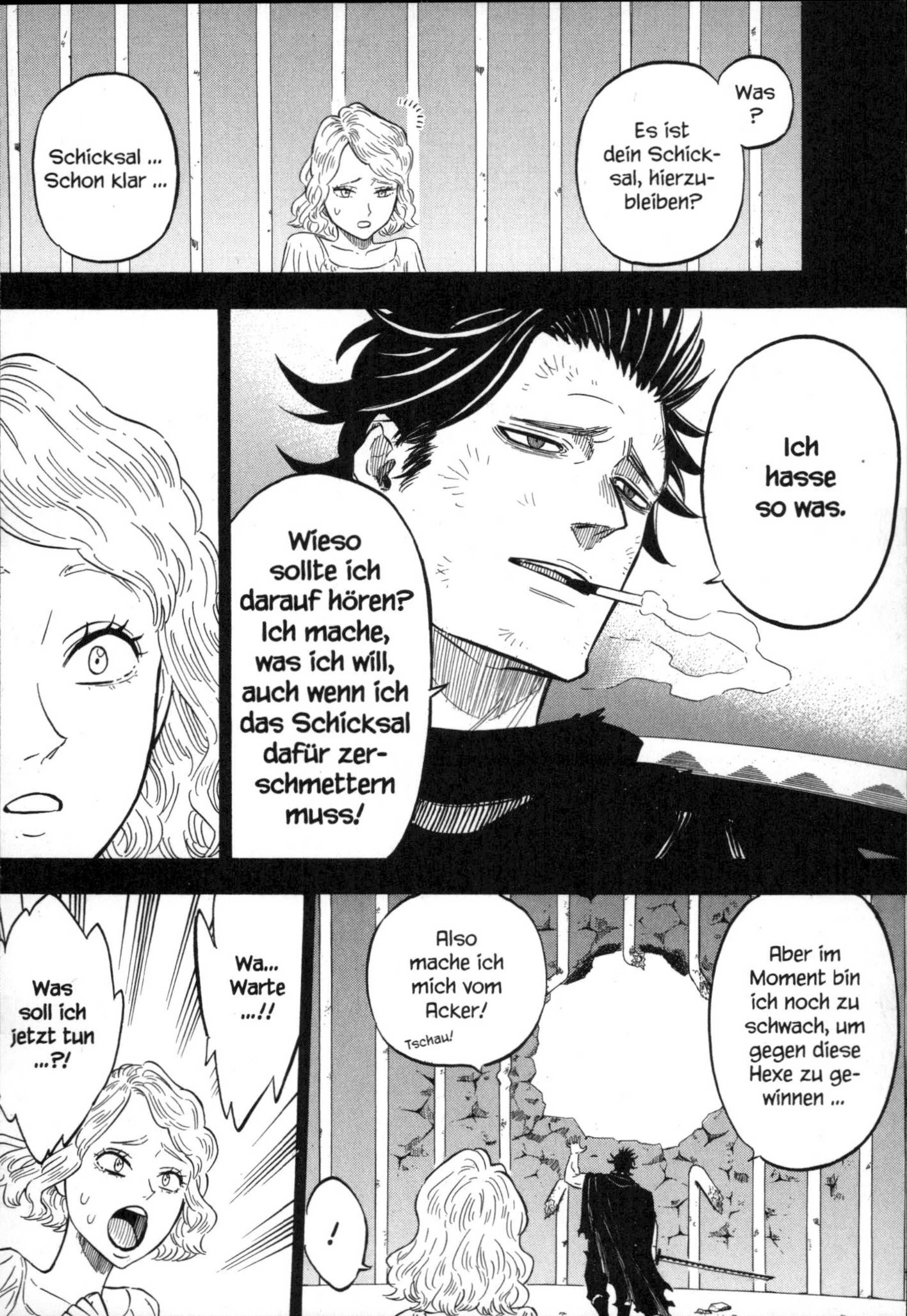
Was?
Es ist dein Schicksal, hierzubleiben?
Schicksal ... Schon klar ...
Ich hasse so was.
Wieso sollte ich darauf hören? Ich mache, was ich will, auch wenn ich das Schicksal dafür zerschmettern muss!
Aber im Moment bin ich noch zu schwach, um gegen diese Hexe zu gewinnen ...
Also mache ich mich vom Acker!
Tschau!
!
Wa... Warte ...!!
Was soll ich jetzt tun ...?!

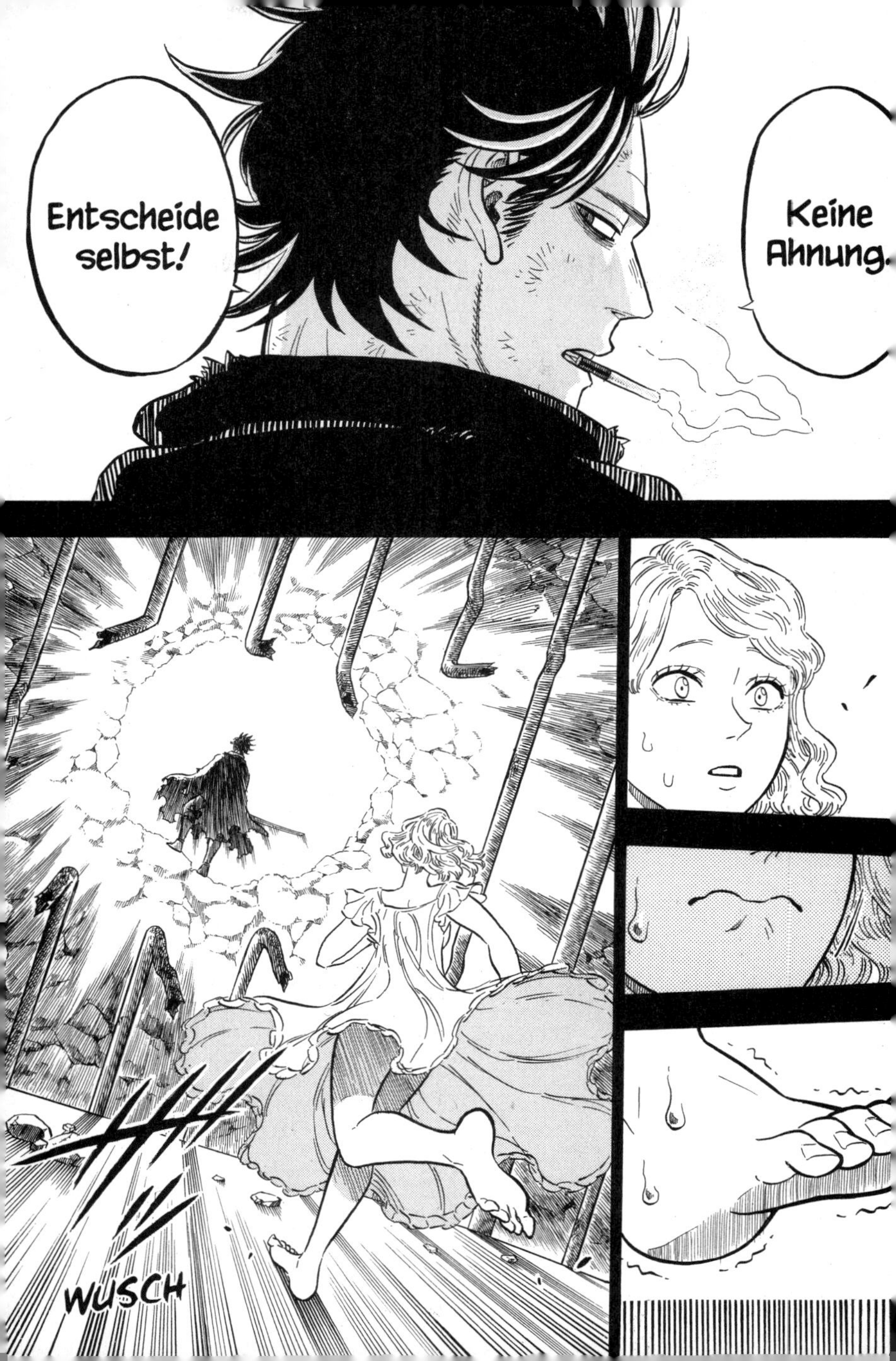
Keine Ahnung.
Entscheide selbst!
WUSCH

Das habe ich in der Welt draußen gewonnen ...

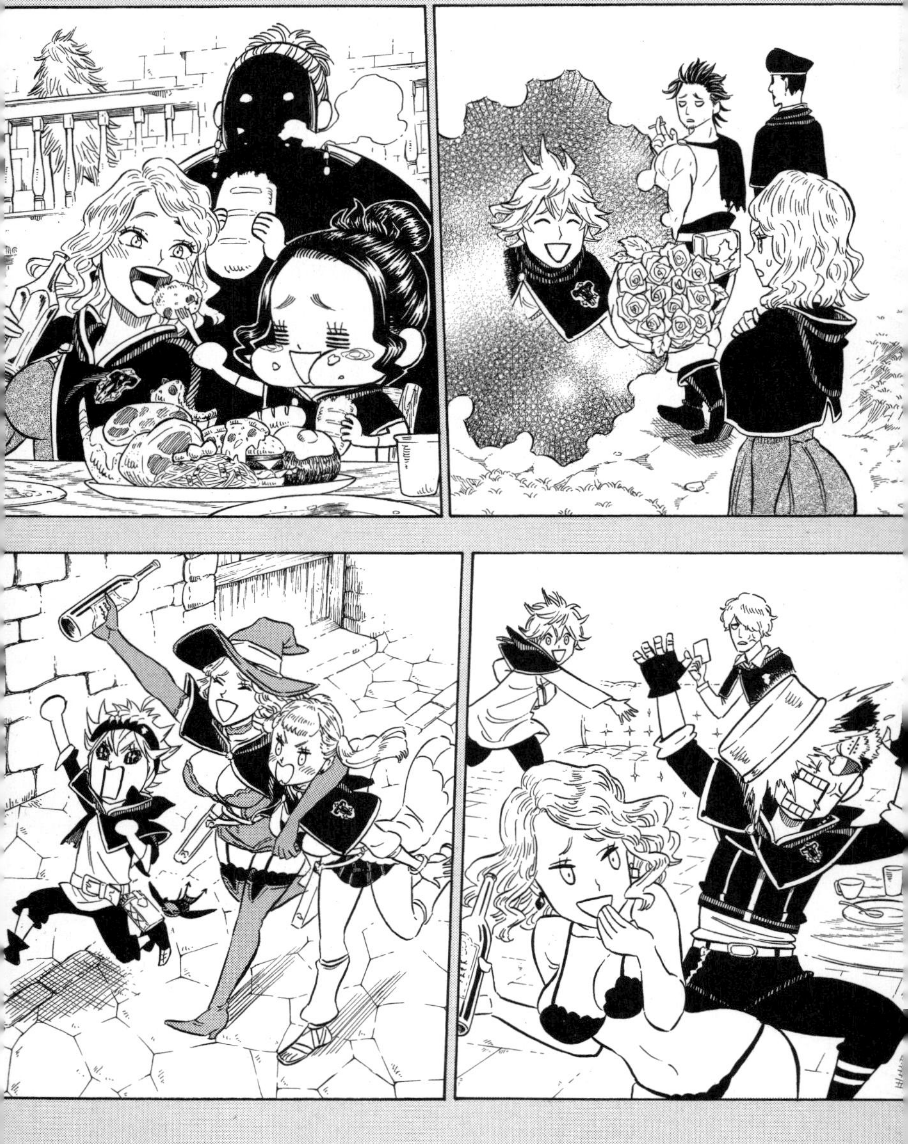

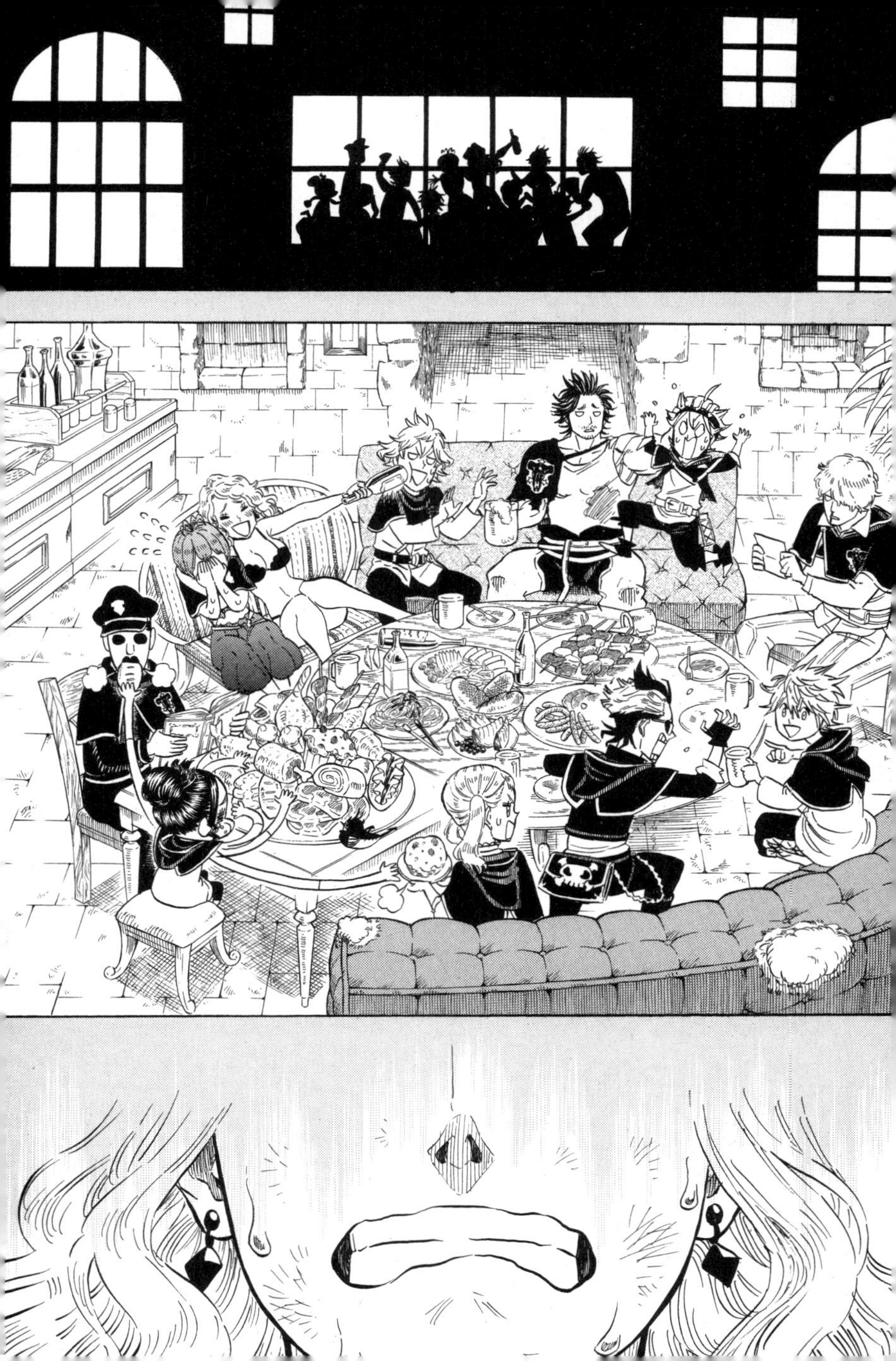

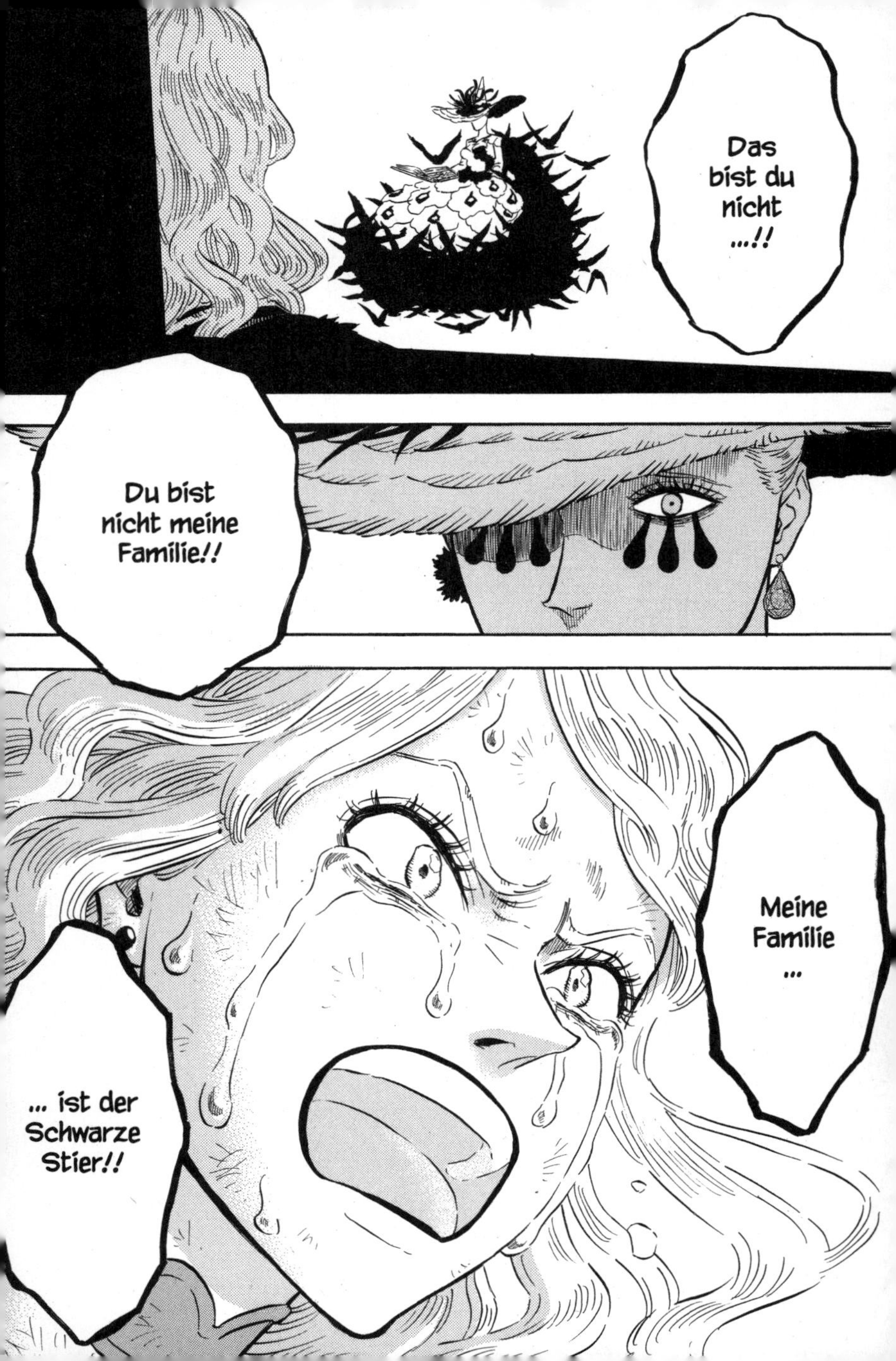
Das bist du nicht ...!!
Du bist nicht meine Familie!!
Meine Familie ...
... ist der Schwarze Stier!!

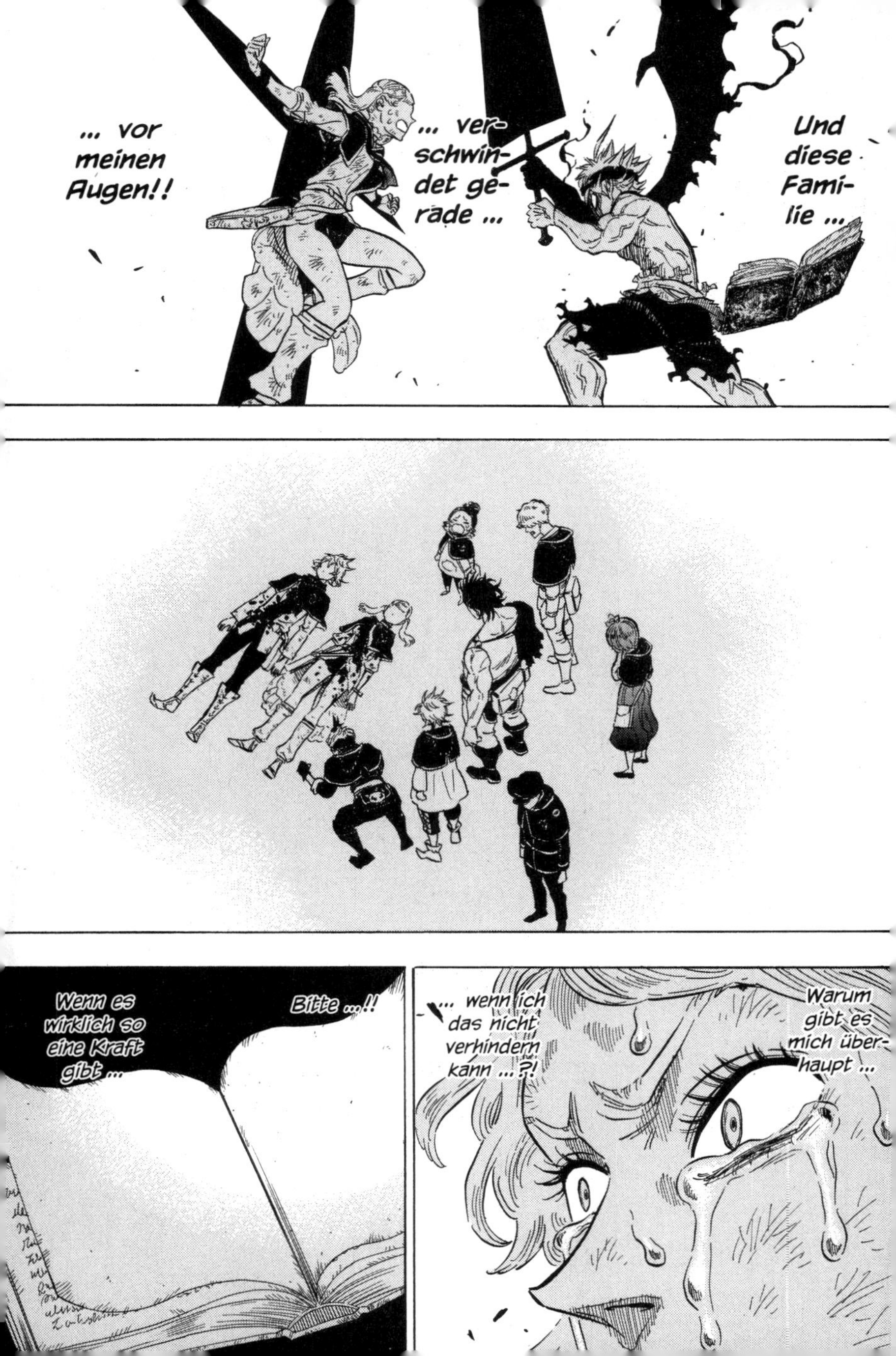
Und diese Familie ...
... verschwindet gerade ...
... vor meinen Augen!!
Warum gibt es mich überhaupt ...
... wenn ich das nicht verhindern kann ...?!
Bitte ...!!
Wenn es wirklich so eine Kraft gibt ...

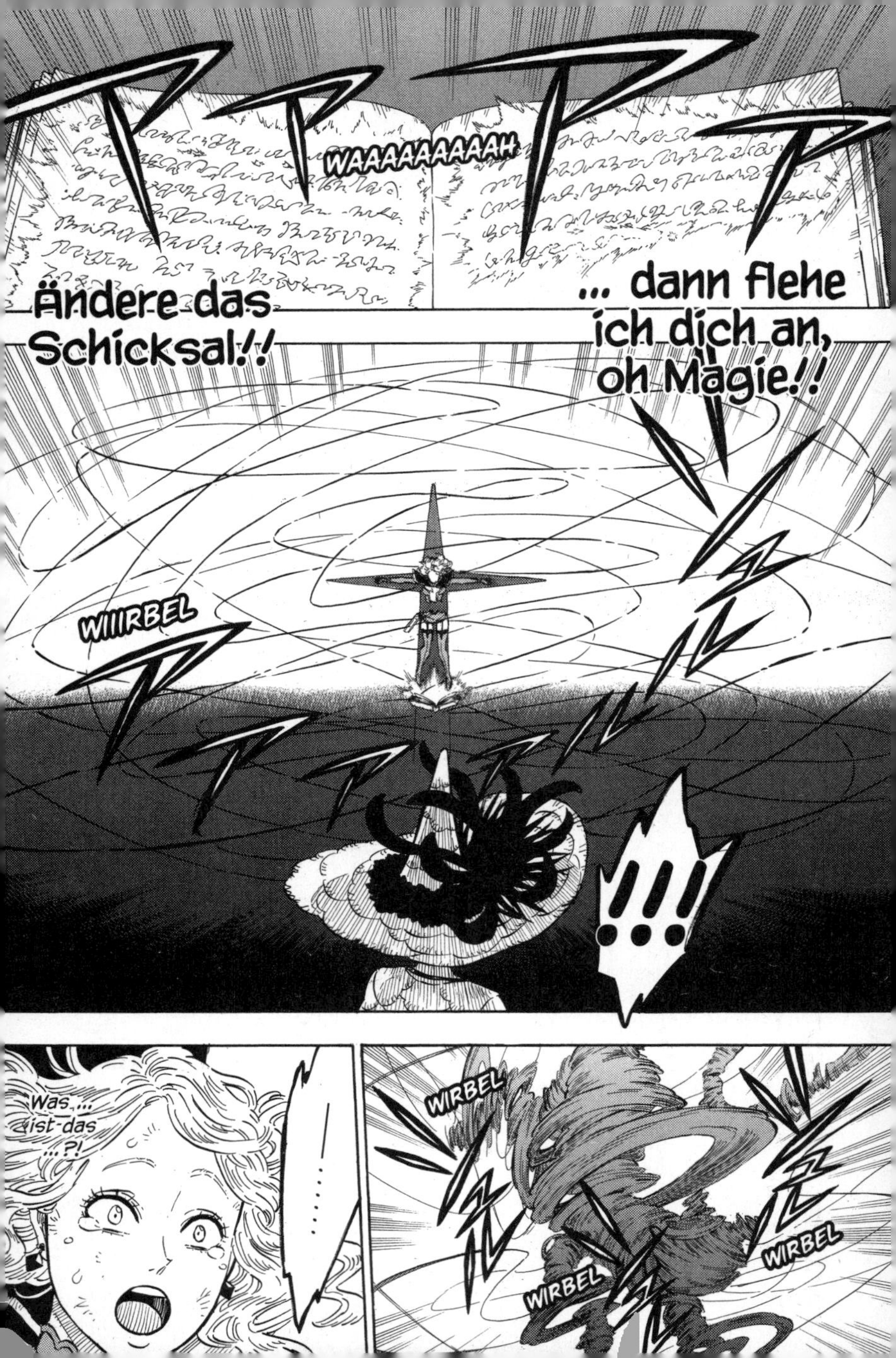
WAAAAAAAAAH
... dann flehe ich dich an, oh Magie!!
Ändere das Schicksal!!
WIIIRBEL
!!!
......
Was ... ist das ...?!
WIRBEL
WIRBEL
WIRBEL

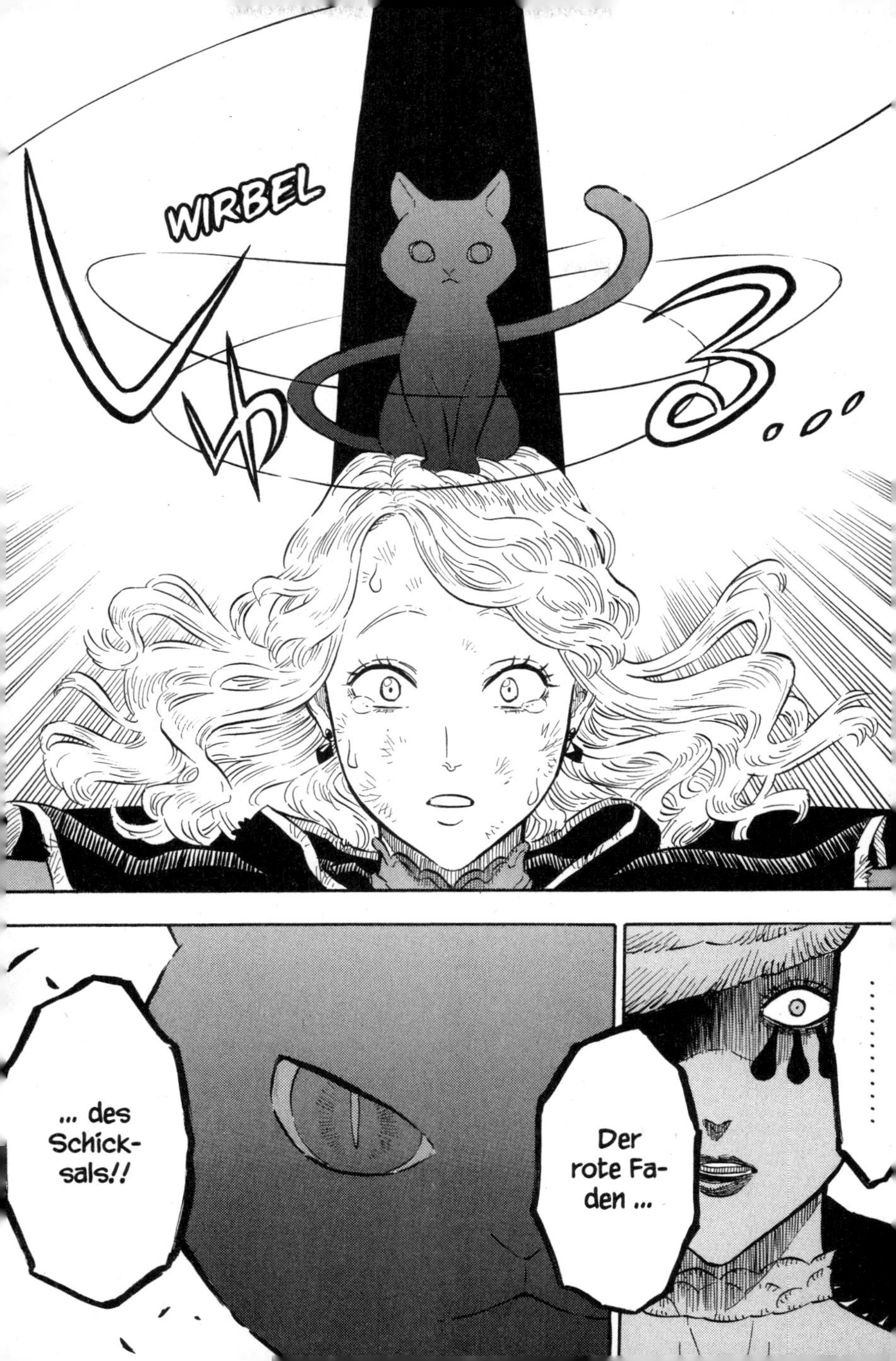
WIRBEL
Der rote Faden ...
... des Schicksals!!

DER SCHWARZ-WEISSE BILDERORDEN

Hatto aus Ehime

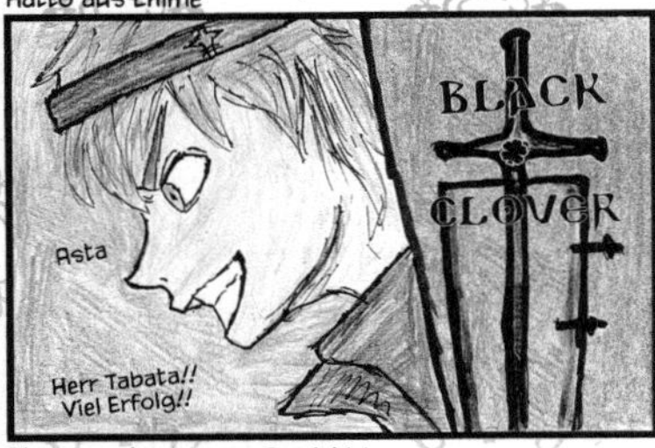

Ein unerschrockenes Gesicht!

Tolle Partner, die sich gegenseitig stärker machen!

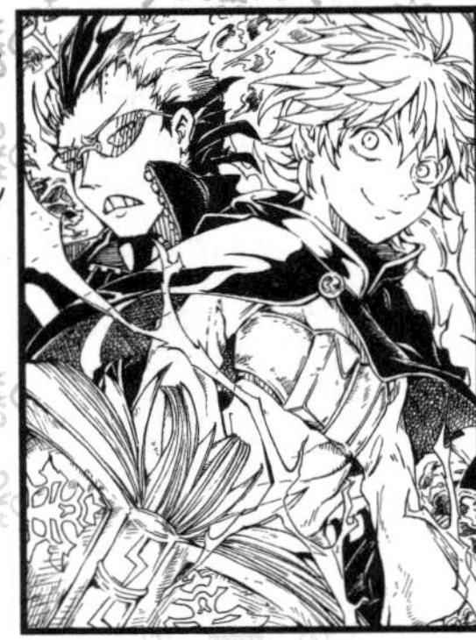

Purin aus Kanagawa

Der Engel Charmy ist zu uns hinabgestiegen.

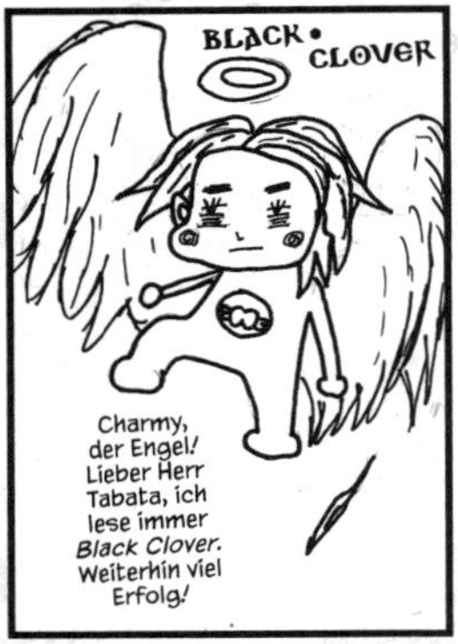

Yusei Tashiro aus Tochigi

Enokibarasora aus Osaka

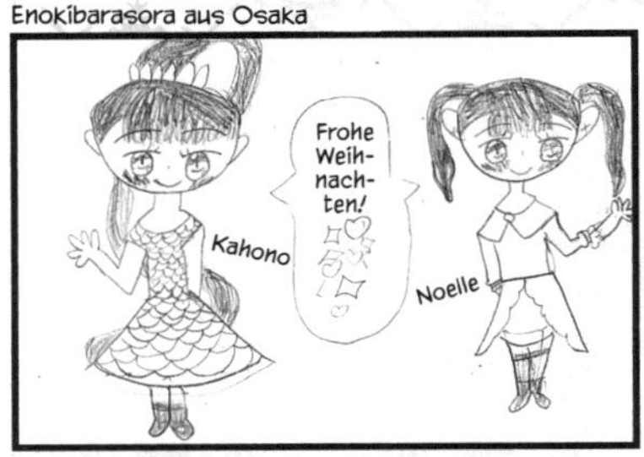

Zwei Mädchen mit hübschem Lächeln.

AUFGEPASST!

✽ Liebe Leser, auch im nächsten Band wird es einen Bereich mit Fragen und Illustrationen geben.

Ich präsentiere wieder Fanarts zu Black Clover und beantworte Fragen!

Danke für eure Unterstützung!

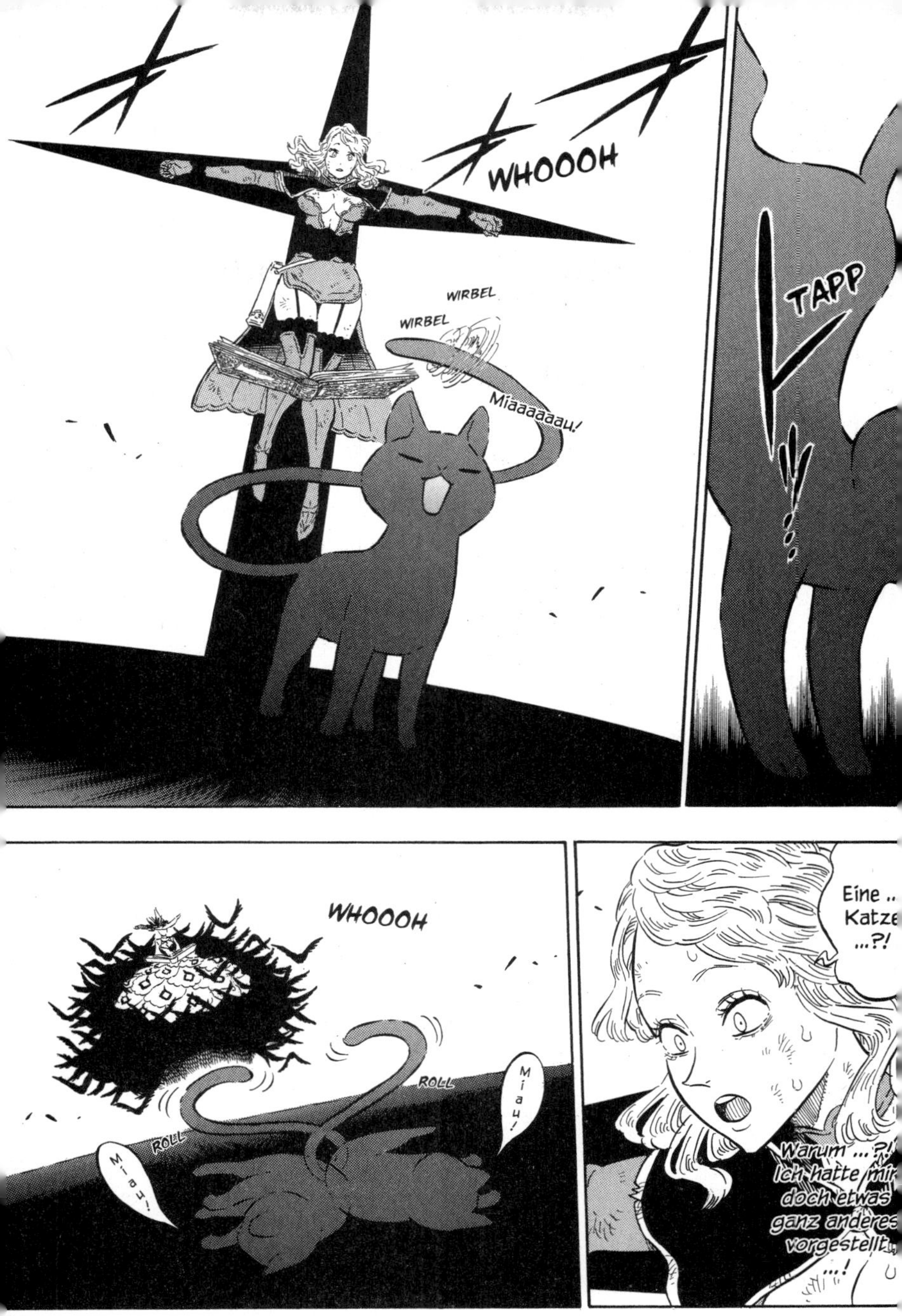

TAPP
WHOOOH
WIRBEL
WIRBEL
Miaaaaaau!
Eine ... Katze ...?!
Warum ...?! Ich hatte mir doch etwas ganz anderes vorgestellt ...!
WHOOOH
ROLL
Miau!
ROLL
Miau!

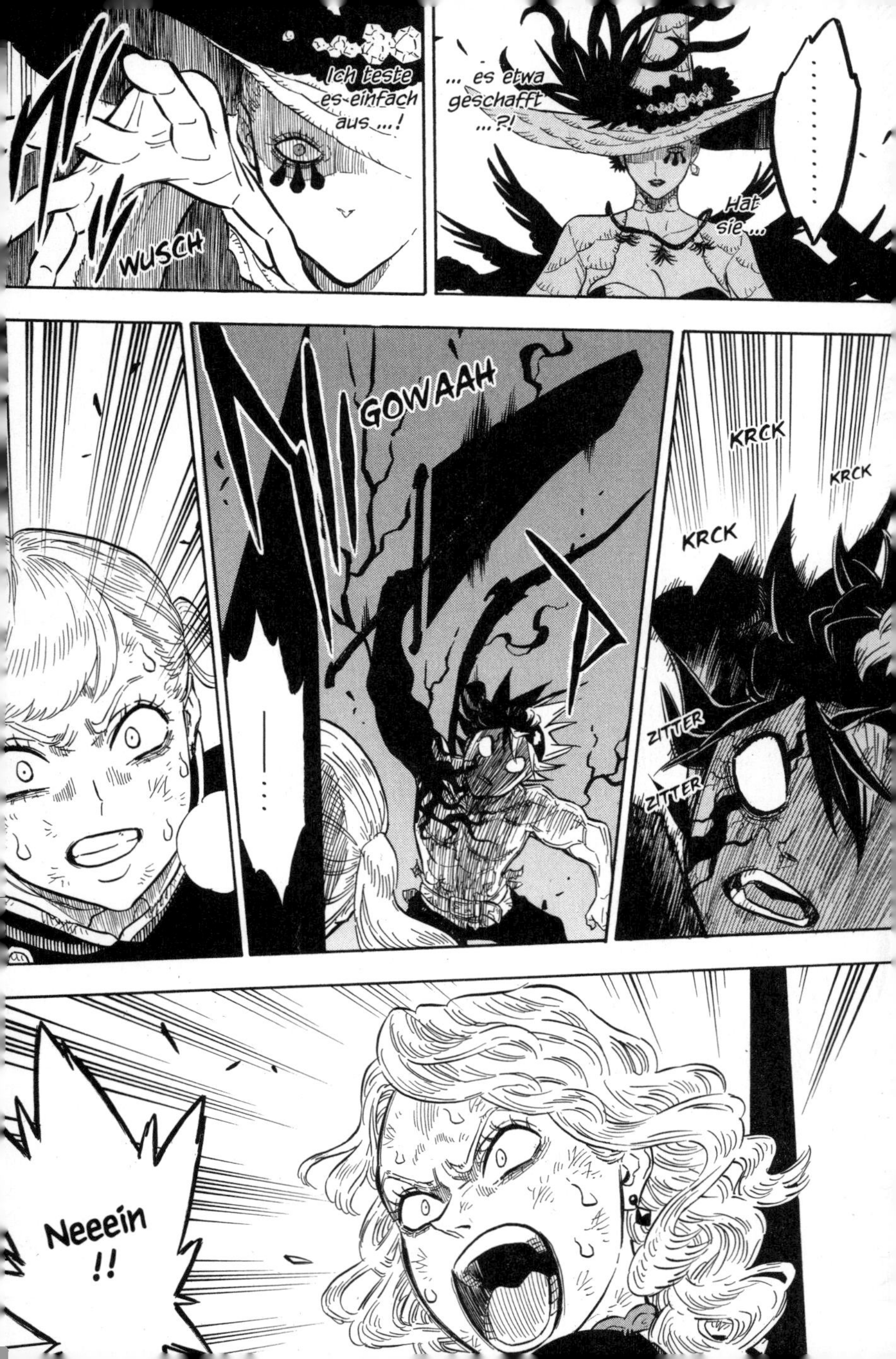
...
Hat sie ...
... es etwa geschafft ...?!
Ich teste es einfach aus ...!
WUSCH
KRCK
KRCK
KRCK
ZITTER
ZITTER
GOWAAH
...
Neeein !!

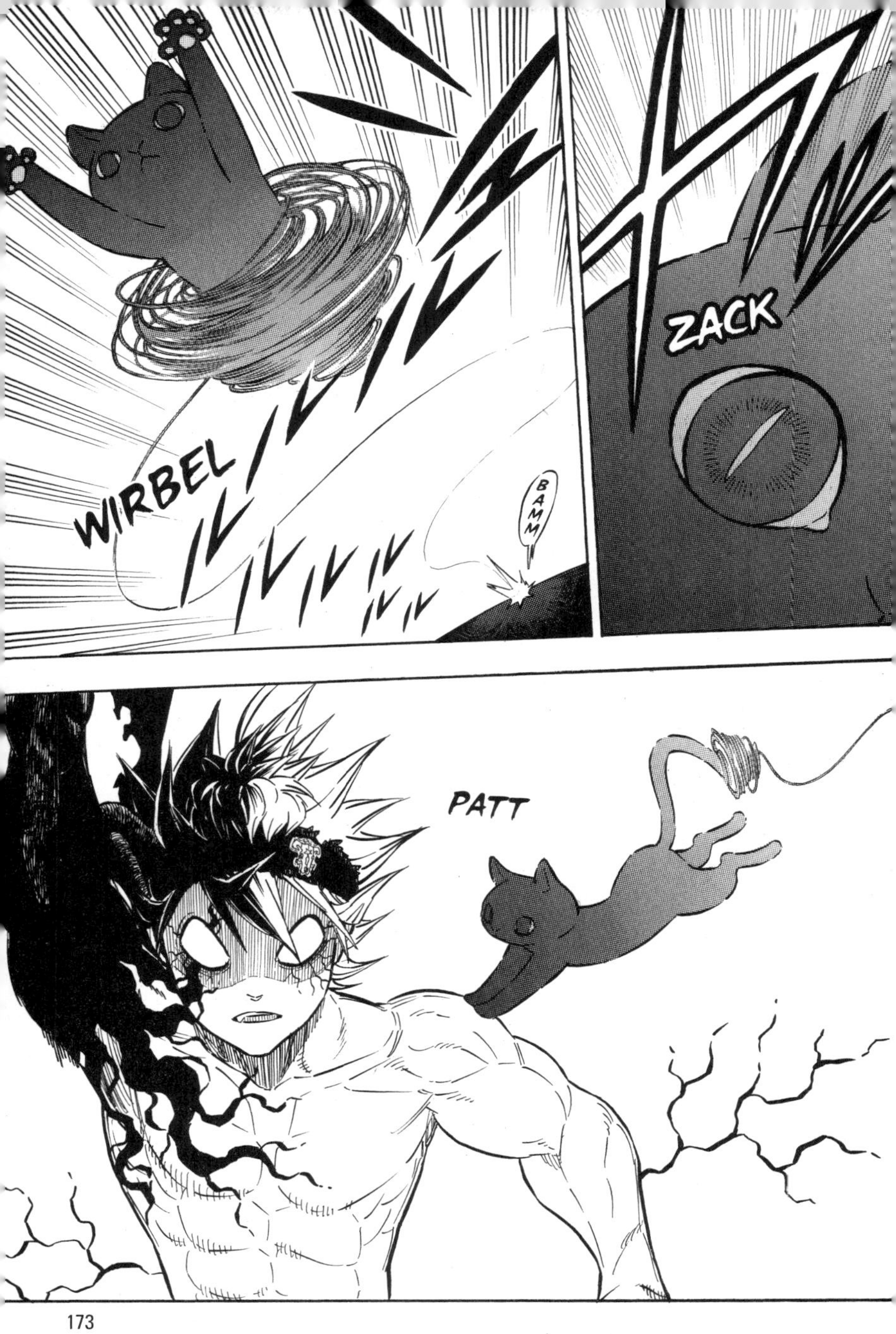
ZACK
WIRBEL
BAMM
PATT

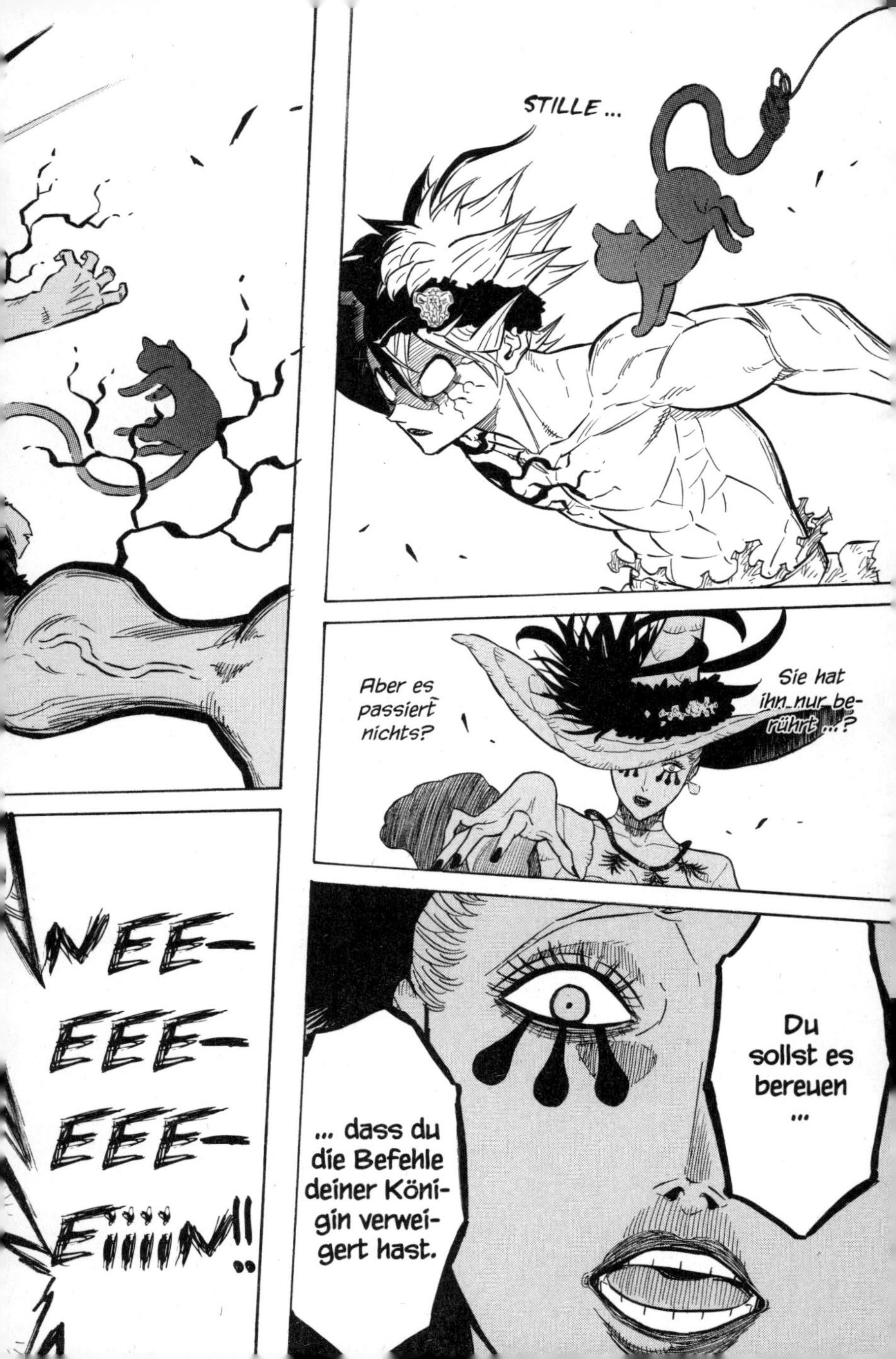
STILLE ...
Sie hat ihn nur berührt ...?
Aber es passiert nichts?
Du sollst es bereuen ...
... dass du die Befehle deiner Königin verweigert hast.
WEE-EEE-EEE-Eiiiin!!

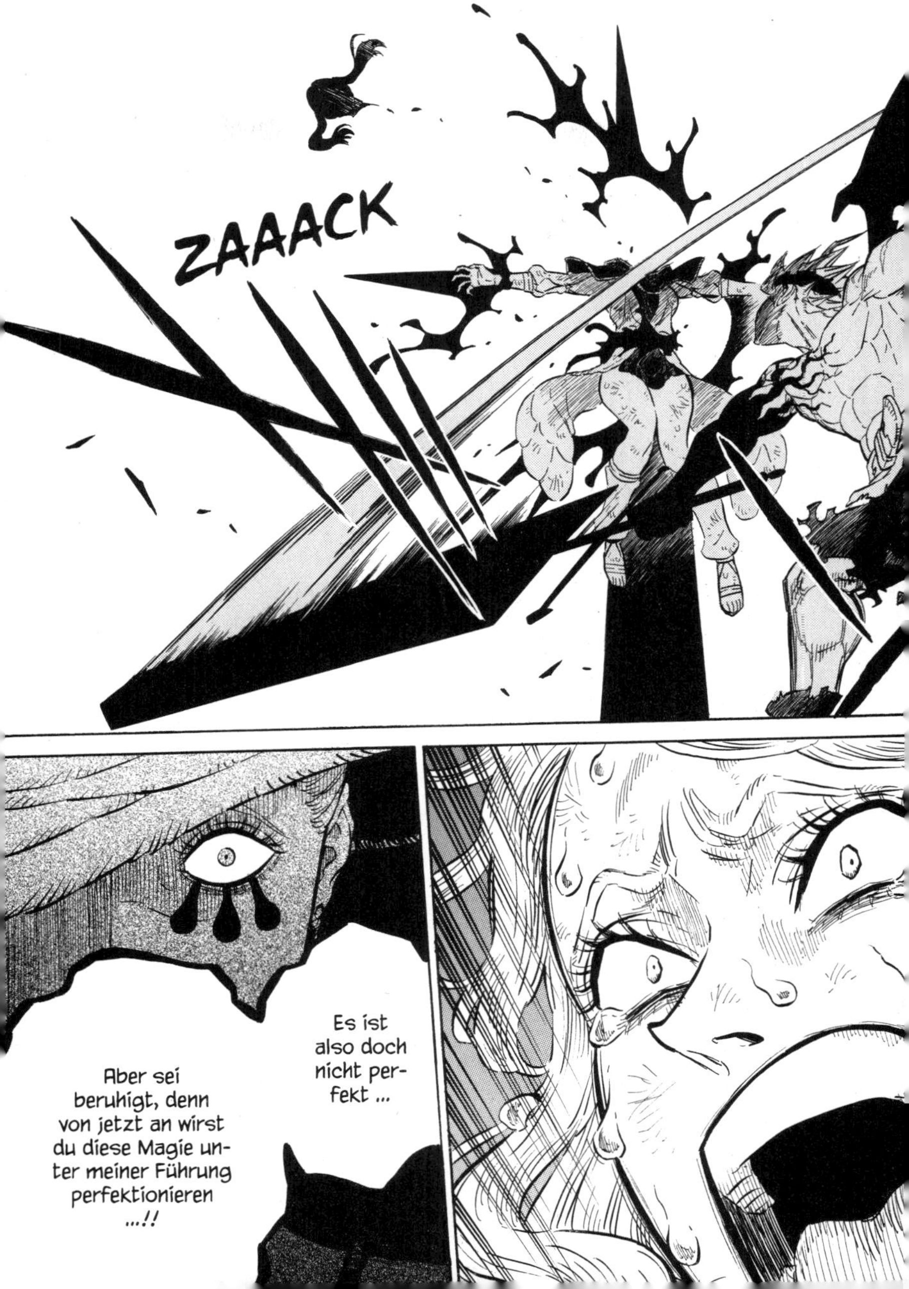
ZAAACK
Es ist also doch nicht perfekt ...
Aber sei beruhigt, denn von jetzt an wirst du diese Magie unter meiner Führung perfektionieren ...!!

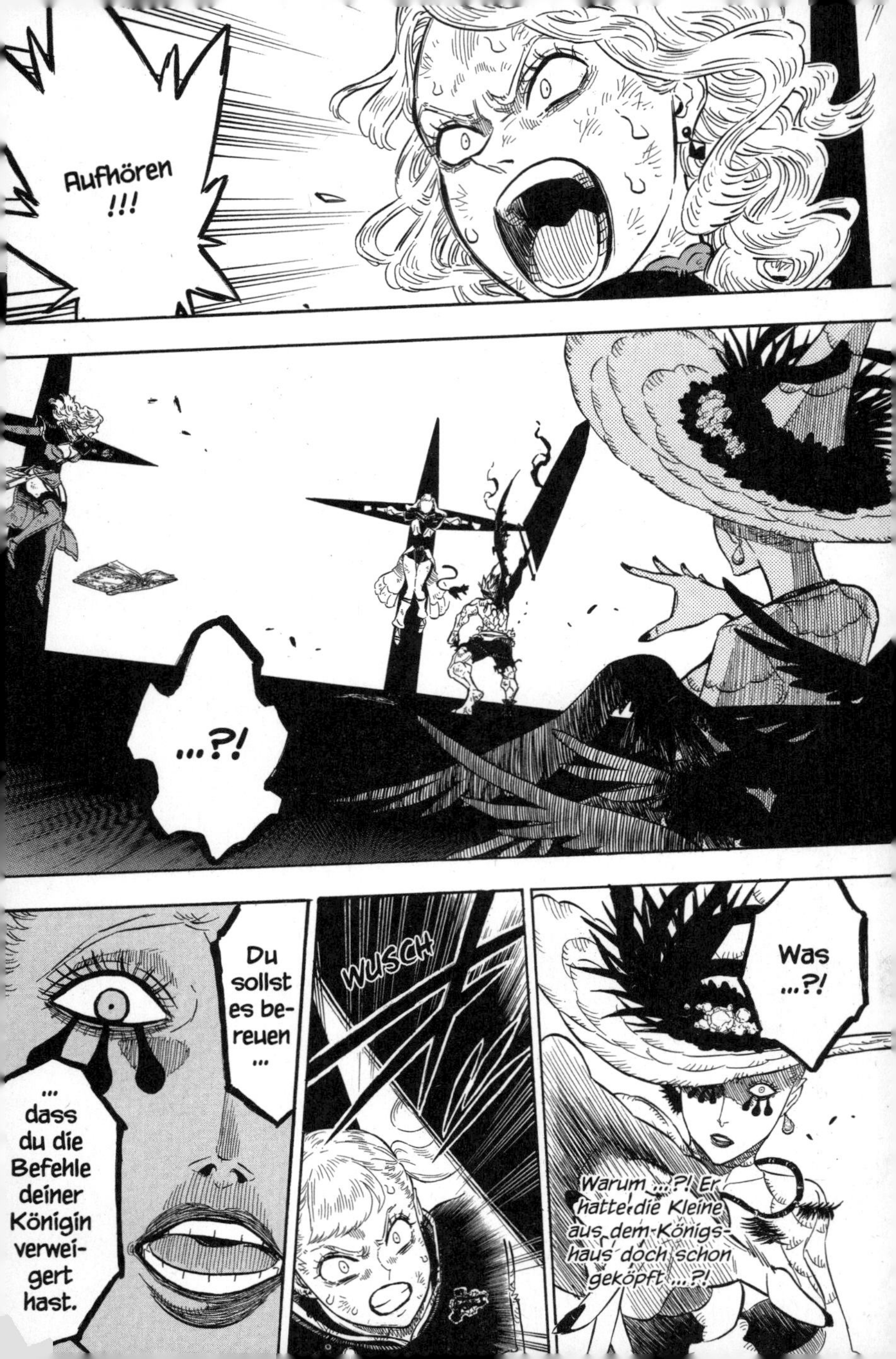
Aufhören !!!
...?!
Was ...?!
Warum ...?! Er hatte die Kleine aus dem Königshaus doch schon geköpft ...?!
WUSCH
Du sollst es bereuen ...
... dass du die Befehle deiner Königin verweigert hast.

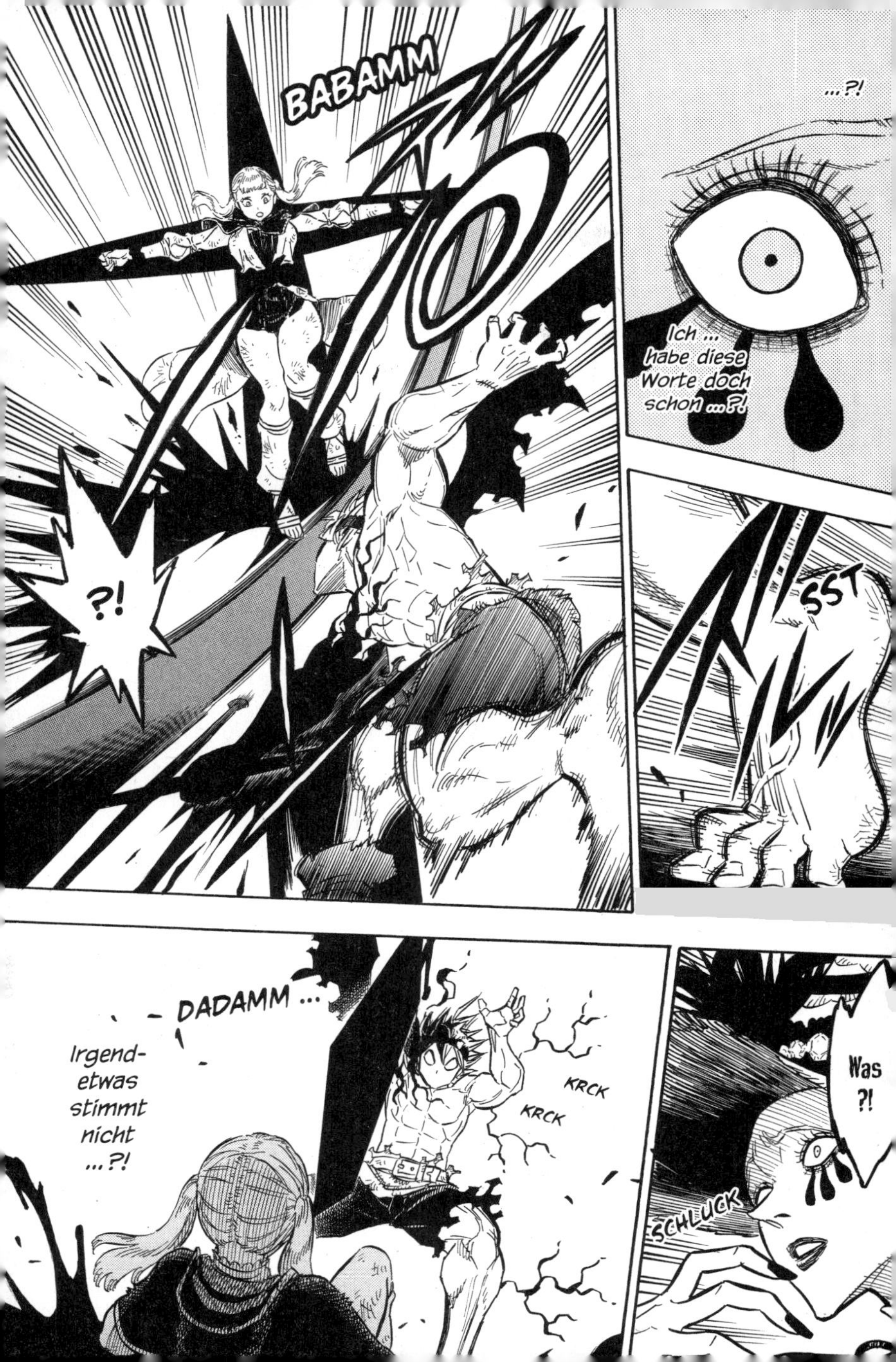
...?!
Ich ... habe diese Worte doch schon ...?!
BABAMM
?!
SST
Was ?!
SCHLUCK
DADAMM ...
KRCK
KRCK
Irgend-etwas stimmt nicht ...?!

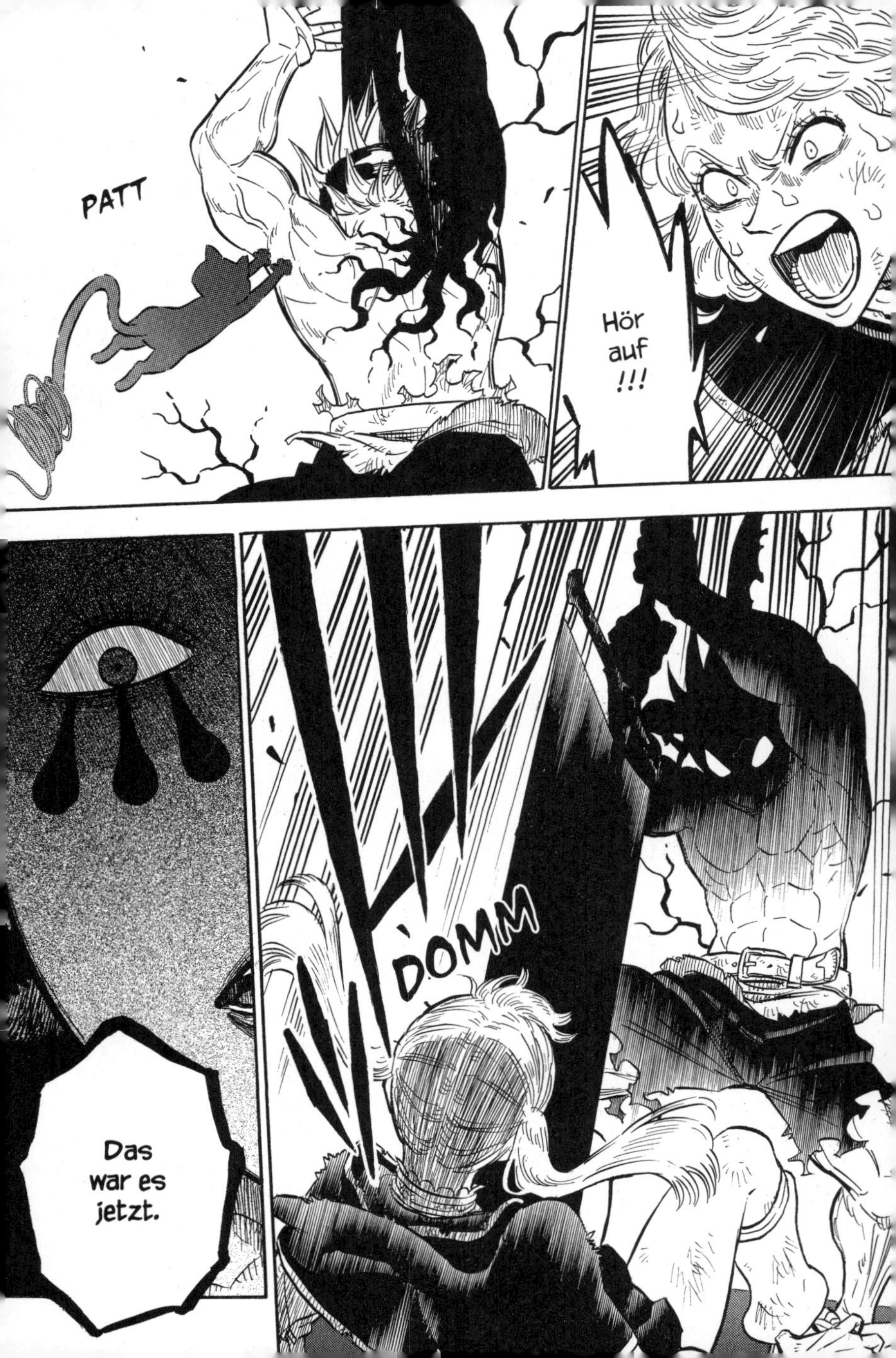
Hör auf !!!
PATT
DOMM
Das war es jetzt.

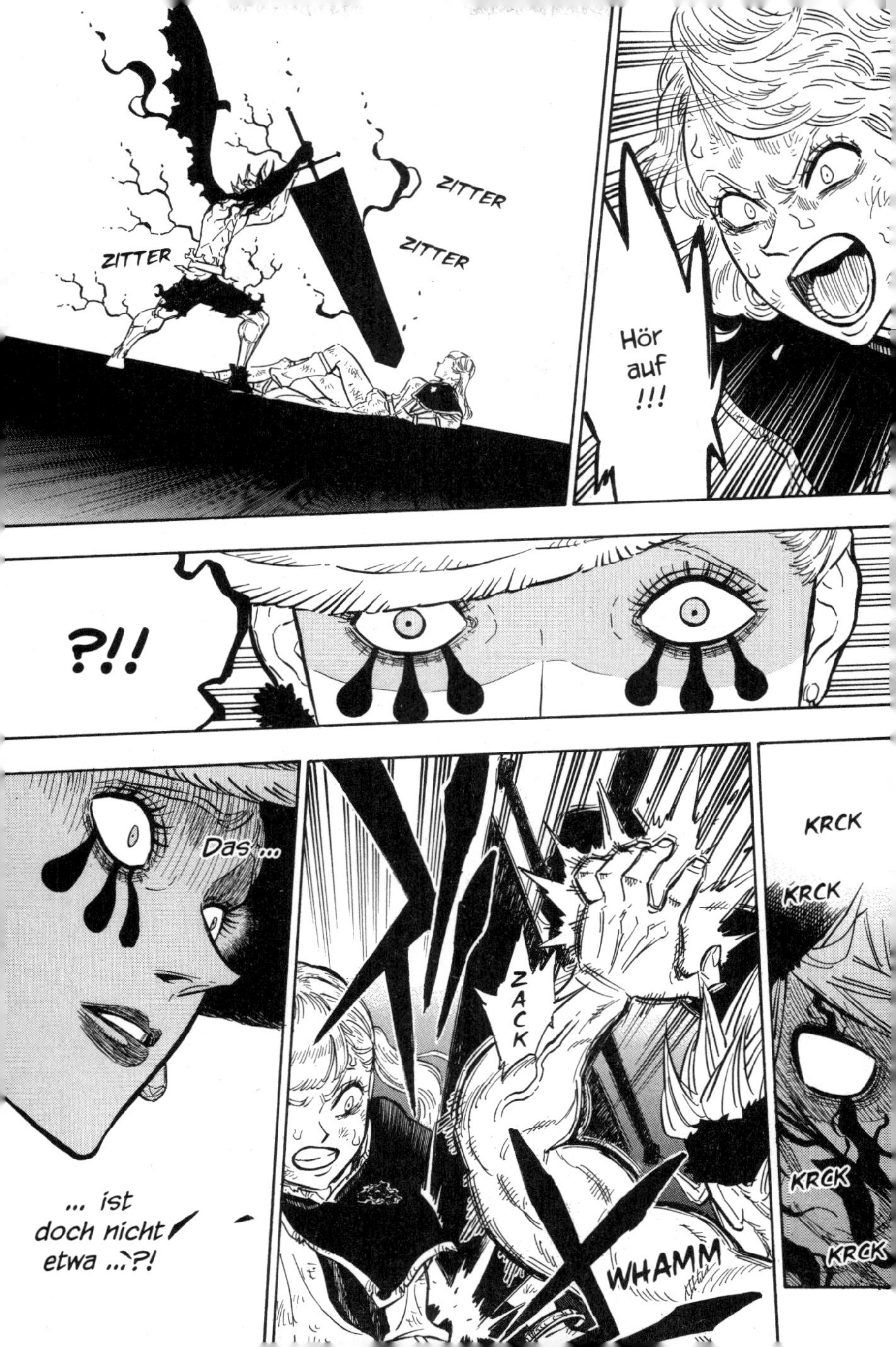
Hör auf !!!
ZITTER
ZITTER
ZITTER
?!!
KRCK
KRCK
KRCK
KRCK
ZACK
WHAMM
Das ...
... ist doch nicht etwa ...?!

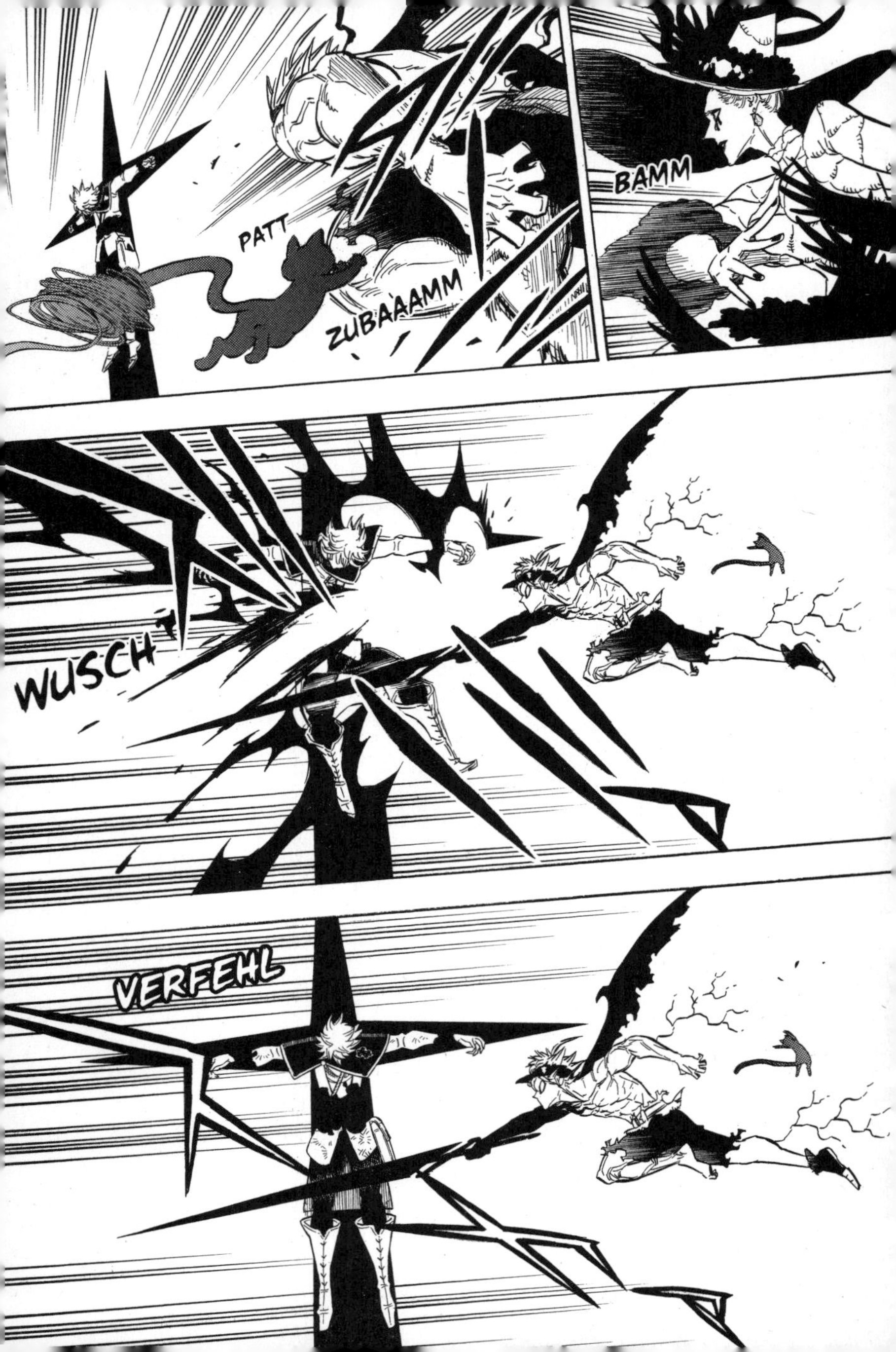
BAMM
ZUBAAAMM
PATT
WUSCH
VERFEHL

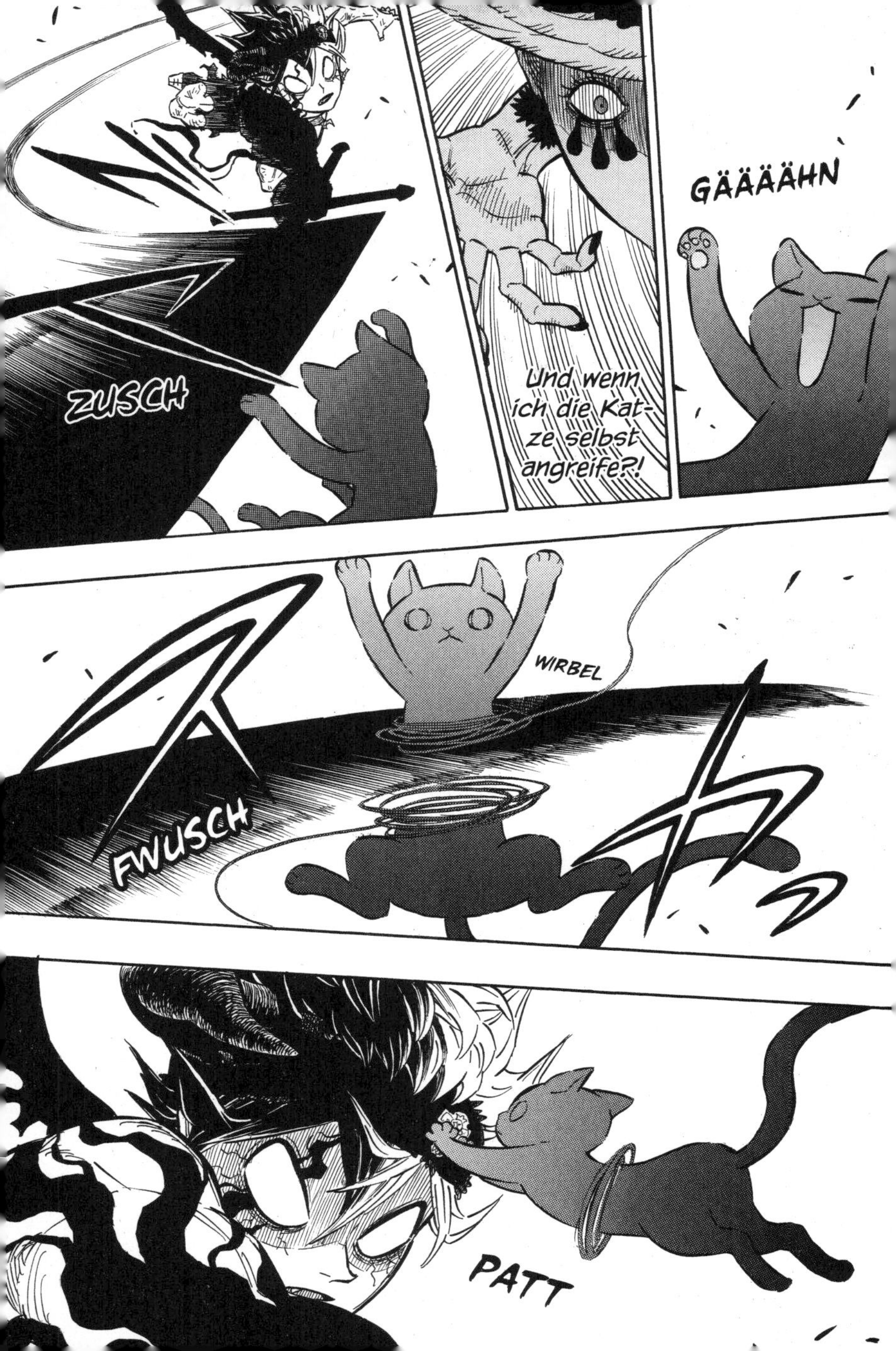
GÄÄÄÄHN
Und wenn ich die Katze selbst angreife?!
ZUSCH
WIRBEL
FWUSCH
PATT

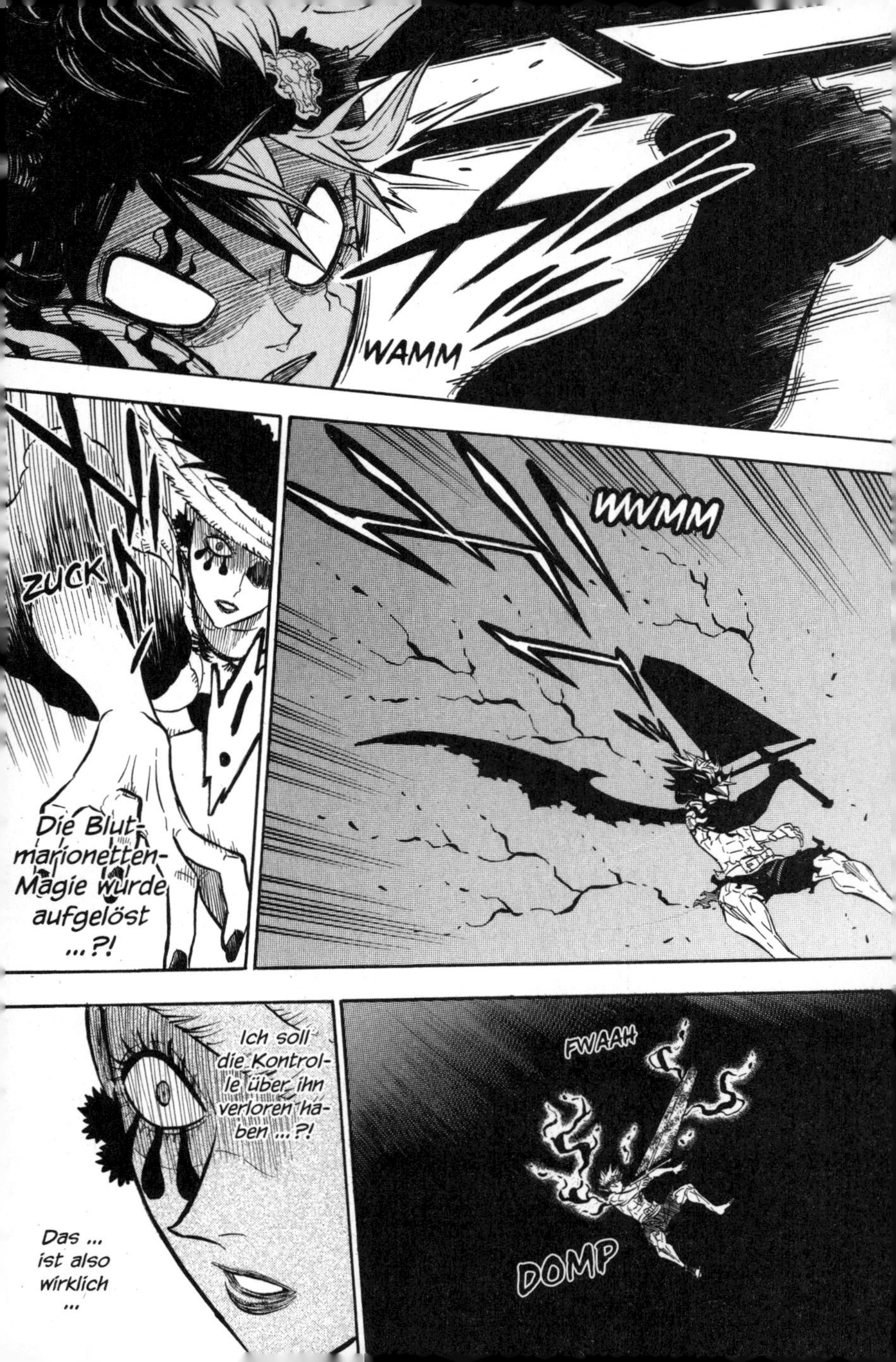
WAMM
WWMM
ZUCK
Die Blutmarionetten-Magie wurde aufgelöst ...?!
FWAAH
DOMP
Ich soll die Kontrolle über ihn verloren haben ...?!
Das ... ist also wirklich ...

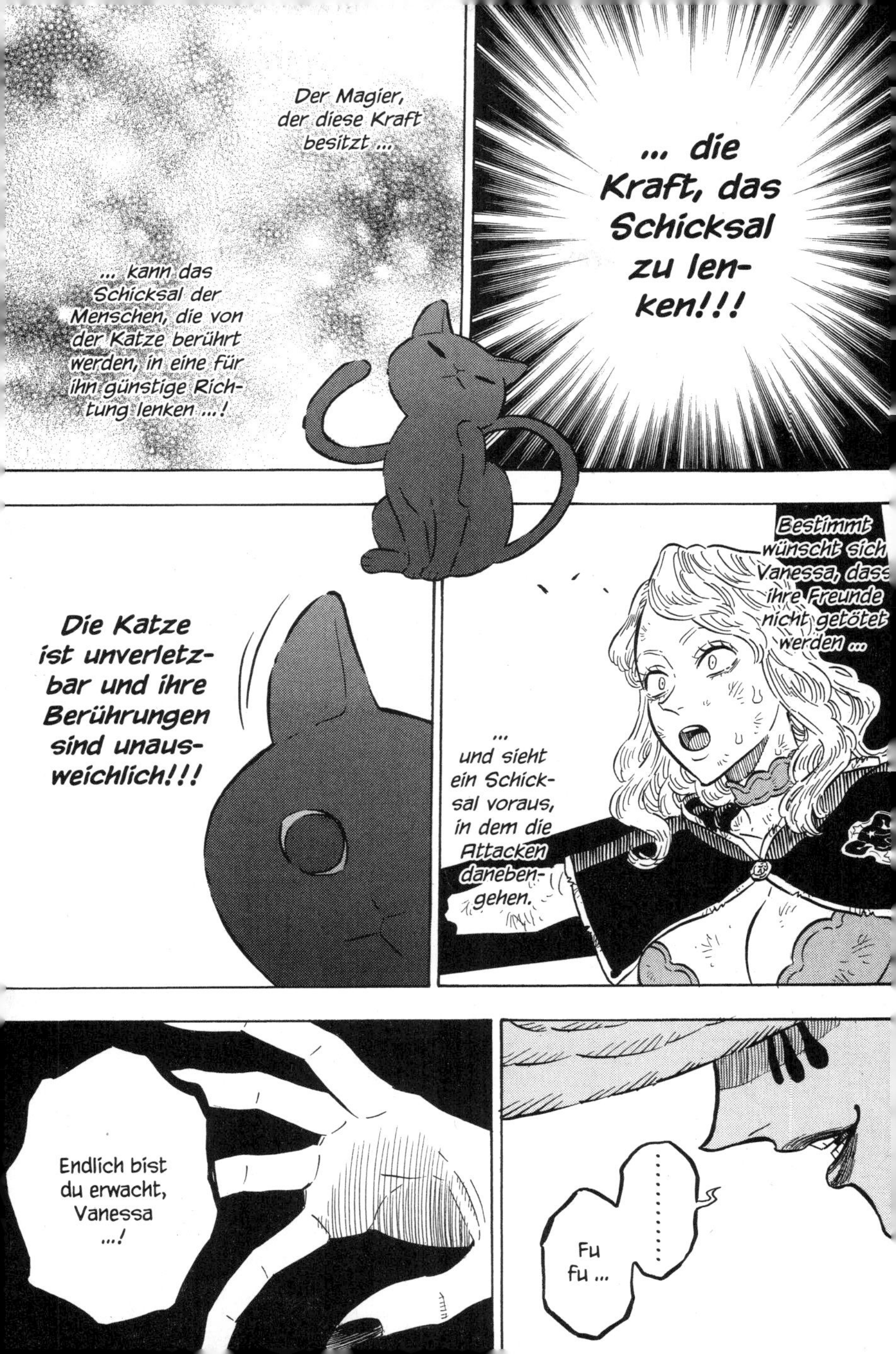

... die Kraft, das Schicksal zu lenken!!!
Der Magier, der diese Kraft besitzt ...
... kann das Schicksal der Menschen, die von der Katze berührt werden, in eine für ihn günstige Richtung lenken ...!
Bestimmt wünscht sich Vanessa, dass ihre Freunde nicht getötet werden ...
... und sieht ein Schicksal voraus, in dem die Attacken danebengehen.
Die Katze ist unverletzbar und ihre Berührungen sind unausweichlich!!!
......
Fu fu ...
Endlich bist du erwacht, Vanessa ...!

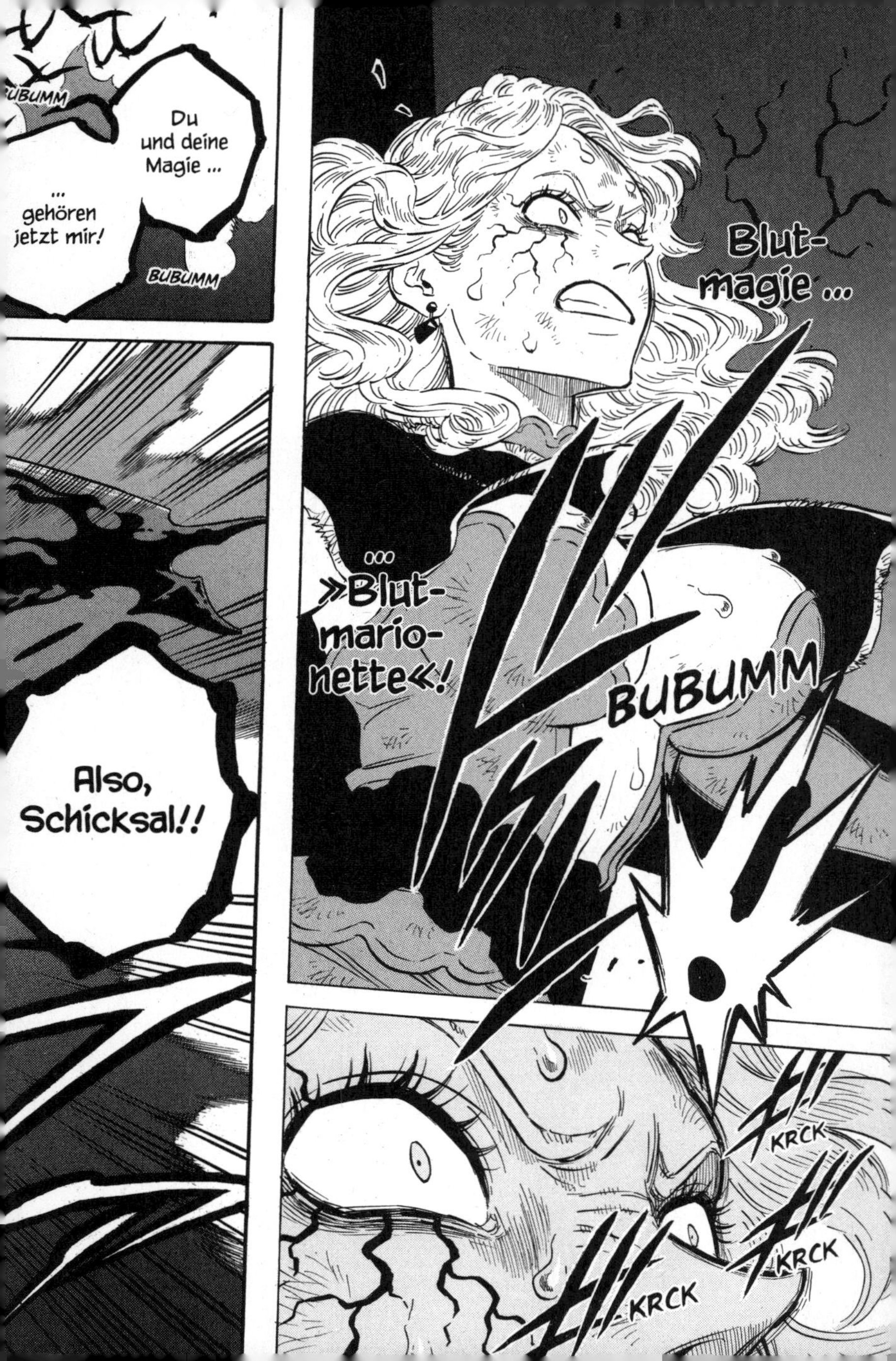
Blut-
magie ...
... »Blut-
mario-
nette«!
BUBUMM
BUBUMM
Du
und deine
Magie ...
...
gehören
jetzt mir!
BUBUMM
Also,
Schicksal!!
KRCK
KRCK
KRCK

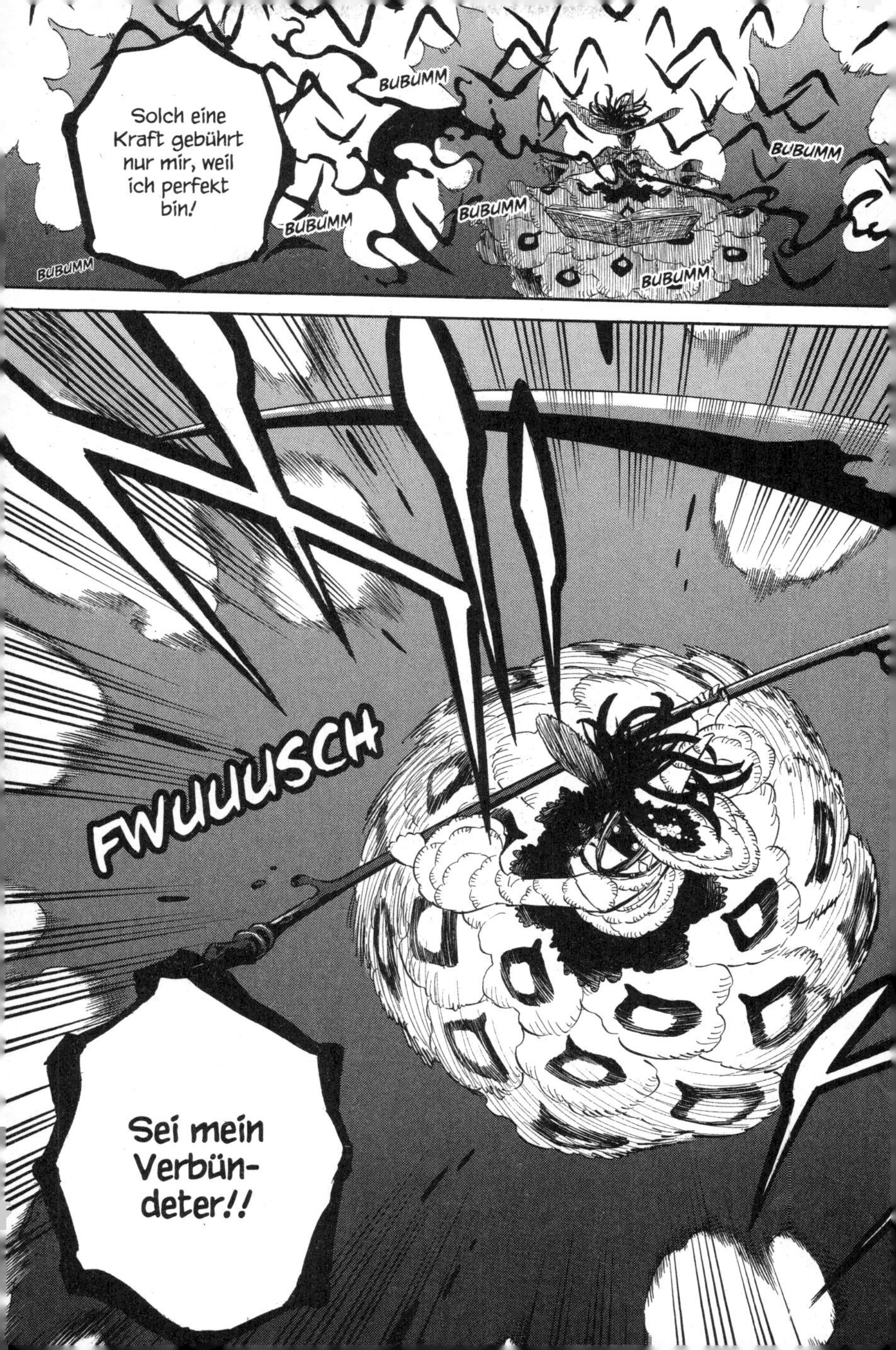

Solch eine Kraft gebührt nur mir, weil ich perfekt bin!
BUBUMM
BUBUMM
BUBUMM
BUBUMM
BUBUMM
BUBUMM
FWUUUSCH
Sei mein Verbün-deter!!

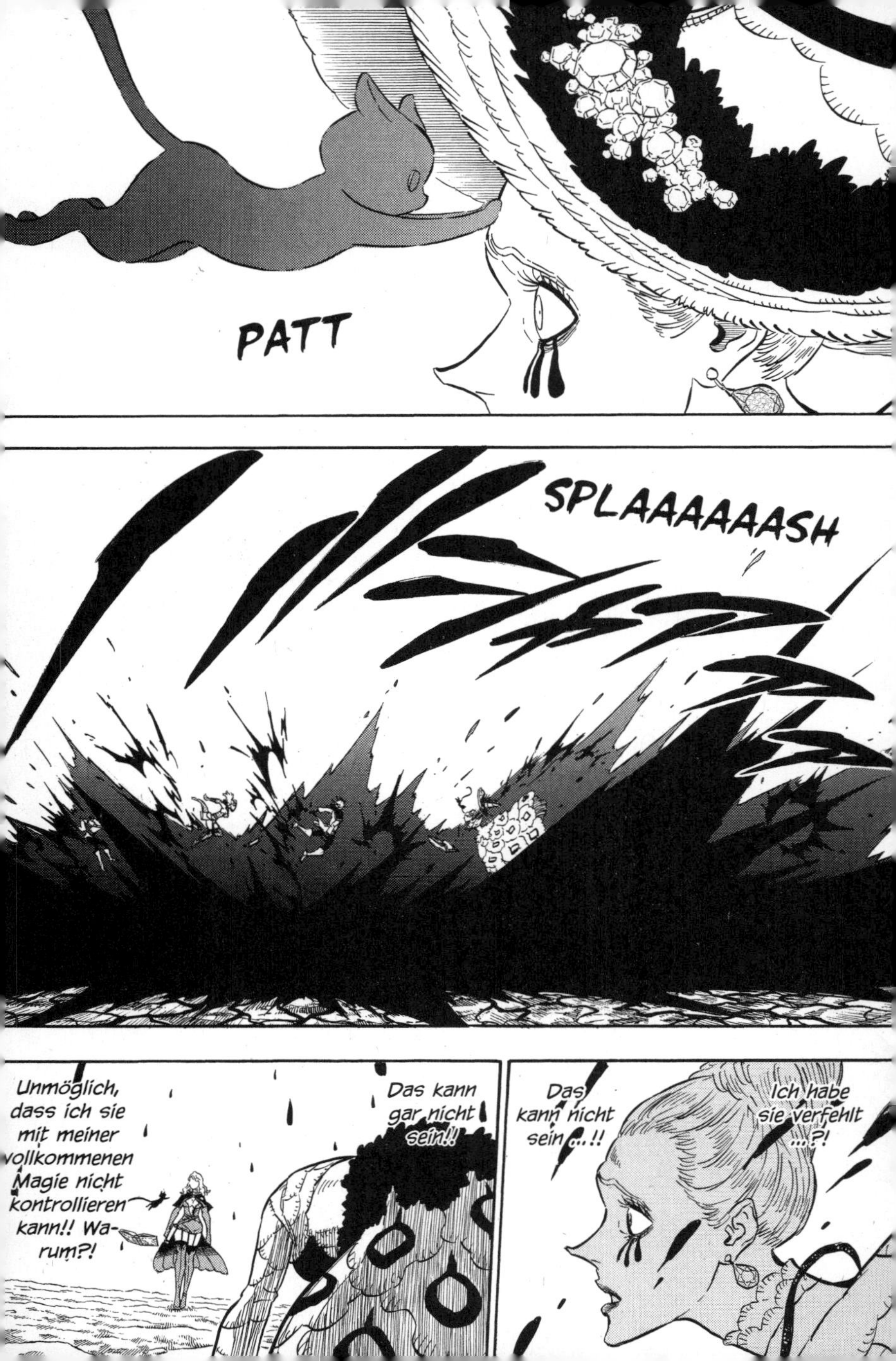
PATT
SPLAAAAAASH
Ich habe sie verfehlt ...?!
Das kann nicht sein ...!!
Das kann gar nicht sein!!
Unmöglich, dass ich sie mit meiner vollkommenen Magie nicht kontrollieren kann!! Warum?!

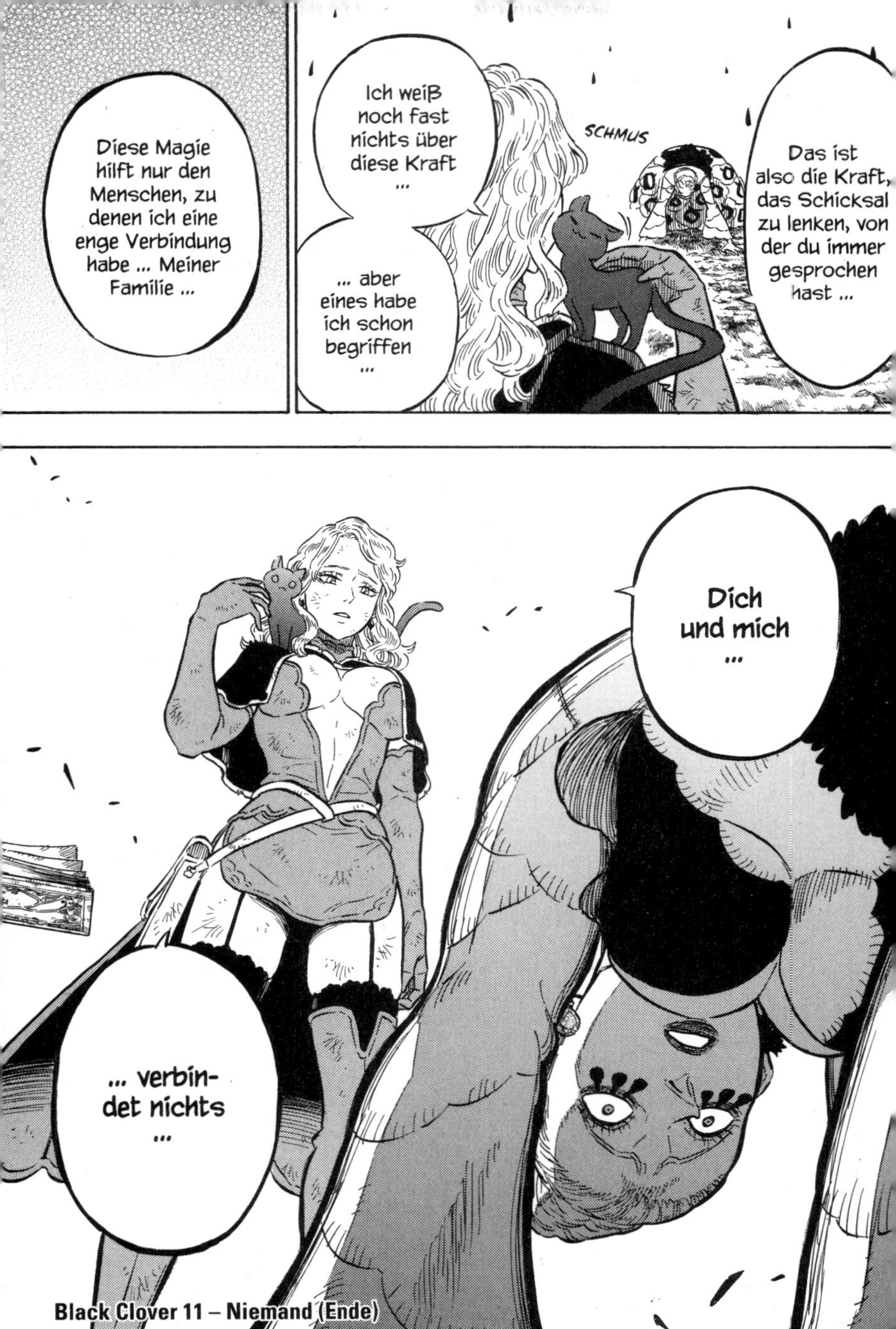

Black Clover 11 – Niemand (Ende)

DER MANGAKAORDEN »UNBESCHRIEBENES BLATT«

Thema diesmal:
Was für übernatürliche Fähigkeiten besitzt du?

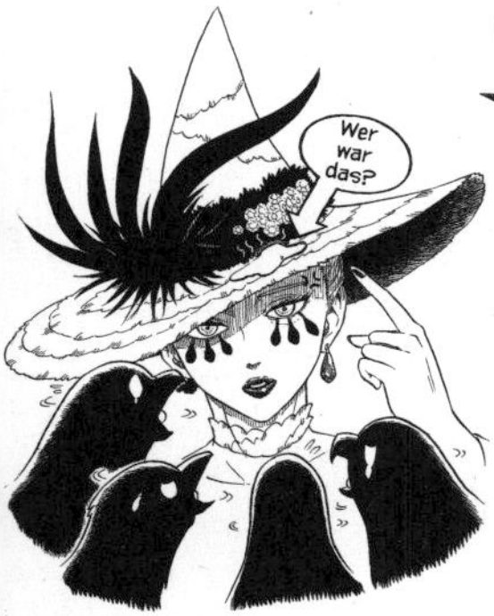

Alles halb, aber nichts richtig zu können.
Teruaki Mizuno

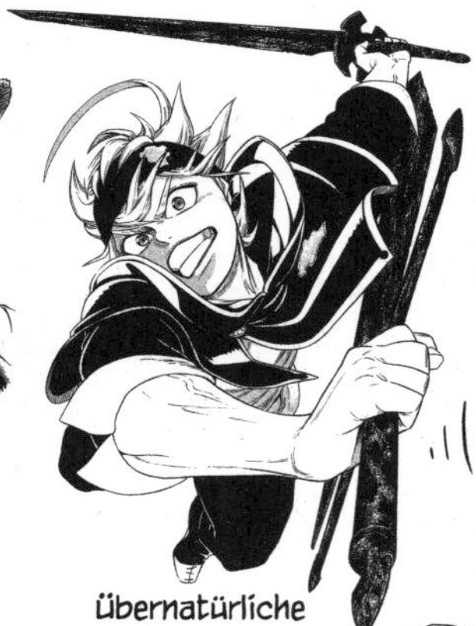

Übernatürliche Gesichtserkennung.
Kou Shimameguri

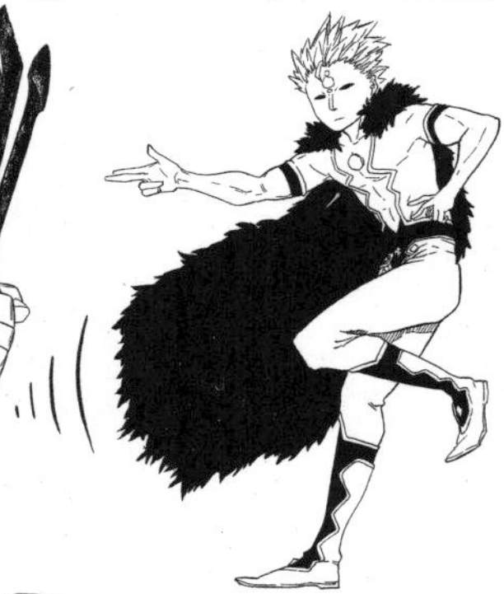

Die Fähigkeit, nur Nieten zu ziehen.
Koki Ishikawa

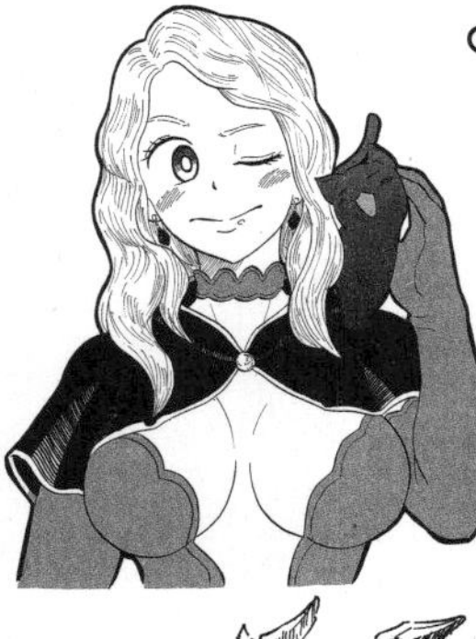

Mich mit der Haarschneidemaschine am Kopf zu schneiden.
Hikaru Mizuno

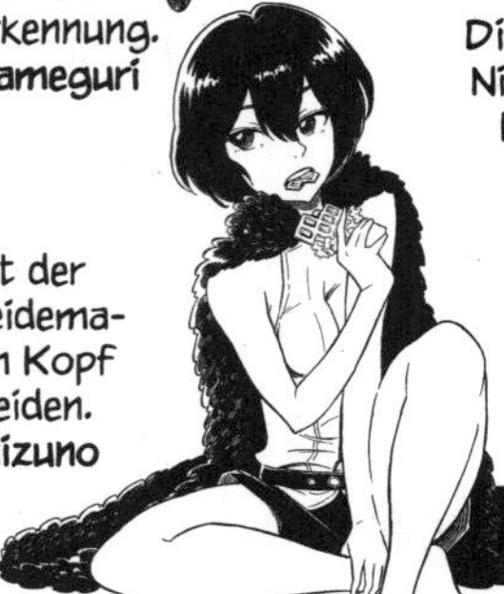

Den (Pokémon-) Wundertausch.
Hayato Goto

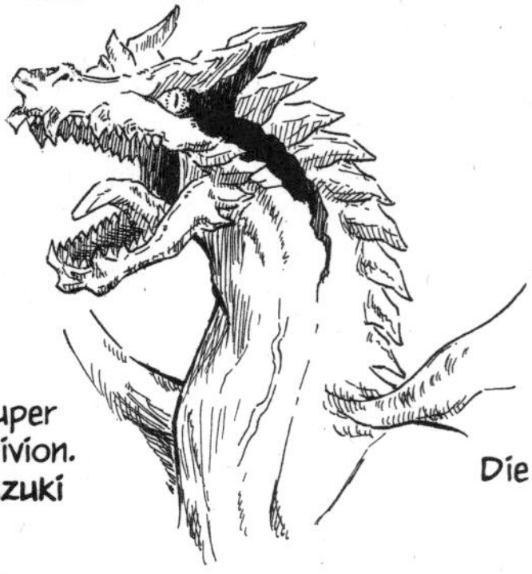

Super Oblivion.
Suzuki

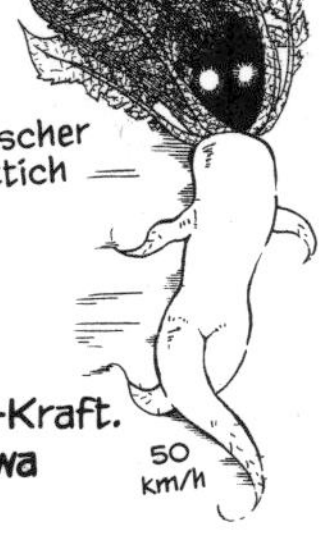

Die Gemüsekenner-Kraft.
Yotaro Hayakawa

Alle Fanklubs, in die ich eintrete, zum Schließen zu bringen.
Redakteur Katayama

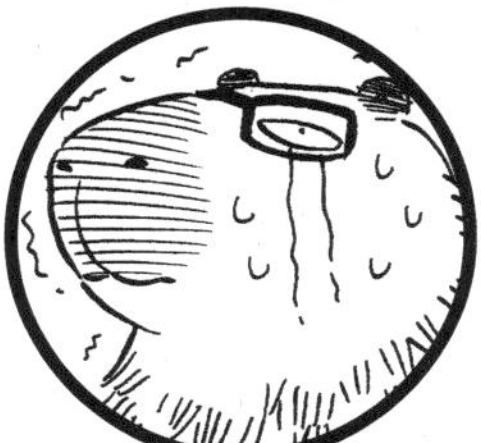

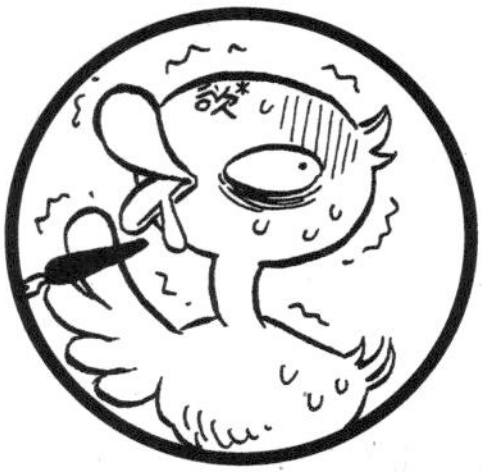

Einen übernatürlichen Geruchssinn.
Ordensanführer Tabata

Den »supergrünen Daumen«. Irgendwann will ich das ganze Haus mit Efeu bedecken.
©

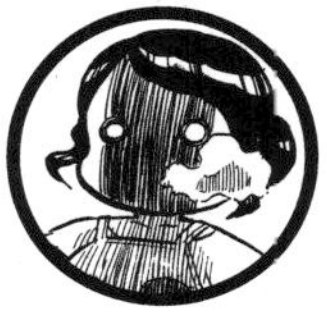

Andauernd Leute zu treffen, die sich verlaufen haben.
Redakteurin der Mangabände Koshimura

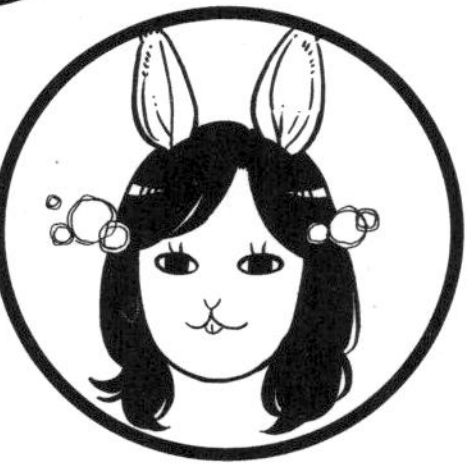

Die zwei Katzen, die ich schon sieben Jahre lang halte, immer noch nicht an mich gewöhnt zu haben.
Designerin Iwai

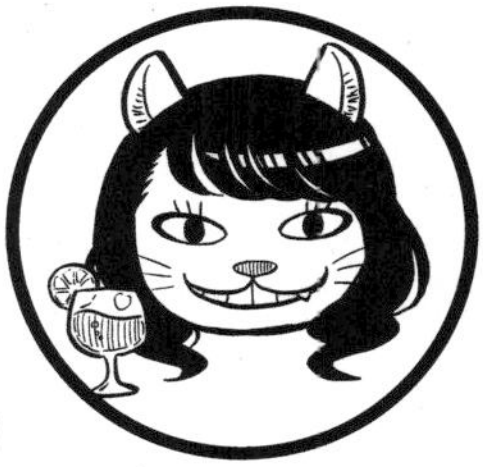

Nachwort

Und plötzlich sind schon zwei Jahre seit dem Start von *Black Clover* vergangen! Es macht mich echt fertig, wie die Zeit verfliegt.

Wir durften in letzter Zeit viele neue Mitglieder im »Mangakaorden Unbeschriebenes Blatt« begrüßen. Die neuen Assistenten und Assistentinnen sind unheimlich jung – eine von ihnen ist ganze zwölf Jahre jünger als ich! Irgendwas an diesem Generationsunterschied macht mich echt fertig!

Alle ehemaligen und derzeitigen Mitglieder des Teams sind total nett und ziemlich durchgeknallt. Wir haben Spaß bei der Arbeit und stöhnen gleichzeitig viel, weil uns das Zeichnen völlig fertigmacht!

Ich hoffe, ihr bleibt weiterhin dabei!!!

*Verlange

BLACK CLOVER

Niemand

11

Ein kleiner Zusatz!

Das ist der Entwurf für die Neujahrskarten 2017!! Seht euch nur die zufriedenen Gesichter dieser beiden Vielfraße an ...

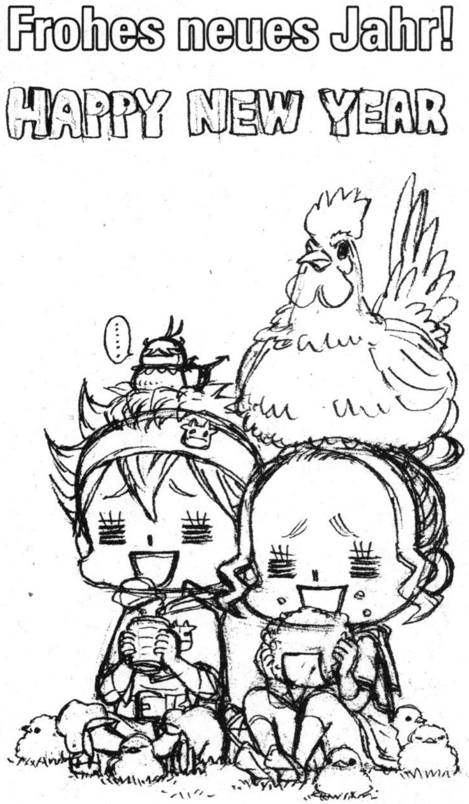

Yûki Tabata

Eine Zeichnung von Luck, die die Gewinnerin der Kampagne »J NEW ORDER« der Ausgabe 48/2016 des japanischen *Shonen Jump*-Magazins erhalten hat!

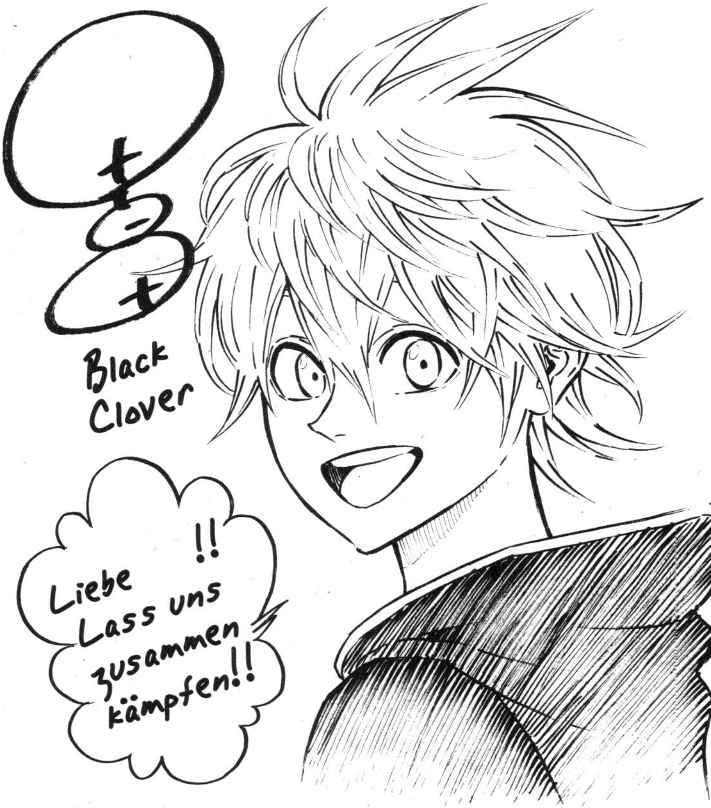

TOKYOPOP GmbH
Hamburg

TOKYOPOP
5. Auflage, 2025
Deutsche Ausgabe/German Edition
© TOKYOPOP GmbH, Hamburg 2018
Aus dem Japanischen von Luise Steggewentz

BLACK CLOVER © 2015 by Yuki Tabata
All rights reserved.
First published in Japan in 2015 by SHUEISHA Inc., Tokyo.
German translation rights in Germany, Austria and German-speaking Switzerland arranged by SHUEISHA Inc.
through VME PLB SAS, France.

Redaktion: Sabine Scholz
Lettering: Vibrant Publishing Studio
Herstellung: Annika Meyer-Wülfing
Druck und buchbinderische Verarbeitung:
CPI–Clausen & Bosse GmbH, Leck
Printed in Germany

MIX Papier FSC® C083411

Wir achten auf die Umwelt.
Dieses Produkt besteht aus FSC®-zertifizierten und anderen kontrollierten Materialien.

Alle deutschen Rechte vorbehalten. Nachdruck, auch auszugsweise, verboten. Kein Teil dieses Werkes darf ohne schriftliche Genehmigung des Verlages in irgendeiner Form reproduziert oder unter Verwendung elektronischer Systeme verarbeitet, vervielfältigt oder verbreitet werden.

ISBN 978-3-8420-4359-6

www.tokyopop.de